# Broad-based Black Economic Empowerment in der Republik Südafrika

T0326635

# Schriften zum Arbeitsrecht und Wirtschaftsrecht

Herausgegeben von Abbo Junker

Band 48

## PETER LANG

Frankfurt am Main · Berlin · Bern · Bruxelles · New York · Oxford · Wien

Susanne Schneider

# Broad-based Black Economic Empowerment in der Republik Südafrika

## PETER LANG
Internationaler Verlag der Wissenschaften

**Bibliografische Information der Deutschen Nationalbibliothek**
Die Deutsche Nationalbibliothek verzeichnet diese Publikation in
der Deutschen Nationalbibliografie; detaillierte bibliografische
Daten sind im Internet über <http://www.d-nb.de> abrufbar.

Zugl.: München, Univ., Diss., 2008

Gedruckt auf alterungsbeständigem,
säurefreiem Papier.

D 19
ISSN 1433-4666
ISBN 978-3-631-57310-5

© Peter Lang GmbH
Internationaler Verlag der Wissenschaften
Frankfurt am Main 2008
Alle Rechte vorbehalten.

Printed in Germany 1 2 3 4 5   7

www.peterlang.de

*Meinem Vater*

# Inhaltsübersicht

# Inhaltsverzeichnis

# Abkürzungsverzeichnis

| | |
|---|---|
| A | Appellate Division |
| AD | Appellate Division Reports |
| ADI | Ausländische Direktinvestitionen |
| a.f. | alte Fassung |
| ANC | African National Congress |
| Arb | Arbitration |
| AsgiSA | Accelerated and Shared Growth Initiative for South Africa |
| BBBEE | Broad-based Black Economic Empowerment |
| BBBEE Act | Broad-based Black Economic Empowerment Act 53 of 2003 |
| BCLR | Butterworths Constitutional Law Reports |
| BEE | Black Economic Empowerment |
| BITs | Bilateral Investment Treaties (Bilaterale Investitionsschutzabkommen) |
| BIP | Bruttoinlandsprodukt |
| BLLR | Butterworths Labour Law Reports |
| BLR | Butterworths Law Reports |
| bzw. | beziehungsweise |
| C...S... | Code... Statement... (Codes of Good Practice) |
| ca. | circa |
| CC | Constitutional Court |
| CEE | Commission for Employment Equity |
| CPC | United Nations Central Product Classification |
| D | Durban and Coast Local Division of the Supreme Court |
| DOL | Department of Labour |
| DSB | Dispute Settlement Body |
| DTI | Department of Trade and Industry |

| | |
|---|---|
| EEA | Employment Equity Act 55 of 1998 |
| EME | Exempted Micro Enterprises |
| endgV | Endgültige Verfassung der Republik Südafrika (South African Constitution Act 108 of 1996) |
| f./ff. | folgende |
| GATS | General Agreement on Trade in Services |
| GATT | General Agreement on Tariffs and Trade |
| GEAR | Growth, Employment and Redistribution Programme |
| GG | Grundgesetz der Bundesrepublik Deutschland |
| GmbH | Gesellschaft mit beschränkter Haftung |
| HDSA | Historically Disadvantaged South Africans |
| Hrsg. | Herausgeber |
| IntV | Interimsverfassung der Republik Südafrika (Interim Constitution) |
| ICSID | International Centre for the Settlement of Investment Disputes |
| ILJ | Industrial Labour Journal |
| ILR | International Law Reports |
| JIPSA | Joint Initiative for Priority Skills |
| JSE | Johannesburg Stock Exchange |
| LAC | Labour Appeal Court |
| LC | Labour Court |
| Ltd | Limited |
| MIDP | Motor Industry Development Programme |
| Mio. | Millionen |
| MPRDA | Mineral and Petroleum Resources Development Act 28 of 2002 |
| Mrd. | Milliarden |
| m.w.N. | mit weiteren Nachweisen |
| NEP | New Economic Policy |
| n.F. | neue Fassung |

| | |
|---|---|
| par. | paragraph |
| PDI | Previously Disadvantaged Individuals |
| PPP | Public Private Partnership |
| PPPFA | Preferential Procurement Policy Framework Act 5 of 2000 |
| Pty | Proprietary |
| QSE | Qualifying Small Enterprises |
| RDP | Reconstruction and Development Programme |
| RSA | Republic of South Africa |
| s | section |
| ss | sections |
| S. | Seite |
| SA | South African Law Reports |
| SALLR | South African Labour Law Reports |
| SANAS | South African National Accreditation System |
| SAJHR | South African Journal on Human Rights |
| SETA | Sectoral Education and Training Authority |
| sog. | so genannte |
| T | High Court, Transvaal Provincial Division |
| TAZ | Die Tageszeitung |
| TRIPs | Trade-related Aspects of Intellectual Property Rights Agreement |
| UN | United Nations |
| UNCTAD | United Nations Conference on Trade and Development |
| v | versus |
| vgl. | vergleiche |
| W | High Court, Witwatersrand Local Division |
| WTO | World Trade Organisation |
| ZAR | Südafrikanische Rand |

z.B.          zum Beispiel

zit.          zitiert

# Verzeichnis der zitierten Entscheidungen südafrikanischer Gerichte

Abbott v Bargaining Council for the Motor Industry, 1999 (20) ILJ 330 (LC)

Auf der Heyde v University of Cape Town, 2000 (8) BLLR 877 (LC)

Bay Loan Investment (Pty) Ltd v Bay View (Pty) Ltd, 1972 (2) SA 313 (C)

Brink v Kitshoff NO, 1996 (4) SA 197 (CC)

City Council of Pretoria v Walker, 1998 (3) BCLR 257 (CC)

Dudley v City of Cape Town, 2004 (5) BLLR 413 (LC)

Du Plessis v De Klerk, 1996 (3) SA 850 (CC)

Evrard v Ross, 1977 (2) SA 311 (D)

Ferreira v Levin NO, 1996 (1) SA 984 (CC)

Fourie v Provincial Commissioner, SAPS (North West Province), 2004 (9) BLLR (LC)

Fraser v Children's Court, Pretoria North, 1997 (2) SA 261 (CC)

George v Life Liberty Association of Africa Ltd, 1996 (8) BLLR 985 (IC)

Gradwell (Pty) Ltd v Rostra Printers Ltd and Another, 1959 (4) SA 419 (A)

Harmse v City of Cape Town, 2003 (24) ILJ 1130 (LC)

Harksen v Lane NO and others, 1998 (1) SA 300 (CC)

Haslam & others v Sefalana Employee Benefits Organisation, 1998 (4) SA 964 (W)

Hoffmann v SA Airways, 2000 (21) ILR 2357 (CC)

IMAWU v Greater Louis Trichardt Transitional Local Council, 2000 (21) ILJ 1119 (LC)

Larbi-Odam v MEC for Education (North-West Province), 1997 (12) BCLR 1655 (CC)

Leonard Dingler Employee Representative Council & Others v Leonard Dingler (Pty) Ltd & Others, 1997 (11) BCLR 1438 (LC)

Lipschitz NO v UDC Bank Ltd, 1979 (1) SA 789 (AD)

McInnes v Technikon Natal, 2000 (21) ILJ 1138 (LC)

Minister of Finance and others v Van Heerden, 2004 (11) BCLR 1125 (CC)

Motala v University of Natal, 1995 (3) BCLR 374 (D)

National Coalition for Gay and Lesbian Equality and another v Minister of Justice and others, 1998 (12) BCLR 1517 (CC)

President of the Republic of South Africa v Hugo, 1997 (6) BCLR 708 (CC)

Prinsloo v Van der Linde and another, 1997 (3) SA 1012 (CC)

Solidarity obo Christiaans v Eskom Holdings Ltd, 2006 (27) ILJ 1291 (Arb)

Soobramoney v Minister of Health, Kwa-Zulu Natal, 1997 (12) BCLR (CC)

Spinnaker Investments v Tongaat Group, 1982 (1) SA 65 (A)

State v Makwanyane, 1995 (3) SA 391 (CC)

Stowman v Minister of Safety & Security & others, 2002 (23) ILJ 1020 (T)

S v K, 1997 (9) BCLR 1283 (C)

S v Mhlungu, 1995 (7) BCLR 793 (CC)

S v Ntuli, 1996 (1) BCLR 141 (CC)

University of Cape Town v Auf der Heyde, 2001 (12) BCLR 1316 (LAC)

# Einleitung

Südafrika wird auch die „Regenbogennation" genannt. Diese Bezeichnung rückt die Vielfalt der „Rassen" und Kulturen am Kap der Guten Hoffnung in den Blickpunkt. Das Ideal eines Regenbogens schafft einen Kontrast zur Ideologie der *Apartheid*, die das Bild von Südafrika in der Welt vor der Wahl von Nelson Mandela zum ersten schwarzen Präsidenten prägte.[1] Doch auch im zweiten Jahrzehnt des „Neuen Südafrikas"[2] sind die Folgen der *Apartheid* noch deutlich spürbar: parallel zur ehemaligen Rassentrennung verlaufen heute noch die wirtschaftlichen und sozialen Grenzen zwischen schwarz und weiß. In keinem anderen Land liegen Dritte und Erste Welt so dicht beieinander wie in Südafrika. Diese Ungleichheit und Ungerechtigkeit will die südafrikanische Regierung mit dem Programm des *Broad-based Black Economic Empowerment (BBBEE)* bekämpfen. Wegen seiner weit reichenden Auswirkungen auf die Wirtschaft[3] wird es derzeit so kontrovers diskutiert wie kaum ein anderes Thema in Südafrika.[4]

Die Republik Südafrika ist für deutsche Unternehmen ein wichtiger Wirtschaftspartner und Produktionsstandort; die Bundesrepublik Deutschland ist mit Importen im Wert von ca. 43 Mrd. südafrikanischen Rand (ZAR) eines der Hauptimportländer für die Republik Südafrika.[5] Die ausländischen Direktinvestitionen aus Deutschland belaufen sich derzeit auf ca. 25 Mrd. ZAR jährlich[6] – Unternehmen wie BMW, DaimlerChrysler, Volkswagen und Siemens haben in den letzten Jahren in Südafrika bedeutende Investitionen getätigt.[7] 45% der deutschen Unternehmen, die in Südafrika derzeit wirtschaftlich aktiv sind, sehen sich vom *BBBEE* direkt betroffen.[8] Für alle derzeitigen und künftigen deutschen Investoren in Südafrika stellt das *BBBEE* daher ein wichtiges Kalkulationskriterium dar.

Das *BBBEE* könnte auch als Vorbild für die Entwicklung in anderen Gegenden der Welt dienen.[9] Viele Länder – auf dem afrikanischen Kontinent aber auch weltweit[10] – blicken

---

1   *Spierenburg/Wels*, S. 1.

2   Unter dem Begriff „Neues Südafrika" versteht man die Republik Südafrika nach den ersten freien und demokratischen Wahlen von 1994: *Holz-Kemmler*, S. 171.

3   Umfassend *Dominique van Arkel* (Kanzlei Webber Wentzel Bowens), Email vom 13. Februar 2007; *The Sunday Independent*, BEE codes' stark choice: comply or go bust, vom 24. Dezember 2006; *Woolley*, S. 11.

4   Siehe dazu *Human*, S. 1; *Qunta*, S. 1; *Southall*, S. 1.

5   *Bfai*, Wirtschaftstrends, S. 1; *DTI*, Business Guidebook, S. 31.

6   *Bfai*, Auslandsinvestoren, S. 1.

7   Ausführlich *Business Report*, Empowerment laws worry German SMEs, vom 16. November 2006; *DTI*, Business Guidebook, S. 16.

8   *Bfai*, Investitionsklima, S. 4; *Gilroy/Gries/Naudé*, S. 199. T-Systems veräußerte beispielsweise im Mai 2007 weitere 14% der Anteile an seiner südafrikanischen Tochtergesellschaft an schwarze Investoren: *Business Report*, T-Systems ups empowerment stake to 30%, vom 31. Mai 2007.

9   Bezüglich der Vergleichbarkeit der Entwicklung von *Affirmative Action* in Südafrika mit den Frauenquoten im Öffentlichen Dienst in der BRD siehe *Schubert*, S. 299 ff.

gespannt auf Südafrika.[11] Auch Europa kann von den derzeitigen Entwicklungen in Südafrika lernen. Durch die Erweiterung der Europäischen Union nach Osten haben sich viele der neu aufgenommenen Staaten einen enormen wirtschaftlichen Aufschwung versprochen. Dieser ist jedoch weitgehend ausgeblieben.[12] In der Europäischen Union existiert daher derzeit ein großes wirtschaftliches Gefälle, das zu sozialen Spannungen führen kann.[13]

Auf der Ebene der Europäischen Gemeinschaft – wie auch in vielen einzelnen europäischen Ländern – existieren zudem Vorschriften zur Förderung von verschiedenen Bevölkerungsgruppen.[14] In Deutschland ist insbesondere die verstärkte Beteiligung von Frauen an allen Wirtschaftsbereichen ein fortwährend diskutiertes Thema. Auf Bundes- und Länderebene wurden bereits verschiedene Gesetze zur Förderung von Frauen im Arbeitsleben verabschiedet.[15] Daher spricht auch aus deutscher Sicht vieles dafür, sich vertieft mit dem System des *BBBEE* auseinander zu setzen.

10    *Business Report*, Empowerment in Canada echoes SA's BEE policies, vom 8. Juli 2007.

11    *Namibia Law Society*, S. 1 ff.

12    Ausführlich *Business Report*, World adopting BEE ideas, vom 8. Februar 2007.

13    Hinsichtlich der Übertragbarkeit von *Affirmative Action* in der Republik Südafrika auf Europa und Deutschland siehe *Dupper*, Affirmative Action, S. 138 ff.

14    *Sargeant*, S. 12 ff. Bezüglich der Vorschriften in Großbritannien vgl. *Agocs*, S. 40; *Taylor/Emir*, S. 178 ff., die Situation in den Niederlanden wird bei *Appelt/Jarosch*, S. 174 analysiert und eine gute Übersicht über die Vorschriften in Nordirland bietet *McCrudden/Ford/Heath*, S. 363 ff.

15    Umfassend *Schiek*, S.1 ff.

# 1. Kapitel     Grundlagen

## A     Eingrenzung des Themas und Aufbau der Arbeit

Das Programm des *BBBEE* ist ein vielschichtiges Konzept mit weitreichenden rechtlichen, gesellschaftlichen und wirtschaftlichen Auswirkungen. Zudem handelt es sich um eine noch sehr junge rechtliche Entwicklung; der letzte – und entscheidende – Meilenstein zur rechtlichen Umsetzung des *BBBEE* wurde erst im Februar 2007 mit der Veröffentlichung der *Codes of Good Practice* im Gesetzblatt der Republik Südafrika gesetzt.[16] Diese Gesichtspunkte tragen maßgeblich zur Relevanz des Themas dieser Arbeit bei. Sie bringen aber auch die Schwierigkeit mit sich, dass eine vollständige und erschöpfende Darstellung aller durch das *BBBEE* berührten Aspekte unmöglich ist. Viele Probleme im Zusammenhang mit dem *BBBEE* sind noch nicht geklärt. Die Umsetzung der rechtlichen Anforderungen durch die Wirtschaft wirft zudem tagtäglich neue Fragen auf. Diese Unsicherheit trägt maßgeblich zur Skepsis bei, die weite Teile der Bevölkerung und der Wirtschaft – insbesondere auch ausländische Investoren – dem *BBBEE* entgegenbringen.

Ziel der Arbeit ist es, das grundlegende Konzept des *BBBEE* herauszuarbeiten und einzelne besonders umstrittene Aspekte vertieft zu analysieren. Der Schwerpunkt liegt hierbei auf den rechtlichen Problemstellungen, wobei diese jedoch notwendigerweise immer in ihrem wirtschaftlichen und gesellschaftlichen Kontext betrachtet werden müssen.

Die Arbeit gliedert sich in verschiedene Kapitel: an dieses erste, einführende Kapitel schließt sich das zweite Kapitel an, in dem die Hintergründe des *BBBEE* dargestellt werden. Mit dem *BBBEE* nimmt die südafrikanische Regierung ihren verfassungsrechtlichen Auftrag zur Förderung der früher benachteiligten Bevölkerungsgruppen wahr und versucht die wirtschaftlichen und gesellschaftlichen Probleme des Landes zu bekämpfen. Nur vor diesem Hintergrund lässt sich die Konzeptionierung des Programms verstehen. Im dritten Kapitel wird das dem *BBBEE* zugrunde liegende Konzept herausgearbeitet. Besonders interessante und umstrittene rechtliche Gesichtspunkte werden vertieft analysiert. Das vierte Kapitel ist schließlich dem Verhältnis des *BBBEE* zu anderen Regelungen gewidmet; an Beispielen werden Widersprüche des *BBBEE* zu anderen südafrikanischen Gesetzen erläutert und Verstöße des *BBBEE* gegen internationale Übereinkommen geprüft.

## B     Zusammensetzung der Bevölkerung Südafrikas

Das *BBBEE* knüpft für die Definition des Begünstigtenbegriffs an die verschiedenen Bevölkerungsgruppen in Südafrika an. Zum besseren Verständnis wird daher eine kurze

---

16   *Government Gazette* Nr. 29617 vom 09. Februar 2007.

Erläuterung der Bevölkerungsstruktur und der gängigen Bezeichnungen für die verschiedenen Bevölkerungsgruppen vorangestellt.

In der Republik Südafrika leben derzeit ca. 47,4 Mio. Menschen.[17] Mehr als drei Viertel der südafrikanischen Bevölkerung sind Afrikaner.[18] 11% der Bevölkerung sind Weiße, 9% sind *Coloureds* und knapp 3% sind Inder und andere Asiaten.[19] Die Bevölkerungsgruppe der Weißen setzt sich im Wesentlichen aus zwei Untergruppen zusammen: die eine stammt von den niederländischen Einwanderern ab; bei der anderen handelt es sich um Nachfahren der britischen Einwanderer. Eine Besonderheit besteht im Zusammenhang mit den Begriffen *Black* und *Coloured*. Insbesondere in den USA werden Personen, die früher als Schwarze *(Blacks)* bezeichnet wurden, heute oft Farbige *(Coloureds)* genannt. Dies würde in Südafrika zu Verwechslungen führen, denn die *Coloureds* bilden dort eine eigenständige Bevölkerungsgruppe. Es handelt sich bei den südafrikanischen *Coloureds* um Mischlinge, die aus Verbindungen von Europäern mit afrikanischen und asiatischen Sklaven im 18. und 19. Jahrhundert entstanden sind.[20]

Die Einordnung in Schwarze, Weiße, *Coloureds* und Inder basiert auf dem *Population Registration Act 30 of 1950*.[21] Schon unter rein praktischen Gesichtspunkten ist eine derart strenge Klassifizierung bei einer Bevölkerung, die aus einer jahrhundertelangen Wechselbeziehung zwischen unterschiedlichen Völkern hervorgegangen ist, unmöglich.[22] Teilweise wird auch kritisiert, dass durch die Weiterverwendung dieser Klassifizierung die verabscheuungswürdige Einordnung der *Apartheid* fortgesetzt werde. Es handelt sich jedoch um historisch gewachsene Bevölkerungsgruppen, so dass die Unterteilung jedenfalls für statistische Zwecke sinnvoll ist.[23] Die Einteilung wird auch in der vorliegenden Arbeit übernommen, wenngleich mit einer Änderung: da im Rahmen des *Broad-based Black Economic Empowerment* von dem Begriff Schwarze auch *Coloureds* und Inder umfasst sind,[24] werden die Schwarzen im Sinne des *Population Registration Act* in dieser Arbeit als Afrikaner bezeichnet.

---

17  *Statistics South Africa*, S. 1 ff.

18  Der Begriff Afrikaner darf nicht mit dem Ausdruck Afrikaaner verwechselt werden. Während mit Afrikaner Personen mit schwarzer Hautfarbe gemeint sind, werden die Nachfahren der niederländischen Einwanderer in Südafrika als Afrikaaner – oder auch als Buren – bezeichnet.

19  *Holz-Kemmler*, S. 11.

20  *Gas*, S. 35; *Holz-Kemmler*, S. 11.

21  *Kennedy-Dubourdieu*, S. 155.

22  *Gas*, S. 36.

23  Überzeugend *Kennedy-Dubourdieu*, S. 154.

24  Vgl. s 1 BBBEE Act.

# C    Definition wichtiger Begriffe

Die Begriffe *Affirmative Action, Black Economic Empowerment* und *Broad-based Black Economic Empowerment* spielen in dieser Arbeit eine zentrale Rolle. Daher werden diese Ausdrücke zunächst kurz definiert und die Unterschiede erläutert.

## I.    *Affirmative Action*

Der Begriff *Affirmative Action* entstand in den sechziger Jahren in den Vereinigten Staaten von Amerika.[25] Erstmals verwendet wurde der Ausdruck 1961 von John F. Kennedy im *Executive Order 10925,*[26] das Auftragnehmern der Regierung die Pflicht auferlegte, „to take affirmative action to ensure that applicants are employed, and that employees are treated during employment, without regard to their race, creed, color, or national origin".[27] Dieselbe Terminologie verwendete auch Lyndon Johnson vier Jahre später im *Executive Order 11246.*[28]

Obwohl der Begriff *Affirmative Action* seinen Ursprung in den USA hat,[29] findet dieses Konzept heute weltweit Anwendung.[30] Allerdings wird nicht überall die Bezeichnung *Affirmative Action* verwendet. Es existieren vielmehr verschiedenste Begriffe, um das in wesentlichen Aspekten gleiche Phänomen zu bezeichnen. Ein Grund hierfür ist, dass manche Länder sich von dem Streit, der dem Begriff *Affirmative Action* in den USA anhaftet,[31] abgrenzen möchten.[32] Ausdrücke wie *Positive Action, Fair Participation, Reverse Discrimination, Positive Discrimination, Employment Equity, Preferential Treatment, Inclusion* und *Black Advancement* schwirren durch die Fachliteratur und politische Diskussion.[33] Diese unterschiedlichen Bezeichnungen tragen zur Unklarheit bei, die bezüglich des Konzepts der *Affirmative Action* herrscht.

---

25    Einzelheiten bei *Heroldt/Marx*, S. 1; *Loenen/Rodrigues*, S. 247; *Marx*, S. 1.

26    *Blanchard/Crosby*, S. 9; *Hahne*, S. 39.

27    *Cohen/Sterba*, S. 12; *Kovach/Kravitz/Hughes*, S. 54.

28    *Lipson*, S. 1 f.

29    *Clayton/Crosby*, S. 12; *Gray*, S. 2 ff.

30    *Affirmative Action* Maßnahmen existieren oder existierten beispielsweise auch in Israel, China, Australien, Brasilien, Kanada, Pakistan, Neuseeland und der ehemaligen Sowjetunion. Dazu *Hodges-Aeberhard/Raskin*, S.1 ff.; *Sowell*, S. 2.

31    Siehe zu diesem Streit *Burstein*, S. 5 ff.; *Fobanjong*, S. 2 ff.; *Greene*, S. 1 ff.; *Human/Bluen/Davies*, S. 15; *Lipson*, S. 2 ff.; *Ssekasozi*, S. 1 ff.

32    *Innes/Kentridge/Perold*, S. 11; *Qunta*, S. 29 ff.

33    Beispiele finden sich bei *Adams*, S. 2; *Collins*, S. 65 ff.; *du Plessis/Foché/van Wyk*, S. 76; *Innes/Kentridge/Perold*, S. 4; *Jain/Sloane/Horwitz*, S. 2; *Lustgarten*, S. 14; *Sachs*, S. 2; *Taylor/Emir*, S. 95.

23

Eine exakte Definition für *Affirmative Action* zu finden ist schwer, denn es existiert eine Vielzahl unterschiedlicher Versuche, diesen schillernden Begriff einzugrenzen.[34] Oft lässt sich ein Jonglieren mit Begrifflichkeiten feststellen, das die politische Ansicht des jeweiligen Autors offenbart.[35] Die Vorgänge von Definition des Begriffs und anschließender Bewertung des Konzepts *Affirmative Action* werden hierdurch unzulässigerweise miteinander vermengt. Wörtlich übersetzt bedeutet *Affirmative Action* „bejahende, bestärkende Handlung". Im weitesten Sinne verstanden fällt hierunter in Bezug auf Südafrika jede Maßnahme, die gezielt die Interessen der in der *Apartheid* benachteiligten Personen bzw. Personengruppen fördert.[36] Häufig erfolgt jedoch eine Einschränkung des Begriffs auf Maßnahmen mit Bezug zum Arbeitsmarkt.[37]

Die südafrikanische endgültige Verfassung[38] verwendet den Begriff *Affirmative Action* nicht, sondern spricht lediglich von „legislative and other measures designed to protect or advance persons, or categories of persons, disadvantaged by unfair discrimination".[39] Das südafrikanische Verfassungsgericht hat kürzlich hervorgehoben, dass diese Maßnahmen jedenfalls nicht als *Reverse Discrimination* oder *Positive Discrimination* bezeichnet werden sollen, da diese Begriffe einen negativen Beigeschmack haben.[40] Vorzugswürdig und in der Literatur zu s 9 (2) endgV üblich[41] ist der neutrale Begriff *Affirmative Action*.

Da der Ausdruck *Affirmative Action* im allgemeinen Sprachgebrauch in Südafrika weit verbreitet ist und auch in der Fachliteratur überwiegend Verwendung findet, wird er in dieser Arbeit – trotz der beschriebenen Definitionsschwierigkeiten – benutzt. Zugrunde gelegt wird der weite Definitionsansatz. Diese Definition nimmt keine Wertung vorweg und steht im Einklang mit der südafrikanischen Verfassung.

## II.  *Black Economic Empowerment (BEE)*

Es herrscht einige Verwirrung was die Bedeutung des Begriffs *Black Economic Empowerment (BEE)* anbelangt, da er von verschiedenen Personen und Institutionen unterschiedlich gebraucht wird.[42] Ende der achtziger Jahre wurde der Ausdruck *Black Eco-*

---

34  Definitionsversuche finden sich bei *Blanchard/Crosby*, S. 9 ff.; *Düweke*, S. 34 f.; *Heroldt/Marx*, S. 9; *Konrad-Adenauer-Stiftung*, S. 15.

35  *Van Rooyen*, S. 21.

36  *Adams*, S. 1; *Human*, S. 1; *Klug*, S. 317 f.; *Mosley/Capaldi*, S. 67; *van Jaarsfeld/van Eck*, S. 279.

37  Statt vieler *Hahne*, S. 13; gegen eine solche Einschränkung des Begriffs *Affirmative Action* auf Maßnahmen mit Bezug zum Arbeitsmarkt *Innes/Kentridge/Perold*, S. 140; *Qunta*, S. 1 f.

38  Die Verfassung von 1996 wird in Südafrika als *Final Constitution* (endgültige Verfassung, endgV) bezeichnet, um sie von der *Interim Constitution* (Interimsverfassung, IntV) abzugrenzen.

39  S 9 (2) endgV.

40  Minister of Finance and others v Van Heerden, 2004 (11) BCLR 1125 (CC) par 30.

41  Vgl. nur *van Jaarsfeld/van Eck*, S. 279 ff.; *Mosley/Capaldi*, S. 67.

42  *DTI*, BBBEE Strategy, par. 2.6.6; *Woolley*, S. 12.

*nomic Empowerment* zunächst vielfach von der weißen Wirtschaft verwendet und als Mittel gesehen, eine schwarze Mittelschicht mit wirtschaftlichem Interesse zu schaffen. Die politische und wirtschaftliche Stabilität des Landes sollte durch teilweise Übertragung von Anteilen an Wirtschaftsunternehmen an Schwarze gesichert werden. Auf diese Weise wollte man das bestehende wirtschaftliche System erhalten.[43]

Offiziell wurde das Konzept des *BEE* von der südafrikanischen Regierung mit dem politischen Wandel im Jahr 1994 eingeführt.[44] Man verstand darunter die Umgestaltung der wirtschaftlichen Strukturen zum Vorteil der früher benachteiligten Bevölkerungsgruppen.[45] Die Idee des *BEE* schien einen neuen Weg aufzuzeigen, wie das System der *Apartheid* in allen Bereichen des Lebens abgebaut und eine neue soziale und politische Ordnung aufgebaut werden könnte.[46] Allerdings handelte es sich beim *BEE* nur um ein politisches Schlagwort. Es wurde nicht näher definiert, durch welche Maßnahmen diese Strategie umgesetzt werden sollte.[47] Selbst die südafrikanische Regierung sah ein, dass der Begriff *Black Economic Empowerment* gleichzeitig alles und nichts bedeutet.[48] Die Worte beschreiben ein Ideal – ein Fernziel – ohne den Weg dorthin aufzuzeigen.[49] Oft wird der Ausdruck *Black Economic Empowerment* auch als Synonym für *Affirmative Action* verwendet.[50] Im Nachhinein wird die Phase des *BEE* von 1994 bis zu Beginn des dritten Jahrtausends als *Narrow-based Black Economic Empowerment*[51] bezeichnet – in Abgrenzung zum breit angelegten Ansatz, den die südafrikanische Regierung seit 2003 verfolgt.[52]

Soweit sich aus dem Kontext nichts anderes ergibt, wird unter dem Begriff *Black Economic Empowerment* in dieser Arbeit allgemein die Förderung der schwarzen Bevölkerung in wirtschaftlicher Hinsicht verstanden.

---

43  *Gqubule*, S. 3; *van der Nest*, S. 8.

44  *DTI*, BBBEE – Slide Show, S. 2.

45  *Whiteford*, S. 4.

46  Umfassend *Browning*, S. 7 f.

47  *Browning*, S. 15; *Edigheji*, S. 10.

48  Dies deutet an *DTI*, BBBEE Strategy, par. 2.6.6.

49  *Gqubule*, S. 3.

50  *Thoka*, S. 43.

51  Das *Narrow-based Black Economic Empowerment* beschränkte sich auf die Elemente *Ownership* (Eigentum am Unternehmen) und *Management Control* (Leitung des Unternehmens). Siehe auch 2. Kapitel C II 1 (*Black Economic Empowerment* Initiativen der Privatwirtschaft).

52  *DTI*, Guide to First Phase of the Codes, S. 3.

## III.   Broad-based Black Economic Empowerment (BBBEE)

Broad-based Black Economic Empowerment (BBBEE) bezeichnet ein konkretes Programm der südafrikanischen Regierung.[53] Ziel des Programms ist es, den heutigen wirtschaftlichen Problemen im Land Herr zu werden und bis 2014 einen wesentlichen Fortschritt im Bereich des Black Economic Empowerment zu erzielen.[54] Die genaue Zielrichtung des Programms erschließt sich bei Zerlegung des Begriffs in seine Bestandteile: Empowerment kommt vom englischen Verb to empower, was gleichbedeutend mit to give power to (jemandem Macht übertragen) und to enable (jemanden befähigen) ist.[55] Economic hebt hervor, dass das Anliegen der Regierung insbesondere die verstärkte Beteiligung aller Bevölkerungsgruppen am Wirtschaftsleben ist. Broad-based weist darauf hin, dass die Regierung ihr Programm auf eine möglichst breite Grundlage stellen will. Man möchte alle früher benachteiligten Bürger fördern und nicht lediglich einem kleinen Kreis Auserwählter zu mehr Wohlstand verhelfen.[56] Dieses Kriterium grenzt das BBBEE insbesondere von früheren eng begrenzten (narrow-based) Strategien der Regierung ab, die Folgen der jahrzehntelangen Diskriminierung zu bekämpfen. Der Ausdruck Black ist missverständlich. Begünstigte des BBBEE sind nicht nur Menschen mit schwarzer Hautfarbe; neben Afrikanern sollen durch das BBBEE auch Inder und Coloureds gefördert werden.[57]

Beim BBBEE handelt es sich nicht um eine reine Affirmative Action Maßnahme, was vielleicht die wörtliche Übersetzung des Begriffs Broad-based Black Economic Empowerment vermuten ließe. Das Programm des BBBEE weist zwar auch wesentliche Affirmative Action Merkmale auf.[58] Es besteht jedoch ein bedeutender Unterschied hinsichtlich der Zielsetzung: während Affirmative Action vorrangig auf eine Umverteilung bestehender Ressourcen abzielt,[59] will die südafrikanische Regierung mit dem BBBEE die Wirtschaft in ihrer Gesamtheit verändern.[60] Ziel ist es nicht, lediglich den Weißen ihren Wohlstand wegzunehmen und ihn unter der schwarzen Bevölkerung zu verteilen. Es handelt sich beim BBBEE vielmehr um ein Programm zur umfassenden Umgestaltung der südafrikanischen Wirtschaft.[61]

---

53   Das BBBEE wird ausführlich im 3. Kapitel dieser Arbeit vorgestellt.

54   DTI, BBBEE Strategy, par. 1.1; Strydom, S. 1 ff.

55   Charlton/van Niekerk, S. 98; Gergis, S. 5.

56   DTI, BBBEE – Slide Show, S. 6. Siehe auch 3. Kapitel B IV 1 (Bedeutung des Merkmals Broad-based für das BBBEE).

57   Vgl. s 1 BBBEE Act.

58   Insbesondere das Element Employment Equity enthält "klassische" Affirmative Action Bestandteile.

59   Umfassend Alexander, N., S. 6; Deane, S. 99; du Toit/Murphy/Godfrey/Bosch/Christie/Rossouw, S. 475; Human/Bluen/Davies, S. 18.

60   Dupper (Prof. Univ. Stellenbosch), Email vom 06. März 2007.

61   Folgt man der Ansicht, die den Begriff Affirmative Action auf Maßnahmen mit Bezug zum Arbeitsmarkt beschränkt, ergibt sich noch ein weiterer Unterschied: das BBBEE will Schwarze in allen wirt-

## 2. Kapitel Hintergründe des BBBEE

Um das Konzept des *BBBEE* verstehen und die Bedeutung des Programms für die Zukunft Südafrikas nachvollziehen zu können, muss man sich die Vorgeschichte des *BBBEE* vor Augen führen. Begonnen wird die Analyse der Hintergründe mit einer kurzen Darstellung der verfassungsrechtlichen Vorgaben für *Affirmative Action* Maßnahmen in Südafrika. Anschließend wird nach internationalen Vorbildern für das *BBBEE* gesucht. Abschließend wird der gesellschaftliche, wirtschaftliche und politische Hintergrund des *BBBEE* erläutert.


## A    Verfassungsrechtliche Grundlagen

Die Verfassung erteilt der Regierung und dem Parlament den Auftrag, *Affirmative Action* Maßnahmen zu ergreifen.[62] Damit ist die Verfassung zugleich Grundlage und Maßstab für *Affirmative Action* in Südafrika. Da das *BBBEE* wesentliche *Affirmative Action* Bestandteile enthält, gilt dies auch für das *BBBEE*.[63] Für die rechtliche Beurteilung des Programms ist die Kenntnis der verfassungsrechtlichen Grundsätze unerlässlich.

Die endgültige Verfassung sollte dem „Neuen Südafrika" nach dem Ende der *Apartheid* ein neues Fundament geben. Durch Fördermaßnahmen für benachteiligte Bevölkerungsgruppen wollte man das Unrecht der Vergangenheit aufarbeiten.[64] Schon im Rahmen der Erarbeitung der Verfassung wurde jedoch kontrovers diskutiert, in welcher Form *Affirmative Action* zulässig und sinnvoll ist. In die endgültige Verfassung wurde nur eine sehr allgemeine *Affirmative Action* Regelung aufgenommen. Das Verfassungsgericht hat aber in den letzten Jahren in einigen wegweisenden Entscheidungen den verfassungsrechtlichen Rahmen für *Affirmative Action* genauer abgesteckt. Zwar erging diese Rechtsprechung nicht zum *BBBEE*, sondern zu anderen *Affirmative Action* Gesetzen und Einzelmaßnahmen. Das *BBBEE* und die *Affirmative Action* Maßnahmen, die Gegenstand der verfassungsgerichtlichen Entscheidungen waren, weisen jedoch viele Gemeinsamkeiten auf. Die wesentlichen Aussagen des Verfassungsgerichts in diesen Judikaten können daher auch auf das *BBBEE* übertragen werden.

Die Analyse der verfassungsrechtlichen Grundlagen erfolgt in drei Stufen: zunächst wird der Entstehungsprozess der Verfassung kurz geschildert. Im Anschluss wird die allgemeine Systematik des Gleichheitsrechts erläutert, um hierauf aufbauend zu untersuchen, wie sich die verfassungsrechtliche *Affirmative Action* Bestimmung in dieses System einfügt.

---

schaftlichen Bereichen fördern und ihnen nicht lediglich bessere Chancen auf dem Arbeitsmarkt einräumen.

62   S 9 (2) endgV. Siehe dazu auch *Leon/Williams*, S. 4; *Marais/Coetzee*, S. 115.

63   Überzeugend *Balshaw/Goldberg*, S. 66; *du Plessis/Foché/van Wyk* S. 75; *Kennedy-Dubourdieu*, S. 157 f.; *van der Merwe/Meister*, S. 1; *Ngcobo/van Eck*, S. 496; *Pretorius/Klinck/Ngwena*, 1-5.

64   *Loenen/Rodrigues*, S. 19.

# I. Kurzer Überblick über die Entstehung der Verfassung

Es werden nur diejenigen Eckpunkte der Entstehungsgeschichte der Verfassung geschildert, die für das Verständnis und die Auslegung des Gleichheitsrechts und der *Affirmative Action* Bestimmung wesentlich sind.

Der Wandel hin zum „Neuen Südafrika" vollzog sich ab 1990 nach und nach über einen Zeitraum von mehreren Jahren.[65] Schrittweise wurden die Gesetze der *Apartheid* aufgeschafft und der *African National Congress (ANC)* wie auch weitere verbotene politische Gruppierungen zugelassen. Es folgte die Freilassung von politischen Inhaftierten, darunter die von Nelson Mandela am 11. Februar 1990. Dies alles schuf ein Klima, das eine Verständigung zwischen den maßgeblichen politischen Führern des Landes ermöglichte. Nach mehreren Gesprächsrunden gelang es ihnen, sich im Johannesburger Vorort Kempton Park auf verschiedene Grundprinzipien zu verständigen, auf denen das neu zu schaffende Südafrika beruhen sollte. Da die an den Verhandlungen teilnehmenden Persönlichkeiten nicht durch demokratische Wahl legitimiert waren, verständigte man sich auf ein Vorgehen in zwei Schritten. Für die erste Phase bis zum Inkrafttreten der endgültigen Verfassung wurde eine provisorische Verfassung – die sog. *Interim Constitution* (Interimsverfassung, IntV) – geschaffen. Diese verabschiedete das noch aus Zeiten der *Apartheid* stammende Parlament; ein weiterer demokratischer Legitimationsakt durch das Volk erfolgte nicht.

Gleichzeitig mit dem Inkrafttreten der Interimsverfassung am 27. April 1994 fanden die ersten allgemeinen Wahlen zum neuen Parlament statt. Die gewählte Volksvertretung hatte den Auftrag, eine neue endgültige Verfassung auszuarbeiten und zu beschließen.[66] Dabei mussten die 34 Verfassungsprinzipien von Kempton Park zwingend beachtet werden. Diese Prinzipien stellten einen „feierlichen Pakt" dar, wie sie in der Präambel zur Interimsverfassung anschaulich bezeichnet werden. Dem Verfassungsgericht oblag anschließend die Prüfung, ob die endgültige Verfassung mit den 34 Verfassungsprinzipien in Einklang stand.[67] Am 4. Februar 1997 trat die *South African Constitution Act 108 of 1996* (endgültige Verfassung, endgV) schließlich in Kraft.

Das Inkrafttreten der endgültigen Verfassung markiert einen bedeutenden Wendepunkt in der südafrikanischen Geschichte. Nach Nelson Mandela setzt die endgültige Verfassung einen Schlusspunkt hinter die Vergangenheit des Landes und wirft zugleich einen Blick in die Zukunft:

> „... Die Verfassung von Südafrika spricht sowohl von der Vergangenheit wie auch von der Zukunft. Auf der einen Seite stellt sie einen feierlichen Pakt dar, in dem wir Südafrikaner erklären, dass wir niemals eine Wiederho-

---

65  Zu dieser Entwicklung *Andrews/Ellmann*, S. 48 ff.

66  S 68 IntV; siehe dazu auch *DTI*, Business Guidebook, S. 205.

67  *Grupp*, S. 18 ff.

28

lung unserer rassistischen, grausamen und unterdrückerischen Vergangenheit zulassen werden. Aber die Verfassung enthält noch mehr: sie ist auch ein Gesetzeswerk für die Umgestaltung unseres Landes in ein Land, das sich tatsächlich alle Bewohner teilen – in ein Land, das im wahrsten Sinne uns allen gehört, Schwarzen und Weißen, Frauen und Männern..." [68]

An anderer Stelle wird die Verfassung als historische Brücke zwischen einer ungerechten Vergangenheit und einer gerechten Zukunft bezeichnet. [69] Dieses Verständnis der Verfassung beeinflusst maßgeblich die Interpretation von *Affirmative Action* in Südafrika: *Affirmative Action* wird nicht nur als Mittel zur Aufarbeitung des Unrechts der Vergangenheit gesehen, sondern insbesondere auch als Möglichkeit für eine neue – und bessere – Gestaltung der Zukunft. [70]

## II.  Das Gleichheitsrecht in der südafrikanischen Verfassung

*Affirmative Action* kann nicht losgelöst vom Gleichheitsrecht betrachtet werden. Die enge Verknüpfung zwischen den beiden Grundsätzen zeigt sich schon an ihrer räumlichen Nähe innerhalb der Verfassung: beide Konzepte sind in s 9 endgV geregelt. Auch inhaltlich sind die beiden Grundsätze miteinander verknüpft; weit reichende Konsequenzen hat beispielsweise die Frage, ob *Affirmative Action* eine Ausnahme oder einen integralen Bestandteil des Gleichheitsrechts darstellt. Eine Beschränkung auf die Analyse der *Affirmative Action* Regelung liefe daher Gefahr, die Probleme nur punktuell und ungenau zu erfassen. [71] Daher wird zunächst das Gleichheitsrecht in Grundzügen vorgestellt.

## 1.  Besondere Bedeutung des Gleichheitsrechts

Dem Gleichheitsrecht kommt ein besonders hoher Stellenwert in der Verfassung Südafrikas zu, der sich aus der Geschichte des Landes ergibt und sich an vielen Stellen in der Verfassung zeigt. [72] In s 1 endgV werden beispielsweise verschiedene fundamentale Werte aufgezählt, auf denen die Republik Südafrika verfassungsmäßig beruht; [73] die Erzielung von Gleichheit wird dabei in s 1 (a) endgV direkt hinter der Menschenwürde und noch vor der Förderung der Menschenrechte genannt. [74] Dies zeigt schon, welche

---

68  *Andrews/Ellmann*, Vorwort von Nelson Mandela.

69  Nachwort zur Interimsverfassung: "...historic bridge between the past of a deeply divided society characterised by strife, conflict, untold suffering and injustice and a democratic future..." Vgl. hierzu auch State v Makwanyane, 1995 (3) SA 391 (CC); *Strydom*, S. 17.

70  *Kimbi Joko*, S. 1.

71  So auch *Gas*, S. 87.

72  Soobramoney v Minister of Health, Kwa-Zulu Natal, 1997 (129) BCLR (CC) par. 8; *Albertyn/Kentridge*, S. 150; *Devenish*, S. 47; *Maelane*, S. 15; *Malherbe*, S. 437; *van Reenen*, S. 152.

73  *Cotter*, S. 120.

74  *Deane/Brijmohanlall*, S. 93.

überragende Bedeutung das Parlament dem Gleichheitsrecht bei der Ausarbeitung der Verfassung beigemessen hat.[75] Die Erwähnung der Gleichheit in s 1 endgV spielt auch im Hinblick auf Verfassungsänderungen eine wichtige Rolle. S 1 endgV kann – wie auch die Vorschrift über Verfassungsänderungen selbst – nur unter erschwerten Bedingungen abgeändert werden.[76]

Die Relevanz des Gleichheitsrechts zeigt sich auch an der verfassungsrechtlichen Regelung für die Ausrufung des Notstandes.[77] Im Notstandsfall können die Grundrechte grundsätzlich suspendiert werden;[78] dies gilt jedoch nicht für das Gleichheitsrecht, soweit es sich um die Diskriminierungsverbote „Rasse" und Geschlecht handelt.[79] Auch im Grundrechtskatalog der endgültigen Verfassung spiegelt sich der hohe Stellenwert des Gleichheitsprinzips wieder; das Gleichheitsrecht wird in s 9 endgV noch vor der Menschenwürde (s 10 endgV) genannt.[80] Schließlich ist auch der Wortlaut von s 9 endgV selbst ein Beweis für die herausragende Bedeutung des Gleichheitsrechts. S 9 (3) endgV enthält eine umfassende Aufzählung einzelner Diskriminierungsverbote.[81] Zudem gilt eine Diskriminierung nach s 9 (5) endgV bis zum Beweis des Gegenteils als „unfair".[82]

## 2.  Formelle und substantielle Gleichheit

Für das Verständnis des Gleichheitsrechts ist von großer Bedeutung, ob mit Gleichheit im Sinne der s 9 endgV eine bloß formelle *(formal)* oder eine substantielle Gleichheit *(substantive equality)* gemeint ist.[83] Um die Bedeutung dieser Weichenstellung nachvollziehen zu können, muss man sich zunächst den Unterschied zwischen diesen beiden Gleichheitskonzepten bewusst machen.

Die Idee der formellen Gleichheit beruht auf dem aristotelischen Grundsatz, dass Gleiches gleich behandelt werden soll.[84] Alle Menschen sind demnach Träger gleicher Rechte und Pflichten. Sie sind gleich vor dem Gesetz.[85] Das Konzept der substantiellen

---

75  Einzelheiten bei Brink v Kitshoff NO, 1996 (4) SA 197 (CC) par. 40; S v Mhlungu, 1995 (7) BCLR 793 (CC) par. 8; *Loenen/Rodrigues*, S. 13.

76  Voraussetzung ist nach s 74 (2) endgV, dass mindestens 75% der Abgeordneten der Nationalversammlung für die Verfassungsänderung stimmen.

77  Vgl. s 37 endgV.

78  S 37 (4) endgV.

79  S 37 (5) (c) endgV.

80  Brink v Kitshoff NO, 1996 (4) SA 197 (CC) par. 40; *Grupp*, S. 27; *Jagwanth*, S. 131.

81  Du Plessis v De Klerk, 1996 (3) SA 850 (CC) par. 126.

82  Einzelheiten bei President of the Republic of South Africa v Hugo, 1997 (6) BCLR 708 (CC) par. 75.

83  *Thoka*, S. 47.

84  Ausführlich *Cooper*, S. 817; *Fredman*, S. 7; *Golden*, S. 6; *Pretorius/Klinck/Ngwena*, 2-4.

85  *Deane*, S. 286; *Hahne*, S. 35; *Loenen/Rodrigues*, S. 54.

Gleichheit basiert hingegen auf der Überlegung, dass Gleichheit nicht nur in der Theorie, sondern auch praktisch zu realisieren ist.[86] Soziale und wirtschaftliche Rahmenbedingungen, die zu Ungleichheit zwischen Individuen und Gruppen geführt haben oder noch führen, sind auszugleichen.[87]

War ein Teil des Volkes einer Benachteiligung ausgesetzt, so genügt es nach Ansicht der Verfechter formeller Gleichheit, die diskriminierenden Vorschriften und Praktiken abzuschaffen, um auch in tatsächlicher Hinsicht Chancengleichheit zu erreichen.[88] Nach dem Grundsatz der substantiellen Gleichheit reicht dieses Vorgehen dagegen nicht aus, um Gleichheit zu erzielen. Das folgende Beispiel verdeutlicht den Unterschied zwischen formeller und substantieller Gleichheit besser als manche wissenschaftliche Abhandlung: man stelle sich vor, in der Vergangenheit wäre es Schwarzen untersagt gewesen, Monopoly zu spielen. Nachdem die Weißen einige Zeit gespielt hätten, würde den Schwarzen nun auch erlaubt, mitzuspielen. Sie erhielten jedoch lediglich das gleiche Startkapital wie die Weißen zu Beginn des Spiels. Die weißen Spieler hätten aber natürlich ihr Guthaben schon beträchtlich vermehrt, sämtliche Straßen gekauft und auf diesen Häuser und Hotels gebaut. Beim Betreten dieser Straßen müssten die Schwarzen hohe Mieten bezahlen und wären daher schon nach wenigen Spielzügen pleite. Die Herstellung von formeller Gleichheit führt also nicht stets zu Chancengleichheit.[89]

Herrschende Meinung in Rechtsprechung und Literatur ist, dass sich die südafrikanische Verfassung nicht nur zu formeller, sondern zu substantieller Gleichheit bekennt.[90] Diese Annahme rechtfertigt schon der Wortlaut der Verfassung; in s 1 (a) endgV wird „the *achievement* [91] of equality" als Grundwert der Verfassung genannt und s 9 (1) endgV spricht von „equal protection and *benefit* of the law".[92] Auch s 9 (2) endgV geht vom Grundsatz der substantiellen Gleichheit aus; nach dieser Vorschrift umfasst Gleichheit den vollständigen und gleichen Genuss aller Rechte und Freiheiten. Um dieses Konzept von Gleichheit in Südafrika zu realisieren, erlaubt s 9 (2) endgV Maßnahmen zur Förderung von Bevölkerungsgruppen, die durch „unfaire" Diskriminierung benachteiligt wurden.[93]

Schließlich spricht auch die Zielsetzung der Verfassung für einen substantiellen Gleichheitsbegriff. Die Verfassung soll die Grundlage für die Bekämpfung der negativen

---

86 Ähnlich *Currie/de Waal*, S. 348; *Loenen/Rodrigues*, S. 58.

87 *Basson/Christianson/Garbers/le Roux/Mischke/Strydom*, S. 267; *Jagwanth*, S. 132.

88 So *Cooper*, S. 817; *Loenen/Rodrigues*, S. 56; *Rosenfeld*, S. 29 f.; *Taylor/Emir*, S. 102 f.

89 *Gas*, S. 76 m.w.N.

90 Statt vieler Minister of Finance and others v Van Herden, 2004 (11) BCLR 1125 (CC) par. 31; *Albertyn/Goldblatt*, S. 251 ff.; *Deane*, S. 285; *Louw*, S. 343 f.; *Pretorius/Klinck/Ngwena*, 1-5.

91 Hervorhebungen von der Verfasserin vorgenommen.

92 *Devenish*, S. 48; *McGregor,* Affirmative action, S. 164.

93 Dies deuten an *Deane/Brijmohanlall*, S. 94; *Reddy*, S. 788.

Auswirkungen der *Apartheid* liefern.[94] Um dieses Ziel zu erreichen, genügt die Herstellung einer bloß formellen Gleichheit nicht.[95] In Südafrika haben bestimmte Bevölkerungsgruppen in der Vergangenheit erheblich unter „unfairer" Diskriminierung gelitten. Es reicht nicht aus, wenn die Verfassung durch den Grundrechtskatalog lediglich sicherstellt, dass die gesetzlichen Vorschriften, die Grund für diese vergangene „unfaire" Behandlung waren, beseitigt werden. Die negativen Konsequenzen der vergangenen Diskriminierung überleben die Abschaffung der diskriminierenden Gesetze. Auswirkungen entfallen nicht automatisch, wenn ihre Ursache beseitigt wird. Wird nichts gegen die negativen Folgen der *Apartheid* unternommen, so können sie für lange Zeit – wenn nicht sogar für immer – fortbestehen.[96]

## 3.    Chancengleichheit oder Ergebnisgleichheit

Innerhalb der substantiellen Gleichheit wird weiter zwischen Ergebnisgleichheit und Chancengleichheit unterschieden.[97] Unter Ergebnisgleichheit versteht man eine gleiche Repräsentation aller Bevölkerungsgruppen hinsichtlich des Ergebnisses.[98] Mit der Idee der Chancengleichheit wird dagegen ein Mittelweg zwischen formeller Gleichheit und Ergebnisgleichheit beschritten: das Konzept der Chancengleichheit erkennt im Gegensatz zur formellen Gleichheit, dass eine nur formale Gleichbehandlung von Bevölkerungsgruppen, die früher systematisch benachteiligt wurden, die Benachteiligung fortdauern lässt.[99] Andererseits geht den Anhängern der Chancengleichheit ein Streben nach völliger Ergebnisgleichheit aber zu weit. Wenn jedes Individuum gleiche Chancen genießt, ist das Problem der institutionalisierten Diskriminierung überwunden. Es ist dann gerecht, jedes Individuum wieder auf der Grundlage seiner persönlichen Eigenschaften und Fähigkeiten zu behandeln.[100] Der Grundsatz der Chancengleichheit versucht damit einen Ausgleich zwischen dem Leistungsgrundsatz und der Förderung benachteiligter Bevölkerungsgruppen zu schaffen.[101]

Die südafrikanische Verfassung bekennt sich nur zu einer Chancengleichheit und nicht zu einer Ergebnisgleichheit. Dies ergibt sich schon aus den im Grundrechtskatalog aufgezählten einzelnen Freiheitsrechten. Die Verankerung der Handelsfreiheit, Berufsfreiheit und Eigentumsfreiheit in der Verfassung führt zur verfassungsrechtlichen Garantie einer freien Marktwirtschaft. Diese kann lediglich teilweise aufgrund sozialer Ge-

---

94    Vgl. die Präambel der endgültigen Verfassung.

95    *Chaskalson/Kentridge/Klaaren/Marcus/Spitz/Woolman*, S. 14 ff.; *Cooper*, S. 817; *Devenish*, S. 48; *Strydom*, S. 281.

96    National Coalition for Gay and Lesbian Equality and another v Minister of Justice and others, 1998 (12) BCLR 1517 (CC) par. 1546.

97    Grundlegend *du Plessis/Foché/van Wyk*, S. 77.

98    *Fredman*, S. 11.

99    In diese Richtung *Wright*, S. 6.

100    *Fredman*, S. 14.

101    *Kovach/Kravitz/Hughes*, S. 57.

rechtigkeitserwägungen eingeschränkt, aber nicht vollständig außer Kraft gesetzt werden. Die Anerkennung des Grundsatzes der Ergebnisgleichheit würde jedoch das Prinzip der freien Marktwirtschaft gänzlich aushebeln.[102]

## 4. Prüfungssystematik des Gleichheitsrechts

Im Jahre 1997 stellte das Verfassungsgericht in drei grundlegenden Urteilen [103] allgemeingültige Grundsätze für die Prüfung des Gleichheitsrechts auf. Obwohl alle drei Fälle noch anhand der Interimsverfassung entschieden wurden, ist diese Rechtsprechung vollständig auf s 9 endgV übertragbar.[104] Ein Verstoß gegen das Gleichheitsrecht wird demnach in vier Stufen geprüft:

- Liegt eine Differenzierung *(differentiation)* vor?
- Handelt es sich bei dieser Differenzierung um eine Diskriminierung *(discrimination)*?
- Ist die Diskriminierung „unfair" *(unfair)*?
- Ist die „unfaire" Diskriminierung verfassungsrechtlich gerechtfertigt *(justification)*? [105]

a)      Differenzierung und Diskriminierung

Auf der ersten Stufe wird festgestellt, ob überhaupt eine Differenzierung vorliegt. Eine Differenzierung ist eine Ungleichbehandlung von Personen oder Kategorien von Personen.[106] Anschließend ist zu klären, ob es sich um eine bloße Differenzierung oder eine Diskriminierung handelt. Hierdurch wird eine wichtige Weiche für die weitere Prüfung gestellt, denn die Anforderungen an die verfassungsrechtliche Rechtfertigung liegen bei einer Diskriminierung weitaus höher als bei einer bloßen Differenzierung.[107]

Wann liegt nun eine Diskriminierung vor? Auch bei einer Diskriminierung handelt es sich um eine Differenzierung, jedoch mit der Besonderheit, dass die Ungleichbehandlung an einen der in s 9 (3) endgV genannten Gründe oder einen vergleichbaren Grund

---

102   Ähnlich *du Plessis/Foché/van Wyk*, S. 77.

103   Es handelt sich hierbei um die Urteile Harksen v Lane NO and others, 1998 (1) SA 300 (CC); President of the Republic of South Africa v Hugo, 1997 (6) BCLR 708 (CC); Prinsloo v van der Linde and another, 1997 (3) SA 1012 (CC).

104   National Coalition for Gay and Lesbian Equality and another v Minister of Justice and others, 1998 (12) BCLR 1517 (CC) par. 15.

105   Diese Prüfungssystematik wurde vom Verfassungsgericht in Harksen v Lane NO and others, 1998 (1) SA 300 (CC) par. 54 so herausgearbeitet. Ausführlich hierzu *Currie/de Waal*, S. 350; *Deane*, S. 296; *du Plessis/Foché/van Wyk*, S. 78.

106   *Strydom*, S. 58.

107   *Pretorius/Klinck/Ngwena*, 2-11.

*(analogous ground)* anknüpft.[108] Ein vergleichbarer Grund liegt vor, wenn die Differenzierung wegen einer Eigenschaft erfolgt, die die Würde von Personen als menschliche Wesen beeinträchtigt oder sich ähnlich gravierend auswirken kann.[109] Beispiele für solche Eigenschaften sind die Staatsangehörigkeit[110] oder der HIV-Status[111] einer Person. Die Unterscheidung zwischen Differenzierung und Diskriminierung ergibt sich schon aus der Struktur des Gleichheitsrechts; s 9 endgV unterscheidet zwischen einem allgemeinen Gleichheitsgebot in s 9 (1) endgV und besonderen Diskriminierungsverboten in s 9 (3) und (4) endgV.[112]

Eine Differenzierung ist im Gegensatz zu einer Diskriminierung bereits dann gerechtfertigt, wenn eine vernünftige Verbindung zwischen der Differenzierung und einem rechtmäßigen Ziel besteht.[113] Diese Anforderung will lediglich Willkürmaßnahmen verhindern.[114] Es genügt bereits, wenn der Zweck einer Maßnahme legitim ist und das eingesetzte Mittel vernünftigerweise zur Erreichung dieses Zwecks beitragen kann.[115] Die Effektivität des eingesetzten Mittels muss nicht nachgewiesen werden; es genügt vielmehr, wenn sich die handelnde Stelle bei ihrer Entscheidung von rationalen Beweggründen hat leiten lassen.[116] Durch diese geringe gerichtliche Kontrolldichte wird dem Parlament und der Regierung bei differenzierenden Maßnahmen ein weiter Prognosespielraum eingeräumt.

b)     „Faire" und „unfaire" Diskriminierung

An die Rechtfertigung einer Diskriminierung werden dagegen weitaus höhere Anforderungen gestellt. Der Begriff Diskriminierung *(discrimination)* stammt zwar grundsätzlich vom neutralen lateinischen Wort *discriminare* (trennen, unterscheiden) ab. Im allgemeinen Sprachgebrauch hat der Ausdruck jedoch eine negative Bedeutung erlangt.[117] Auch in der südafrikanischen Verfassung kommt dem Begriff *discrimination* ein gewisser negativer Sinngehalt zu, denn es handelt sich um eine Differenzierung nach Kriterien, die die Abwertung bestimmter Personen oder Personengruppen zum

---

108   *Cooper*, S. 818; *Currie/de Waal*, S. 354.

109   Harksen v Lane NO and others, 1998 (1) SA 300 (CC) par. 53.

110   Larbi-Odam v MEC for Education (North-West Province), 1997 (12) BCLR 1655 (CC) par. 51 ff.; *Strydom*, S. 61.

111   Hoffmann v SA Airways, 2000 (21) ILR 2357 (CC) par. 49 ff.

112   Überzeugend *Gas*, S. 89.

113   Harksen v Lane NO and others, 1998 (1) SA 300 (CC) par. 53; *Devenish*, S. 54; *Pretorius/Klinck/Ngwena*, 2-12.

114   Prinsloo v Van der Linde and another 1997 (3) SA 1012 (CC) par. 25 f.

115   *Pretorius/Klinck/Ngwena*, 2-12.

116   *Deane*, S. 297; *de Waal/Currie/Erasmus*, S. 191.

117   *Grupp*, S. 48.

Ausdruck bringen.[118] Zudem wird nach s 9 (5) endgV die „Unfairness" einer Diskriminierung nach s 9 (3) endgV vermutet.

Allerdings bedeutet der negative Sinngehalt des Begriffs nicht, dass eine Diskriminierung immer einen Verstoß gegen das Gleichheitsrecht darstellt. Dies ergibt sich schon aus dem Wortlaut von s 9 (3) endgV, nach dem lediglich eine „unfaire" Diskriminierung verboten ist.[119] Ob eine Diskriminierung „fair" oder „unfair" ist, beurteilt sich nach den Umständen des Einzelfalles.[120] Das Verfassungsgericht hat verschiedene Bewertungskriterien für diese „Fairness-Prüfung" herausgearbeitet: unter anderem ist die gesellschaftliche Stellung des von einer diskriminierenden Maßnahme Betroffenen zu berücksichtigen. Hierbei ist zu prüfen, ob der Betroffene zu einer Bevölkerungsgruppe gehört, die benachteiligt wurde und daher besonders verwundbar ist.[121] Des Weiteren spielen die Art und Weise der diskriminierenden Maßnahme und der mit ihr verfolgte Zweck eine wesentliche Rolle. Schließlich sind auch die Auswirkungen der Maßnahme auf den Betroffenen zu berücksichtigen;[122] verletzt die Maßnahme seine Menschenwürde oder hat sie ähnlich schwer wiegende Auswirkungen, so spricht dies für eine „unfaire" Diskriminierung.[123] Bei der „Fairness-Prüfung" handelt es sich letztlich um eine Art Verhältnismäßigkeitsprüfung, wie sie auch aus dem deutschen Verfassungsrecht bekannt ist.[124]

c)     Verfassungsrechtliche Rechtfertigung

Eine „unfaire" Diskriminierung verstößt nicht *per se* gegen das Gleichheitsrecht; sie kann – wie auch jeder andere Grundrechtseingriff – nach s 36 endgV gerechtfertigt sein. Im Rahmen von s 36 endgV findet wie schon beim „Fairness-Test" eine Verhältnismäßigkeitsprüfung statt. Es wird diesmal jedoch stärker auf die außerhalb des Gleichheitsrechts liegenden politischen Hintergründe der Diskriminierung eingegangen.[125] Zur Konkretisierung der Verhältnismäßigkeitsprüfung zählt s 36 endgV fünf für die Abwägung relevante Faktoren auf: das Wesen des Grundrechts, der Stellenwert des der Einschränkung zugrunde liegenden Zwecks, das Wesen und das Ausmaß der Einschrän-

---

118  Harksen v Lane NO and others, 1998 (1) SA 300 (CC) par. 46; Prinsloo v Van der Linde and another, 1997 (3) SA 1012 (CC) par. 31; Larbi-Odam v MEC for Education (North-West Province), 1997 (12) BCLR 1655 (CC) par. 16.

119  *Du Plessis/Foché/van Wyk*, S. 76.

120  Umfassend Harksen v Lane NO and others, 1998 (1) SA 300 (CC) par. 322.

121  Harksen v Lane NO and others, 1998 (1) SA 300 (CC) par. 324; President of the Republic of South Africa v Hugo, 1997 (6) BCLR 708 (CC) par. 611; Vgl. auch *Cooper*, S. 819; *Malherbe*, S. 437.

122  City Council of Pretoria v Walker, 1998 (3) BCLR 257 (CC) par. 81.

123  *Cooper*, S. 820; *Strydom*, S. 68 f.

124  *Gas*, S. 94.

125  Dies deutet an S v Ntuli, 1996 (1) BCLR 141 (CC) par. 21 ff.; *Pretorius/Klinck/Ngwena*, 2-42.

kung, das Verhältnis zwischen der Einschränkung und dem durch sie verfolgten Zweck sowie die Existenz weniger belastender Maßnahmen zur Erreichung des Zwecks.[126]

Teilweise wird in der Literatur die Unterscheidung zwischen „Fairness-Test" und Rechtfertigung nach s 36 endgV als künstlich kritisiert.[127] Letztlich würden beide Male dieselben Kriterien geprüft; es wäre kaum ein realer Fall denkbar, bei dem eine „unfaire" Diskriminierung ausnahmsweise nach s 36 endgV gerechtfertigt wäre.[128] Bisher hat das Verfassungsgericht auch noch in keinem Fall eine „unfaire" Diskriminierung als nach s 36 endgV gerechtfertigt angesehen.[129] Für die systematische Vorgehensweise der Rechtsprechung spricht jedoch der Wortlaut von s 36 endgV. Dieser deutet auf eine zwingende Anwendung der Vorschrift auch im Rahmen der Prüfung eines Verstoßes gegen das Gleichheitsrecht hin.[130]

### III. Verfassungsrechtliche Verankerung von *Affirmative Action*

*Affirmative Action* ist in s 9 (2) endgV geregelt. Zunächst wird dargelegt, wie sich s 9 (2) endgV zum Gleichheitsrecht verhält. Anschließend werden die Anforderungen, die s 9 (2) endgV an *Affirmative Action* Maßnahmen stellt, näher betrachtet.

### 1. Gleichheitsrecht und *Affirmative Action*

S 9 (2) endgV wird vom Verfassungsgericht als „rückerstattende" Gleichheit *(restitutionary equality)* bezeichnet. Die „unfaire" Diskriminierung zu Zeiten der *Apartheid* habe negative Folgen hervorgerufen, die auch dann fortbestünden, wenn die Gründe für ihr Entstehen beseitigt würden.[131] Wie auch für Gerechtigkeit gelte für Gleichheit der Spruch "aufgeschobene Gleichheit ist versagte Gleichheit".[132]

a)   *Affirmative Action* als Ausnahme oder integraler Bestandteil des Gleichheitsrechts?

Der Frage, ob es sich bei *Affirmative Action* um eine Ausnahme oder einen integralen Bestandteil des Gleichheitsrechts handelt, kommt insbesondere im Hinblick auf die Rechtfertigung von *Affirmative Action* erhebliche Bedeutung zu. Daher soll diese The-

---

126  S 36 (1) (a) - (e) endgV.

127  Umfassend zum Meinungsstreit *Deane*, S. 300; *de Waal/Currie/Erasmus*, S. 188 f.; *Swart*, S. 226.

128  S v K, 1997 (9) BCLR 1283 (C) par. 30; *Deane/Brijmohanlall*, S. 96.

129  Statt vieler Fraser v Children's Court, Pretoria North, 1997 (2) SA 261 (CC); Brink v Kitshoff NO, 1996 (4) SA 197 (CC); S v Ntuli, 1996 (1) BCLR 141 (CC); *Currie/de Waal*, S. 359.

130  Überzeugend *Schubert*, S. 223.

131  *Green*, S. 6; *Maelane*, S. 17.

132  National Coalition for Gay and Lesbian Equality v Minister of Justice and others, 1998 (12) BCLR 1517 (CC) par. 1 ff.

matik vorab diskutiert werden. Die herrschende Ansicht[133] kommt zu dem Schluss, dass *Affirmative Action* keine Ausnahme vom Gleichheitsrecht darstellt.

Als Argument wird teilweise die Entstehungsgeschichte der Verfassung herangezogen. Nach dem fünften Verfassungsprinzip schloss Gleichheit vor dem Gesetz *Affirmative Action* Maßnahmen ausdrücklich ein.[134] Dieser positive Wortlaut fand sich allerdings in der Interimsverfassung nicht wieder; nach s 8 (3) IntV war *Affirmative Action* lediglich „nicht ausgeschlossen".[135] In der endgültigen Verfassung wurde diese negative Formulierung der Interimsverfassung dann wiederum in eine positive Ausdrucksweise umgewandelt. Teilweise wird in der Formulierungsänderung eine wichtige Klarstellung und Stärkung von *Affirmative Action* als integralem Bestandteil des Gleichheitsrechts gesehen; für andere hat die Formulierungsänderung dagegen keine inhaltlichen Auswirkungen.[136] Die letztgenannte Ansicht überzeugt. Bei der negativen Formulierung in s 8 (3) IntV handelte es sich nur um einen politischen Kompromiss, mit dem den damaligen Skeptikern von *Affirmative Action* Rechnung getragen werden sollte; eine inhaltliche Änderung gegenüber dem fünften Verfassungsprinzip war nicht bezweckt. Bei der Auslegung der Interimsverfassung müssen zudem immer die 34 Verfassungsprinzipien von Kempton Park berücksichtigt werden. Der negativen Formulierung in der Interimsverfassung kann daher keine Bedeutung beigemessen werden.[137]

Ein überzeugenderes Argument für die Auffassung, dass *Affirmative Action* einen integralen Bestandteil des in s 9 (1) endgV verankerten allgemeinen Gleichheitsrechts darstellt, ist das Bekenntnis der südafrikanischen Verfassung zur substantiellen Gleichheit. Ohne Fördermaßnahmen lässt sich substantielle Gleichheit nicht erzielen.[138] Bei konsequenter Weiterentwicklung dieses Gedankens kommt man zu dem Ergebnis, dass s 9 (2) endgV eigentlich überflüssig ist. Ihr kommt lediglich klarstellende Bedeutung im Hinblick auf die Zulässigkeit von *Affirmative Action* Maßnahmen zu. Wenn nämlich das Erreichen von substantieller Gleichheit das Ziel von s 9 (1) endgV ist, dann müssen auch ohne ausdrückliche Regelung alle Durchbrechungen der formellen Gleichheit zulässig sein, die diesem Zweck dienen.

---

133  Statt vieler Minister of Finance and others v Van Herden, 2004 (11) BCLR 1125 (CC) par. 31; *Currie/de Waal*, S. 361; *Jagwanth*, S. 134.

134  Wortlaut des fünften Verfassungsprinzips: "The legal system shall ensure the equality of all before the law and an equitable legal process. Equality before the law includes laws, programmes or activities that have as their object the amelioration of the conditions of the disadvantaged, including those disadvantaged on the grounds of race, colour or gender."

135  S 8 (3) (a) IntV: „This section shall not preclude measures designed to achieve the adequate protection and advancement of persons or groups or categories of persons disadvantaged by unfair discrimination, in order to enable their full and equal enjoyment of all rights and freedoms."

136  Umfassend zum Meinungsstreit *Chaskalson/Kentridge/Klaaren/Marcus/Spitz/Woolman*, S. 14 ff.

137  *Gas*, S. 98.

138  *McGregor*, No right to affirmative action, S. 19; *dies.*, Affirmative action, S. 164; *Pretorius/Klinck/Ngwena*, 9-8.

Hätte es einer ausdrücklichen Aufnahme einer *Affirmative Action* Bestimmung in die Verfassung überhaupt nicht bedurft, so kann es sich bei einer dennoch zur Klarstellung aufgenommenen Regelung auch nicht um eine Ausnahme zum Gleichheitsrecht handeln.[139] Mit der Aufnahme einer *Affirmative Action* Bestimmung in die endgültige Verfassung wollte das Parlament nicht an dem Konzept der substantiellen Gleichheit rütteln; es wollte lediglich die Bedeutung von *Affirmative Action* stärken und verhindern, dass die Gerichte die Zulässigkeit von *Affirmative Action* zu restriktiv beurteilen.[140]

b)      *Affirmative Action* als „faire" Diskriminierung

Im Rahmen der Prüfung eines Verstoßes gegen das Gleichheitsrecht gilt es auf der zweiten Stufe zu klären, ob eine Diskriminierung vorliegt. Wird dies bejaht, so ist in einem nächsten Schritt festzustellen, ob diese Diskriminierung „fair" oder „unfair" ist.[141]

*Affirmative Action* Maßnahmen stellen immer eine Diskriminierung dar. Diese Aussage erscheint auf den ersten Blick unlogisch, denn nach dem eben Gesagten bekennt sich die südafrikanische Verfassung zu substantieller Gleichheit. Nachdem *Affirmative Action* aber lediglich effektive Chancengleichheit herstellt,[142] liegt zunächst der Schluss nahe, dass rechtmäßige *Affirmative Action* Maßnahmen schon keine Diskriminierung darstellen. Aus dem Wortlaut der Verfassung und der Rechtsprechung des Verfassungsgerichts geht jedoch hervor, dass dem Begriff Diskriminierung in der Verfassung eine andere Bedeutung beigemessen wird, als ihm umgangssprachlich anhaftet. Diskriminierung in der Verfassung bezeichnet eine Differenzierung aufgrund eines oder mehrerer der in s 9 (3) endgV aufgezählten Merkmale. *Affirmative Action* in Südafrika erfüllt diese Voraussetzung immer, denn sie knüpft an die in s 9 (3) endgV aufgezählten Kriterien – beispielsweise an die „Rasse" oder das Geschlecht von Personen – an. Dies führt zwingend dazu, dass eine Diskriminierung im verfassungsrechtlichen Sinne vorliegt.[143]

Südafrikanische Gerichte hatten in der Vergangenheit oft über die Rechtmäßigkeit von *Affirmative Action* Maßnahmen zu entscheiden. Wird eine Bevölkerungsgruppe durch *Affirmative Action* gefördert, so wird naturgemäß eine andere Bevölkerungsgruppe benachteiligt. Personen der benachteiligten Gruppe legten daher vielfach *Affirmative Action* Maßnahmen den Gerichten zur Überprüfung vor. Entscheidungserheblich war in diesen Verfahren häufig die Frage, ob *Affirmative Action* eine „faire" oder eine „unfaire" Diskriminierung darstellt. Bis vor kurzem nahm man an, dass *Affirmative Action*

---

139  *Chaskalson/Kentridge/Klaaren/Marcus/Spitz/Woolman*, S. 14 ff.

140  Die Richter waren zum Zeitpunkt der Verhandlungen über die endgültige Verfassung bezüglich ihrer Ausbildung und ihrer praktischen Erfahrung noch stark von der *Apartheid* geprägt. Sie tendierten dazu, unter Berufung auf eine formelle Gleichheit zur Wahrung der privilegierten Position der Weißen beizutragen. Dazu *Gas*, S. 99.

141  Siehe 2. Kapitel A II 4 (Prüfungssystematik des Gleichheitsrechts).

142  *Adam*, Colour of Business, S. 16; *Reddy*, S. 788.

143  Überzeugend *Gas*, S. 124.

eine Vermutung der „Unfairness" anhaftet.[144] Die Beweislast für die „Fairness" einer *Affirmative Action* Maßnahme lag demnach beim Beklagten. Da dieser Beweis nur schwer zu erbringen war, unterlagen die Beklagten oftmals in den Verfahren. Kürzlich entschied das Verfassungsgericht jedoch, dass Maßnahmen, die in den Geltungsbereich von s 9 (2) endgV fallen, keine „unfaire" Diskriminierung darstellen.[145] Das Gericht erläuterte diese bedeutende Kehrtwende in der Rechtsprechung folgendermaßen:

> „... Ich kann nicht akzeptieren, dass unsere Verfassung einerseits Maßnahmen ausdrücklich genehmigt, deren Ziel die Wiedergutmachung vergangener Ungleichheit und Benachteiligung ist, auf der anderen Seite diese aber als mutmaßlich unfair bezeichnet. Solch ein Denkansatz sieht Maßnahmen nach s 9 (2) endgV als von vornherein verdächtige Vorgehensweisen an, deren Zulässigkeit den Nachweis voraussetzt, dass sie nicht unfair diskriminieren. Darüber hinaus würde eine solche vermutete Unfairness die Gerichte über Gebühr zwingen, die Gesetzgebung und die Exekutive im Nachhinein hinsichtlich der Frage zu kritisieren, was die geeigneten Mittel sind, um die Auswirkungen unfairer Diskriminierung zu bewältigen..."[146]

Durch diese Entscheidung wurde der Handlungsspielraum des Staates zur Durchführung von *Affirmative Action* Maßnahmen deutlich erweitert.

## 2. S 9 (2) endgV – die verfassungsrechtliche *Affirmative Action* Bestimmung

Nachdem die enge Verknüpfung des Gleichheitsrechts mit s 9 (2) endgV erläutert wurde, sollen nunmehr die Voraussetzungen von s 9 (2) endgV näher betrachtet werden.

### a)  Prüfungssystematik der s 9 (2) endgV

Das Verfassungsgericht führte mit *Minister of Finance and others v Van Heerden*[147] ein dreiteiliges Prüfungsschema zur Feststellung ein, ob eine Maßnahme in den Anwen-

---

144  Statt vieler Harksen v Lane NO, 1998 (1) SA 300 (CC) par. 325. Dort wird festgestellt, dass einer Diskriminierung aufgrund eines der in s 9 (3) endgV aufgezählten Merkmale die Vermutung der „Unfairness" anhaftet

145  Minister of Finance and others v Van Heerden, 2004 (11) BCLR 1125 (CC); ähnlich auch schon Richter Sachs in seinem Sondervotum zu City Council of Pretoria v Walker, 1998 (3) BCLR 257 (CC) par. 112.

146  Richter Moseneke in Minister of Finance and others v Van Heerden, 2004 (11) BCLR 1125 (CC) par. 33; schon in George v Liberty Life Association of Africa Ltd, 1996 (8) BLLR 985 (IC) äußerte sich der Industrial Court in diese Richtung: „... Obwohl Affirmative Action oder positive Diskriminierung diskriminierend wirkt und als Diskriminierung in ihren Auswirkungen auf die früher Begünstigten angesehen wird, ist sie nicht unfair. Nicht-Diskriminierung ist ein Wert und ein verfassungsmäßiges Recht. Affirmative Action ist ein Mittel zur Beendigung eines Zustandes und nicht ein eigenständiges Ziel...".

147  Minister of Finance and others v Van Heerden, 2004 (11) BCLR 1125 (CC) par. 37.

dungsbereich von s 9 (2) endgV fällt. Auf der ersten Stufe dieser Prüfung wird die Zielgruppe der Maßnahme definiert; Begünstigte können nur Personen oder Kategorien von Personen sein, die durch „unfaire" Diskriminierung benachteiligt wurden. Zweitens muss die Maßnahme dazu bestimmt sein, solche Personen oder Kategorien von Personen zu beschützen oder zu fördern. Die Maßnahme darf also nicht willkürlich sein oder eine reine Bevorzugung darstellen. Als dritte Voraussetzung verlangt das Verfassungsgericht schließlich, dass die Maßnahme die Erzielung von Gleichheit fördert.[148]

Der erste Schritt in dieser dreiteiligen Prüfung verdient eine detaillierte Analyse; im Zusammenhang mit der Zielgruppe von Maßnahmen nach s 9 (2) endgV ergeben sich einige interessante Fragestellungen, denen im Hinblick auf das *BBBEE* besondere Relevanz zukommt.

b)     Begünstigte von *Affirmative Action* Maßnahmen

Nach s 9 (2) endgV sind die Begünstigten „durch unfaire Diskriminierung benachteiligte Personen oder Kategorien von Personen" *(persons, or categories of persons, disadvantaged by unfair discrimination)*. Ausgehend vom Wortlaut dieser Vorschrift stellen sich zwei Fragen: was versteht man unter Personen oder Kategorien von Personen? Und wann sind diese durch eine „unfaire" Diskriminierung benachteiligt? Mit der ersten Fragestellung wird der abstrakte Begünstigtenkreis definiert; die zweite Frage bestimmt die konkrete Förderungswürdigkeit.

(1)     Der abstrakte Personenkreis der Begünstigten

In s 9 (2) endgV ist nur noch von Personen *(persons)* oder Kategorien von Personen *(categories of persons)* die Rede. S 8 (3) IntV zählte daneben auch noch Gruppen von Personen *(groups of persons)* als mögliche Begünstigte von *Affirmative Action* auf. Mit dieser Wortlautänderung sollte jedoch der Anwendungsbereich der Vorschrift nicht eingeschränkt werden. Die sprachliche Überarbeitung ist vielmehr darauf zurückzuführen, dass die Erwähnung von Gruppen neben der Nennung von Kategorien von Personen als überflüssig erachtet wurde.[149] Der Begriff Kategorie schließt auch Gruppen von Personen ein. Eine Gruppe ist nach gegebenen Merkmalen definiert; eine Kategorie ist dagegen vom Vorgang der Einordnung abhängig, der auf freier Übereinkunft – und nicht notwendigerweise auf Naturgegebenheiten – beruht.[150]

Frauen, die sich von Männern aufgrund biologischer Gegebenheiten unterscheiden, sind eine Personengruppe und damit auch eine Kategorie von Personen. Bei den Afrikanern, *Coloureds* und Indern handelt es sich dagegen nicht um Personengruppen, sondern nur

---

148  Minister of Finance and others v Van Heerden, 2004 (11) BCLR 1125 (CC) par. 37; *Cooper*, S. 833.

149  *Chaskalson/Kentridge/Klaaren/Marcus/Spitz/Woolman*, S. 14 ff.; *Smith*, S. 89.

150  *Gas*, S. 175, m.w.N.

um Kategorien von Personen. Die Einteilung in diese Bevölkerungskategorien erfolgte zu Zeiten der *Apartheid*. Das Regime der *Apartheid* knüpfte dabei nur teilweise an natürliche Gegebenheiten an; oftmals erfolgte die Zuordnung von Personen zu den einzelnen Kategorien vollkommen willkürlich.[151] Mit der Erwähnung von Kategorien von Personen erlaubt s 9 (2) endgV, dass *Affirmative Action* Maßnahmen an diese willkürliche Klassifizierung der *Apartheid* anknüpfen und Afrikaner, *Coloureds* und Inder besonders fördern.[152]

Der Kreis der nach abstrakter Betrachtungsweise möglichen Begünstigten von *Affirmative Action* wurde in der Verfassung bewusst weit gehalten. Die notwendige Eingrenzung erfolgt auf der zweiten Ebene durch das Erfordernis der konkreten Förderungswürdigkeit.

(2)     Konkrete Förderungswürdigkeit

Ausgangspunkt für die Überlegung, welche Individuen und Kategorien von Personen förderungswürdig sind, ist der Wortlaut von s 9 (2) endgV *(disadvantaged by unfair discrimination)*. Die Analyse des Verfassungswortlauts gibt jedoch keinen Aufschluss darüber, zu welchem Zeitpunkt die Benachteiligung vorliegen muss. Dennoch ist es unbestrittene Ansicht, dass das Merkmal *disadvantaged* gegenwartsbezogen auszulegen ist.[153] Eine Benachteiligung muss – auch wenn die Diskriminierung selbst in der Vergangenheit erfolgte – in der Gegenwart noch spürbar sein. Eine noch andauernde, gegenwärtige Diskriminierung ist dagegen nicht erforderlich. Dieses Verständnis vom Wort „benachteiligt" lässt sich mit der Intention der Verfassung begründen, den Anwendungsbereich von *Affirmative Action* nicht zu weit ausufern zu lassen.[154]

Im Rahmen der konkreten Förderungswürdigkeit muss also eine Benachteiligung durch Diskriminierung nachgewiesen werden. Wie detailliert muss dieser Nachweis jedoch von einem Individuum bei einer *Affirmative Action* Maßnahme zugunsten einer Kategorie von Personen geführt werden? Genügt es, dass die Kategorie von Personen diskriminiert wurde oder muss das Individuum nachweisen, persönlich Opfer einer Diskriminierung gewesen zu sein? Wortlaut und Zweck von s 9 (2) endgV deuten darauf hin, dass die Benachteiligung einer Kategorie als Anknüpfungspunkt für eine *Affirmative Action* Maßnahme grundsätzlich genügt.[155] Müsste jedes Individuum eine persönliche Benach-

151  *Mandela*, S. 170. Der sog. Bleistifttest ist ein Beispiel für die primitiven Methoden, deren sich das Regime zur Einteilung der verschiedenen „Rassen" bediente. Dunkelhäutigen Kindern schob man einen Bleistift in die Haare. Fiel der Bleistift hinunter, galten die Haare als glatt und das Kind damit als *Coloured* – im gekräuselten Haar der Schwarzen blieb der Stift dagegen hängen (*Spiegel Special*, Afrika, Nr. 2/2007, S. 85).

152  *Gas*, S. 176.

153  Statt vieler *Chaskalson/Kentridge/Klaaren/Marcus/Spitz/Woolman*, S. 14 ff.

154  Ähnlich *Gas*, S. 177.

155  *Basson/Christianson/Garbers/le Roux/Mischke/Strydom*, S. 281.

teiligung nachweisen, so wäre die Erwähnung von Kategorien von Personen in s 9 (2) endgV überflüssig; bei kategoriebezogenen *Affirmative Action* Maßnahmen würde es sich dann lediglich um ein Bündel von Maßnahmen zugunsten von Individuen handeln.[156]

Südafrikanische Gerichte gingen zumeist von der grundsätzlichen Zulässigkeit kategoriebezogener *Affirmative Action* Maßnahmen aus, ohne dies näher zu begründen.[157] In der Entscheidung *Minister of Finance and others v Van Heerden*[158] hat das Verfassungsgericht die Zulässigkeit von kategoriebezogenen *Affirmative Action* Maßnahmen erstmals ausführlich hergeleitet:

> „... Der Ansatz der *Apartheid* war es, Menschen zu kategorisieren und Konsequenzen an diese Kategorisierung anzuknüpfen. Vor- oder Nachteile wurden abhängig von der Gruppenzugehörigkeit eines Individuums gewährt. S 9 (2) erkennt dies und lässt aus diesem Grund Maßnahmen zu, die auf eine ganze Kategorie von Personen abzielen. Eine Person wird demnach auf Basis ihrer Zugehörigkeit zu einer Gruppe bevorzugt. Wenn der Staat eine Maßnahme durchführt, die von s 9 (2) umfasst ist, braucht er nicht nachzuweisen, dass jedes individuelle Mitglied einer Gruppe, die Opfer einer vergangenen unfairen Diskriminierung war, auch tatsächlich selbst Opfer der unfairen Diskriminierung wurde. Es genügt, dass eine Person zu einer Gruppe gehört, die zu Zeiten der *Apartheid* unfair diskriminiert wurde, damit sie von einer Maßnahme gemäß s 9 (2) profitieren kann..."[159]

Dieser Begründungsansatz des Verfassungsgerichts zeigt, wie stark die Interpretation von s 9 (2) endgV von der Vergangenheit des Landes geprägt ist.

c)     Umfang der gerichtlichen Überprüfung

Die ausdrückliche Regelung von *Affirmative Action* in der südafrikanischen Verfassung birgt die Gefahr, dass aus der im Kern politischen Frage – wie man ein gemeinsames gesellschaftliches Ziel am besten erreichen kann – eine verfassungsrechtliche Diskussion wird. Politische Ansätze, sich dem Ziel der Gleichberechtigung aller „Rassen" anzunähern, dürfen keiner zu strengen verfassungsgerichtlichen Kontrolle unterworfen

---

156  *Chaskalson/Kentridge/Klaaren/Marcus/Spitz/Woolman*, S. 14 ff.

157  *Strydom*, S. 281; lediglich in George v Life Liberty Association of Africa Ltd, 1996 (8) BLLR 985 (IC) wird auf das Problem eingegangen, dass auch in Südafrika Individuen innerhalb einer diskriminierten Gruppe existieren, die wahrscheinlich persönlich nicht unter einer Diskriminierung gelitten hätten. Im konkret zu entscheidenden Fall lag jedoch eine individuelle Diskriminierung vor. Die Frage war daher nicht entscheidungserheblich und wurde nicht weiter vertieft.

158  Minister of Finance and others v Van Heerden, 2004 (11) BCLR 1125 (CC).

159  Richter Mokgoro in Minister of Finance and others v Van Heerden, 2004 (11) BCLR 1125 (CC) par. 85.

werden. Anderenfalls werden schon kleinste Versuche in Richtung Chancengleichheit sofort wieder im Keim erstickt.[160]

Das Verfassungsgericht äußerte sich in *Minister of Finance and others v Van Heerden* erstmals grundlegend zu diesem Thema; es grenzte die gerichtliche Überprüfung von Maßnahmen nach s 9 (2) endgV stark ein:[161]

„... Die Gerichte müssen zögern, solche [*Affirmative Action*] Maßnahmen störend zu beeinflussen und angemessene Zurückhaltung üben, wenn sie in der Versuchung sind, sich selbst als Schiedsrichter bezüglich der Frage einzusetzen, ob mit einer Maßnahme besser oder auf einem weniger beschwerlichen Weg vorangeschritten hätte werden können... Angesichts unserer historischen Umstände und der massiven Ungleichheiten, die unsere Gesellschaft quälen, ist die Abwägung bei der Entscheidung, ob eine die Gleichheit fördernde Maßnahme fair ist, schwer zu Gunsten der Eröffnung von neuen Möglichkeiten für die Benachteiligten vorbelastet..." [162]

Bei einer zu engmaschigen gerichtlichen Überprüfung von *Affirmative Action* Gesetzen am Maßstab des Gleichheitsrechts würde die Macht des Parlaments – und damit die Macht der Mehrheit der Bevölkerung, die das Parlament gewählt hat – schwinden. Dies widerspräche dem Gedanken der Demokratie und dem Prinzip der Gewaltenteilung.[163]

**B    Die malaysische *New Economic Policy (NEP)* als Vorbild für das *BBBEE***

Auch andere Länder kämpfen mit dem Problem sozialer und wirtschaftlicher Ungerechtigkeit zwischen verschiedenen Bevölkerungsgruppen. Gerade auf dem afrikanischen Kontinent ist diese Ungleichheit immer wieder Ursprung vieler Konflikte, die oft auch gewaltsam ausgetragen werden. Viele afrikanische Regierungen haben Programme initiiert, um benachteiligte Bevölkerungsgruppen zu fördern und Wirtschaftswachstum zu generieren. Beispiele hierfür sind die *Indigenisation of the Economy Policy* in Zimbabwe,[164] die *Policy of Ownership* in Tansania,[165] die *National Economic Empower-*

---

160  *Loenen/Rodrigues*, S. 22 f.

161  *Pretorius/Klinck/Ngwena*, 9-20.

162  Richter Sachs in Minister of Finance and others v Van Heerden, 2004 (11) BCLR 1125 (CC) par. 152.

163  Dies deutet an *Devenish*, S. 47.

164  Vgl. hierzu die *Revised Policy Framework for Indigenisation of the Economy* der Regierung von Zimbabwe von 2004.

165  Rechtliche Grundlage für die *Policy of Ownership* in Tansania ist der *National Economic Empowerment Act 16 of 2004*.

*ment Policy* in Malawi[166] und die *Citizen Economic Empowerment Policy* in Botswana.[167]

Man könnte annehmen, dass die südafrikanische Regierung zunächst einen Blick auf diese Initiativen der Nachbarstaaten geworfen hat, um hieraus Erkenntnisse für das eigene Vorgehen zu gewinnen.[168] Die Regierung weigerte sich jedoch, die Programme anderer afrikanischer Staaten bei der Ausarbeitung des *BBBEE* zu berücksichtigen. Die Programme hatten ihre Ziele zumeist nicht erreicht; sie führten nicht zu sozialem Frieden und hatten negative Auswirkungen auf die wirtschaftliche Entwicklung.[169] Die südafrikanische Regierung suchte daher außerhalb Afrikas nach einem Land, das eine positive wirtschaftliche Entwicklung nach Einführung einer *Affirmative Action* Initiative vorweisen konnte. In Asien wurde sie fündig;[170] die *New Economic Policy (NEP)* in Malaysia wies nach Ansicht der südafrikanischen Regierung alle erforderlichen Merkmale auf, um als Vorbild für das *BBBEE* dienen zu können.[171]

## I.    Hintergründe der *NEP*

Malaysia und Südafrika blicken beide auf eine Art kolonialistische Vergangenheit zurück, die die Verteilung von Bildung und wirtschaftlicher Macht maßgeblich beeinflusst hat.[172] Malaysia erlangte im Jahr 1957 die Unabhängigkeit von Großbritannien. Dies führte zu einem Auseinanderfallen von politischer und wirtschaftlicher Macht, vergleichbar mit der Situation in Südafrika nach den Wahlen von 1994.[173] Während die Malaien in der Politik die führende Rolle einnahmen, dominierten Chinesen und ausländische Investoren die Wirtschaft.[174] Anders als in Südafrika war die malaiische und

---

166  Siehe hierzu *Malawi National Economic Empowerment Policy and Action Programme of 2004* des Ministeriums für Wirtschaftsplanung und -entwicklung.

167  Einzelheiten bei *Gergis*, S. 2 ff.

168  *Charlton/van Niekerk*, S. 37.

169  *Madi*, S. 52.

170  *Institutional Investor (International Edition)*, Making a Case: Black Economic Empowerment in Post-Apartheid South Africa, vom September 2004.

171  *Ponte/Roberts/van Sittert*, S. 9.

172  Der Begriff Kolonialismus wird oft im Zusammenhang mit der Vergangenheit Südafrikas verwendet. Er gibt jedoch die besondere Situation Südafrikas nicht korrekt wieder. Kolonien sind eng mit dem Mutterland verbunden; die holländischen und englischen Siedler in Südafrika lösten die Bindung zu England und zu den Niederlanden jedoch frühzeitig. Daher beschreibt der Ausdruck „Siedler-Kolonialismus" die Situation in Südafrika treffender. Für die einheimische Bevölkerung Südafrikas waren die Auswirkungen des „Siedler-Kolonialismus" allerdings vergleichbar mit denen des Kolonialismus in anderen Ländern. Dazu *Gqubule*, S. 160 f.

173  *Adam*, Colour of Business, S. 58.

174  *McGregor*, Categorisation, S. 3.

die chinesische Bevölkerungsgruppe zum Zeitpunkt der Unabhängigkeit des Landes zahlenmäßig aber in etwa gleich groß.[175]

Unter der britischen Kolonialherrschaft wurden die Malaien und andere einheimische Bevölkerungsgruppen – die zusammengefasst als *Bumiputra*[176] bezeichnet werden – durch ein System der „indirekten Machtausübung" beherrscht. Die Kolonialherren verwalteten die Kolonie nicht selbst, sondern setzten vorwiegend *Bumiputra* in der Verwaltung ein. Dieses System wurde mit dem Argument gerechtfertigt, dass es die Traditionen der beherrschten Völker besser bewahrt als eine direkte Herrschaft der Kolonialherren. Die Mehrheit der *Bumiputra* blieb in ländlichen Gegenden und arbeitete in der Verwaltung oder in der Landwirtschaft. Chinesische und indische Immigranten hatten dagegen keinen Zugang zu Verwaltungsposten. Sie mussten sich daher andere Betätigungsfelder suchen. Zunächst waren die Immigranten größtenteils im Bergbau tätig; allmählich bahnten sie sich ihren Weg in alle Bereiche der Wirtschaft. Mit der Zeit erlangten sie einen hohen Bildungs- und Wissensstand, der ihnen in der modernen Wirtschaft einen enormen Vorteil gegenüber der Mehrheit der *Bumiputra* verschaffte.[177]

Nach der Erlangung der Unabhängigkeit litt Malaysia unter schweren interethnischen Spannungen, die in gewalttätigen Auseinandersetzungen zwischen den Malaien auf der einen und den Chinesen und Indern auf der anderen Seite mündeten. Grund für diese Spannungen war das wirtschaftliche Gefälle zwischen den Bevölkerungsgruppen.[178] Zu Beginn der siebziger Jahre waren nur 2% der Wirtschaft in den Händen von Malaien verglichen mit 22% in den Händen von Chinesen. 61% der Anteile an Wirtschaftsunternehmen wurden von ausländischen Investoren kontrolliert.[179]

## II.  Wesentlicher Inhalt der *NEP*

Im Jahr 1971 verabschiedete die malaysische Regierung die *New Economic Policy*. Durch dieses Programm sollte das wirtschaftliche Ungleichgewicht behoben und die nationale Einheit gestärkt werden.[180] Die *NEP* zielte darauf ab, den Wohlstand und die wirtschaftliche Beteiligung der *Bumiputra* zu erhöhen. Über einen Zeitraum von 20 Jahren sollte die Wirtschaftslandschaft umgestaltet werden; 30% der Anteile an Wirtschaftsunternehmen sollten von *Bumiputra*, 40% der Anteile sollten von anderen malaysischen Bürgern – womit insbesondere Chinesen und Inder gemeint waren – und nur 30% der Anteile sollten von ausländischen Investoren gehalten werden.[181] Zudem soll-

---

175  *Adams*, S. 38; *Ponte/Roberts/van Sittert*, S. 15.

176  *Bumiputra* bedeutet wörtlich übersetzt „Söhne der Erde": *Jain/Sloane/Horwitz*, S. 4.

177  *Adam*, Colour of Business, S. 58.

178  *Agocs*, S. 37; *Jain/Sloane/Horwitz*, S. 15.

179  *Ponte/Roberts/van Sittert*, S. 15 f.

180  Ausführlich *Adam*, Colour of Business, S. 59; *Agocs*, S. 37; *Thoka*, S. 37.

181  *FW de Klerk Foundation*, 2006, S. 32 ff.; *Jain/Sloane/Horwitz*, S. 75 f.

ten Managementpositionen in der Privatwirtschaft zu 30% mit *Bumiputra* besetzt werden. Nicht Enteignungen, sondern ausländische Investitionen und Wirtschaftswachstum sollten die Umsetzung der Ziele der *NEP* ermöglichen. Dafür hielt die malaysische Regierung ein jährliches Wirtschaftswachstum von 7,1% für erforderlich.[182]

In der Folgezeit initiierte die malaysische Regierung eine Vielzahl umstrittener Programme und Gesetze zur Umsetzung der *NEP*. Zunächst sollte das Bildungsniveau der *Bumiputra* angehoben werden. In allen staatlichen Bildungseinrichtungen wurde daher Malaysisch als Unterrichtssprache eingeführt; Chinesisch wurde nur noch als Unterrichtssprache in Grundschulen geduldet. Zudem wurden *Bumiputra* bei der Vergabe von Studienplätzen an den staatlichen Universitäten bevorzugt.[183] *Bumiputra* als Inhaber von Wirtschaftsunternehmen zu fördern, war wegen des Mangels an Kapital in dieser Bevölkerungsgruppe schwierig. Die Regierung gründete daher staatliche Unternehmen, die ausländische und inländische Wirtschaftsunternehmen aufkauften und führten, bis eine ausreichende Anzahl von hinreichend ausgebildeten und finanzstarken *Bumiputra* vorhanden war, um diese Unternehmen zu übernehmen.[184] Zusätzlich wurden steuerliche Anreize und staatliche Finanzierungshilfen geschaffen, um *Bumiputra* den Einstieg ins Wirtschaftsleben zu erleichtern.[185]

Auch auf ausländische Unternehmen waren diese Regelungen zur Umsetzung der *NEP* anwendbar. Ausländische Unternehmen, die nach 1970 eine wirtschaftliche Tätigkeit in Malaysia aufnahmen, mussten eine Beteiligung von Inländern von mindestens 51% nachweisen. Zudem mussten sie in einem detaillierten Plan erläutern, wie sie die Ziele der *NEP* erreichen wollten. In den frühen achtziger Jahren führte eine Krise auf dem Ölmarkt zu einer wirtschaftlichen Rezession in Malaysia. Auch die ausländischen Investoren litten unter der damaligen wirtschaftlichen Situation; die Investitionstätigkeit aus dem Ausland brach ein. Der Erfolg der *NEP* hing jedoch maßgeblich von ausländischen Investitionen ab. Viele Beschränkungen, die ausländischen Unternehmen durch die *NEP* auferlegt worden waren, wurden daher wieder gelockert. Die ausländischen Investitionen nahmen daraufhin langsam wieder zu. Zudem erholte sich die malaysische Wirtschaft zusehends; in den Jahren 1986 bis 1991 wurde ein durchschnittliches jährliches Wirtschaftswachstum von 8,3% erreicht.[186]

### III.    Auswirkungen der *NEP*

Die *NEP* kann einige Erfolge vorweisen. Das Bildungsniveau in der Bevölkerungsgruppe der *Bumiputra* stieg deutlich. Dies spiegelte sich unter anderem in der Vertre-

---

182  *Agocs*, S. 38; *Jain/Sloane/Horwitz*, S. 16.

183  *Thoka*, S. 40.

184  Umfassend *Gqubule*, S. 19.

185  *Ponte/Roberts/van Sittert*, S. 17.

186  *Adam*, Colour of Business, S. 60.

tung dieser Bevölkerungsgruppe in den „acht angesehenen Berufen" – Arzt, Jurist, Ingenieur, Tierarzt, Zahnarzt, Wirtschaftsprüfer, Sachverständiger und Architekt – wider; von 1970 bis 1988 stieg die Anzahl der *Bumiputra* in diesen Berufsgruppen von 5% auf 25%.[187] Auch hat die *NEP* eine Verbesserung der allgemeinen Lebenssituation in Malaysia bewirkt. Der Prozentsatz der unter der Armutsgrenze lebenden Bevölkerung fiel von 49,3% im Jahr 1970 auf 22,4% im Jahr 1987.[188]

Zudem führte die *NEP* zu einer deutlichen Veränderung in der wirtschaftlichen Machtverteilung;[189] die Anteile an Wirtschaftsunternehmen, die sich in den Händen von *Bumiputra* befanden, stiegen von nur 2,4% im Jahr 1970 auf immerhin 20,3% im Jahr 1990. Andere malaysische Bevölkerungsgruppen waren 1990 zu 46,2% an Wirtschaftsunternehmen beteiligt. Die restlichen Anteile hielten ausländische Investoren. Die Ziele der *NEP* wurden damit zwar nicht erreicht.[190] Dennoch stellt die erzielte Veränderung einen erheblichen Fortschritt dar – insbesondere wenn man berücksichtigt, dass gleichzeitig ausländische Investitionen gefördert wurden.[191] Allgemein schaffte es die *NEP*, die Verknüpfung zwischen ethnischer Zugehörigkeit und wirtschaftlicher Stellung zu lösen.[192]

Auch einige negative Folgen der *NEP* müssen jedoch erwähnt werden. Viele Bürger, die nicht zum Begünstigtenkreis zählten, waren unzufrieden mit der Verteilung des erzielten Wirtschaftswachstums innerhalb der Bevölkerung. Dies führte zu interethnischen Konflikten zwischen den *Bumiputra* und den nichtbegünstigten Bevölkerungsgruppen. Auch innerhalb der Bevölkerungsgruppe der *Bumiputra* herrschte nicht nur Zustimmung zum Kurs der Regierung; es wurde beklagt, dass von der *NEP* insbesondere die Mittelklasse zum Nachteil der ärmeren Schichten profitiert hätte. Außerdem hätte das Fehlen von speziellen Frauenförderprogrammen dazu geführt, dass Männer weit mehr als Frauen Nutzen aus der *NEP* ziehen konnten.[193]

Nach dem Verstreichen der geplanten Zeitspanne von 20 Jahren wurde die *NEP* nicht vollständig abgeschafft, sondern Nachfolgeprogramme traten an ihre Stelle. Gerechtfertigt wurde dieses Vorgehen mit dem Argument, dass die Ziele der *NEP* noch nicht vollständig erreicht worden waren.[194]

---

187  *Ponte/Roberts/van Sittert*, S. 16.

188  *FW de Klerk Foundation*, 2006, S. 33; *Thoka*, S. 43.

189  Ausführlich *Adams*, S. 38; *Thoka*, S. 41.

190  *Gqubule*, S. 1 ff.

191  *Adam*, Colour of Business, S. 62; *Jain/Sloane/Horwitz*, S. 16.

192  *FW de Klerk Foundation*, 2006, S. 33.

193  Einzelheiten bei *Engdahl/Hauki*, S. 17; *Thoka*, S. 42.

194  *Ponte/Roberts/van Sittert*, S. 18.

## IV.  *NEP* und *BBBEE*: Gemeinsamkeiten und Unterschiede

Die malaysische *NEP* und das südafrikanische *BBBEE* stimmen in zwei wesentlichen Aspekten überein. Das Kriterium der Begünstigung wird ausschließlich an der ethnischen Zugehörigkeit unabhängig vom jeweiligen sozialen Status festgemacht. Es wird vermutet, dass die Zugehörigkeit zu einer bestimmten ethnischen Gruppe mit der Zugehörigkeit zu einer bestimmten sozialen Schicht übereinstimmt. Zudem ist die Bevölkerungsgruppe der Begünstigten in beiden Fällen keine Minderheit und besitzt darüber hinaus die politische Macht im Land.[195] Stellt eine ethnische Gruppe die Mehrheit im Parlament, so kann sie Förderprogramme auch gegen den Willen der nicht begünstigten Bevölkerungsgruppen durchsetzen.[196]

Die südafrikanische Regierung erhofft sich vom *BBBEE* eine ähnliche Umgestaltung der Wirtschaft, wie sie die *NEP* in Malaysia erzielte. Zwischen dem *BBBEE* in Südafrika und der *NEP* in Malaysia bestehen aber wesentliche Unterschiede. Die südafrikanische Regierung versucht mit dem *BBBEE* viel höhere Ziele in viel kürzerer Zeit zu erreichen, als die malaysische Regierung mit der *NEP*.[197] Die *NEP* wollte eine Verbesserung für die *Bumiputra* innerhalb von 20 Jahren erzielen; die südafrikanische Regierung möchte mit dem *BBBEE* dagegen eine wesentliche Veränderung der Wirtschaft innerhalb eines Zeitraums von nur zehn Jahren bewirken.[198] Zudem ist der zahlenmäßige Unterschied zwischen den verschiedenen Bevölkerungsgruppen in Südafrika größer;[199] in Südafrika leben nur 11% Weiße und der Großteil aller übrigen Bürger gehört zu „Rassen", die durch das *BBBEE* gefördert werden sollen. In Malaysia waren die chinesische Bevölkerungsgruppe und die Bevölkerungsgruppe der *Bumiputra* zahlenmäßig dagegen in etwa gleich groß.[200]

Auch trug das außerordentliche Wirtschaftswachstum in Malaysia maßgeblich zum Erfolg der *NEP* bei.[201] Für Südafrika wird es schwierig sein, in den kommenden zehn Jahren ein vergleichbares Wirtschaftswachstum wie Malaysia in den siebziger und achtziger Jahren zu erzielen.[202] Nicht zuletzt unterliegt die nationale Wirtschaftspolitik heutzutage weit größeren internationalen Beschränkungen als dies zu Zeiten der *NEP*

---

195  Anders ist die Situation beispielsweise in den USA: dort machen die von *Affirmative Action* begünstigten Afroamerikaner nur ca. 12% der Bevölkerung aus. Dazu *Charlton/van Niekerk*, S. 41.

196  *Jain/Sloane/Horwitz*, S. xi.

197  *Ponte/Roberts/van Sittert*, S. 18.

198  C 000 S 000 (13.2) Codes of Good Practice; vgl. auch die Rede des Wirtschaftsministers Mandisi Mphalwa beim *Shanduka/BUSA BEE Briefing* im März 2005.

199  *Engdahl/Hauki*, S. 18.

200  *Adams*, S. 38.

201  *Charlton/van Niekerk*, S. 42.

202  *Adam*, Colour of Business, S. 61.

der Fall war.[203] Der Erfolg der *NEP* in Malaysia lässt daher nicht den Schluss zu, dass auch das *BBBEE* in Südafrika erfolgreich sein wird.

## C  Gesellschaftlicher, wirtschaftlicher und politischer Hintergrund

Das *BBBEE* wurde von der südafrikanischen Regierung entwickelt, um eine umfassende gesetzliche Grundlage zur Bekämpfung der fortwährenden Ungleichheiten zwischen den verschiedenen Bevölkerungsgruppen in Südafrika zu schaffen. Regierung und Parlament wurden bei der Gestaltung des *BBBEE* maßgeblich von der derzeitigen gesellschaftlichen, wirtschaftlichen und politischen Situation in Südafrika beeinflusst. Das *BBBEE* kann daher nicht losgelöst von diesen Umständen analysiert und beurteilt werden.

## I.  Wirtschaftliche Benachteiligung von Schwarzen zu Zeiten der *Apartheid*

Eine kurze Darstellung der wirtschaftlichen Benachteiligung von Schwarzen unter dem System der *Apartheid* ist erforderlich, um die Notwendigkeit einer Förderung dieser Bevölkerungsgruppe in wirtschaftlicher Hinsicht nachvollziehen zu können.[204] Das „Neue Südafrika" blickt auf Jahrzehnte der *Apartheid* zurück, deren Politik große Teile der Bevölkerung von der Teilhabe an Staat, Wirtschaft und Gesellschaft ausschloss.[205] In *Brink v Kitshoff* stellt das südafrikanische Verfassungsgericht fest, dass das Regime der *Apartheid* systematisch in allen Lebensbereichen diskriminiert hat.[206] *Apartheid* ist eigentlich ein harmloser Begriff aus dem Afrikaans[207] und bedeutet wörtlich übersetzt Getrenntheit, Abgesondertheit;[208] im Laufe der Jahre wurde dieser Ausdruck jedoch zum Inbegriff für das System der strikten Rassendiskriminierung in Südafrika.[209]

Die Trennung und Diskriminierung der „Rassen" wurde durch den Erlass von über 1.000 Gesetzen herbeigeführt.[210] Teilweise handelte es sich um die Schaffung neuer Diskriminierungstatbestände; oftmals wurde aber auch nur eine tatsächlich bereits existierende Diskriminierung kodifiziert.[211] Schwarzen wurde insbesondere auch der Zu-

---

203  *Engdahl/Hauki*, S. 18; *Ponte/Roberts/van Sittert*, S. 18; siehe hierzu auch 4. Kapitel B (Verstoß des *BBBEE* gegen internationale Übereinkommen).

204  So auch *Kekesi*, S. 39.

205  *Institutional Investor (International Edition)*, Making a Case: Black Economic Empowerment in Post-Apartheid South Africa, vom September 2004; *Franklin/Love*, S. 127 ff.; *Reddy*, S. 783; *Strydom*, S. 1.

206  Brink v Kitshoff NO, 1996 (4) SA 197 (CC) par 40.

207  *Afrikaans* ist die Muttersprache der Buren in Südafrika.

208  *Ansprenger*, S. 62.

209  *Lombard*, S. 9; *Holz-Kemmler*, S. 13.

210  Ausführlich *Hagemann*, S. 73.

211  *Bassmann*, S. 25 ff.

gang zur Wirtschaft verwehrt, um so die privilegierte Stellung der Weißen dauerhaft zu sichern.[212]

Der systematische Ausschluss der Schwarzen von der wirtschaftlichen Macht begann im späten 18. Jahrhundert mit den ersten Enteignungen von Land und setzte sich im 20. Jahrhundert mit dem *Mines and Work Act 12 of 1911*, dem *Land Act 27 of 1913* und der Fülle der nach 1948 erlassenen Gesetze der *Apartheid* fort.[213] Das System der *Apartheid* führte jedoch nicht nur zu einer vertikalen Diskriminierung – also einer Benachteiligung von Schwarzen durch den Staat. Es unterstützte, förderte und verlangte vielmehr auch eine horizontale Diskriminierung von Schwarzen durch Privatleute und private Unternehmen.[214] Diese systematische wirtschaftliche Entmachtung führte nicht nur zu einer schwarzen Mehrheit ohne Landbesitz,[215] sondern hielt Schwarze auch gezielt davon ab, eigene Beschäftigungsmöglichkeiten zu erschließen und unternehmerisch tätig zu sein. Die einzige Rolle, die den Schwarzen in der Wirtschaft zugestanden wurde, war die der billigen Arbeitskräfte für gering qualifizierte Tätigkeiten.[216]

Das Regime der *Apartheid* verfolgte zudem eine ausgeklügelte Politik, um höherwertige Jobs für Weiße zu reservieren.[217] Kernstück war die Einrichtung eines minderwertigen Erziehungssystems für Schwarze.[218] Noch 1988 betrugen die staatlichen Bildungsausgaben für ein schwarzes Kind nur 595 ZAR – gegenüber 22.769 ZAR für ein weißes Kind. Dies führte zu einem Bildungsdefizit in der schwarzen Bevölkerung vor allem im technischen und naturwissenschaftlichen Bereich.[219] Die minderwertige Ausbildung gewährleistete, dass Schwarze schlechte Chancen auf dem Arbeitsmarkt hatten und für höhere Positionen in Unternehmen nicht in Frage kamen.[220]

Die *Apartheid* beschränkte zudem die Mehrheit der *Bantus*[221] auf ausgewiesene Gegenden in Südafrika – die sog. *Homelands*.[222] Bei diesen Gebieten handelte es sich um ver-

212 *Engdahl/Hauki*, S. 11; *Fobanjong*, S. 165; *Woolley*, S. 16.

213 *Green*, S. 10; *Schlemmer*, S. 17.

214 *Reddy*, S. 784.

215 *Innes/Kentridge/Perold*, S. 24; *Losskarn*, S. 51; *Ripken*, S. 157 f.

216 *Mortensen*, S. 12; *van Rooyen*, S. 14.

217 *Qunta*, S. 10; *Ruiter*, S. 225.

218 Der *Bantu Education Act 47 of 1953* richtete ein Ministerium für die Erziehung von Schwarzen ein. Dieses Ministerium verabschiedete einen stark reduzierten Lehrplan, der den „natürlichen Gegebenheiten der Schwarzen" gerecht wurde. Siehe dazu *Deane*, S. 14; *Düweke*, S. 14.

219 *Tinarelli*, S. 3.

220 *Dupper*, Remedying the Past, S. 96; *DTI*, BBBEE Strategy, par. 2.2.4; *Ruiter*, S. 225; *Scholtz*, 1-1.

221 *Bantu* bedeutet wörtlich übersetzt Mensch. Mit dem Begriff *Bantu* bezeichnete das Regime der *Apartheid* die schwarzen Bevölkerungsgruppen: *Pabst*, S. 25.

222 Ziel der *Apartheid* war die Ausgliederung der Schwarzen aus dem südafrikanischen Staat. Hierfür wurden unabhängige Republiken für die schwarze Bevölkerung geschaffen – die Homelands –, die

ödete Landstriche mit ärmlichen Lebensbedingungen, denen es an einer dynamischen Wirtschaftsinfrastruktur und -umgebung fehlte.[223] Die durch den *Group Areas Act 41 of 1950* durchgesetzten, nach „Rassen" getrennten Gebiete rissen nicht nur Millionen von Schwarzen aus ihrer gewohnten Lebensumgebung, sondern führten auch zu hohem Kapitalverlust und zerstörten das Netzwerk kleiner schwarzer Unternehmen. Die drastische Einschränkung des Rechts auf Eigentum für Schwarze machte es ihnen schließlich unmöglich, Vermögenswerte zu erwerben,[224] die als Sicherungsmittel für Kredite hätten verwendet werden können. Schwarze wurden hierdurch vom langfristigen Kapitalerwerb und vom Kapitalwachstum ausgeschlossen.[225]

Die systematischen Entmachtungsmechanismen der *Apartheid* führten schließlich zu einer wirtschaftlichen Ungleichheit, bei der die Mehrheit der südafrikanischen Bürger von der Wirtschaft ausgeschlossen wurde.[226] Die Gesetze der *Apartheid* wurden mit dem politischen Wandel abgeschafft. Dies verbesserte die wirtschaftliche Situation der schwarzen Bevölkerung jedoch nicht automatisch.[227] Das *Broad-based Black Economic Empowerment* ist die Antwort der südafrikanischen Regierung auf die systematische wirtschaftliche Entmachtung *(Economic Disempowerment)* der Schwarzen durch die *Apartheid.*[228]

## II.   Die Entwicklung des *BEE* bis 2003

Schon vor dem *BBBEE* existierten in Südafrika Maßnahmen, um die durch die *Apartheid* benachteiligten Bevölkerungsgruppen zu fördern. Die Privatwirtschaft unterstützte freiwillig das wirtschaftliche Fortkommen von Schwarzen durch verschiedene Initiativen. Politische Programme rückten das Thema *BEE* in den Vordergrund und das Parlament verabschiedete *Affirmative Action* Gesetze. Der *Black Economic Empowerment* Gedanke des *BBBEE* ist also kein vollkommen neuartiger Aspekt; die Regierung hat auf frühere Konzepte zurückgegriffen und versucht, aus den Fehlern dieser Vorgängermodelle zu lernen.

## 1.   *BEE* Initiativen der Privatwirtschaft

Die Anfänge der Förderung von Schwarzen in der Privatwirtschaft können in die siebziger Jahre zurückverfolgt werden. Die Aufstände von 1976 lenkten die internationale

---

jedoch international nie als eigene Staaten anerkannt wurden. Siehe dazu *Hagemann*, S. 77; *Kramer*, S. 40 f.

223  *Reddy*, S. 789.

224  Vgl. *Dupper*, Remedying the Past, S. 96; *Finweek*, Issues facing BEE partners, vom 24. August 2006.

225  Einzelheiten bei *DTI*, BBBEE Strategy, par. 2.2.3; *Gqubule*, S. 39; *Kimbi Joko*, S. 1.

226  *Osode*, S. 107 f.

227  *Business Report*, BEE is about shredding nets for all to swim freely, vom 26. November 2006.

228  Ähnlich *Edigheji*, S. 3.

Aufmerksamkeit auf die Situation der Schwarzen in Südafrika. Manche internationalen Unternehmen zogen sich daraufhin ganz aus Südafrika zurück. Andere Unternehmen blieben zwar weiterhin in Südafrika wirtschaftlich aktiv; Gesellschaft und Politik aus ihrem Mutterland setzten sie jedoch unter Druck, die Förderung der Schwarzen in Südafrika voranzutreiben.[229] Dieser ausländische Einfluss mündete schließlich in der Verkündung der *Sullivan Codes of Conduct* im Jahr 1978.[230] Die *Sullivan Codes* kodifizierten Verhaltensrichtlinien, die ausländische Unternehmen im Umgang mit der schwarzen Bevölkerung Südafrikas beherzigen sollten. Die Förderung von Schwarzen sollte danach an zwei unterschiedlichen Punkten ansetzen: ausländische Unternehmen sollten zunächst darauf achten, dass ihre schwarzen Angestellten nicht Opfer von offener oder versteckter Diskriminierung am Arbeitsplatz wurden. Darüber hinaus sollten die Unternehmen aber auch soziale Verantwortung übernehmen; mit der Durchführung von umfangreichen Förderprogrammen sollten sie einen großzügigen Beitrag zur Entwicklung der schwarzen Gesellschaft leisten.[231]

In den achtziger und insbesondere den neunziger Jahren unternahmen verschiedene nationale und internationale Unternehmen und Organisationen verstärkt Anstrengungen, um die Situation der Schwarzen in Südafrika zu verbessern.[232] Manche handelten aus ethischen Gründen;[233] andere sahen die Beteiligung von Schwarzen an der Wirtschaft dagegen als wesentliche Voraussetzung für den dauerhaften Erfolg ihres Unternehmens an.[234] Nach dem politischen Wandel im Jahr 1994 wurden Schwarze verstärkt an der Leitung von Unternehmen beteiligt;[235] einige politisch einflussreiche Schwarze wurden in das Management von Unternehmen berufen. Teilweise wurden auch Unternehmensanteile an Schwarze veräußert.

Bei allen diesen Aktionen handelte es sich jedoch nur um Einzelmaßnahmen ohne staatlichen Zwang und ohne Koordinierung von Seiten des Staates.[236] Daher konnten die Initiativen die Gesamtsituation der schwarzen Bevölkerung nicht nennenswert verbessern. Sie führten nur dazu, dass einige wenige Schwarze „über Nacht" reich wurden.[237] Dadurch nahm die wirtschaftliche Ungleichheit innerhalb der Bevölkerungsgruppe der Schwarzen zu. Dies bestätigt auch ein Blick auf die Entwicklung des Ginikoeffizienten

---

229  *Charlton/van Niekerk*, S. 52; *Gray/Karp*, S. 6.

230  Die *Sullivan Codes of Conduct* wurden von Reverend Leon H. Sullivan von der Zion Baptist Church in Philadelphia (USA) entworfen: *Marx*, S. 2 f.

231  *Gqubule*, S. 95.

232  *Green*, S. 11; *Madi*, S. 3 ff.

233  *Dekker/Cronje*, S. 19.

234  In diese Richtung *Balshaw/Goldberg*, S. 17.

235  *Adam*, Colour of Business, S. 146.

236  *Green*, S. 11; *van der Nest*, S. 47.

237  Extrembeispiele finden sich bei *Business Report*, Should the gentlemen of black empowerment now step aside?, vom 23. Januar 2005; *Thompson*, S. 51.

innerhalb der afrikanischen Bevölkerungsgruppe:[238] während der Koeffizient im Jahr 1991 noch 0.62 betrug, stieg er bis 2001 auf 0.72 an.[239]

Die Phase des *Black Economic Empowerment* bis 2003 wird auch als *Narrow-based Black Economic Empowerment* bezeichnet.[240] Die Maßnahmen waren auf die Bereiche *Ownership* und *Management* beschränkt; nur eine kleine Gruppe von Schwarzen wurde gefördert und kam zu großem Wohlstand, während der Großteil der Schwarzen weiterhin unter Armut litt.[241] Die unkoordinierten Einzelmaßnahmen haben insbesondere nicht zum Entstehen einer schwarzen Mittelschicht geführt. Eine stabile Mittelschicht spielt jedoch in einer demokratischen Gesellschaft eine bedeutende Rolle: sie fungiert als Brücke oder Puffer zwischen der Oberschicht und der Unterschicht – je nach der Situation der jeweiligen Gesellschaft und der Perspektive des Einzelnen. Ohne solide Mittelschicht kann es keinen dauerhaften sozialen Frieden in einer Gesellschaft geben.[242]

## 2. *BEE* als Bestandteil politischer Programme

Der politische Gedanke des *Black Economic Empowerment* lässt sich bis zur *Freedom Charter* zurückverfolgen. Die *Freedom Charter* wurde im Juni 1955 von den Delegierten auf dem „Kongress des Volkes" in Kliptown verabschiedet. Im darauf folgenden Jahr erklärte der *ANC* sie zu seinem politischen Programm.[243] Schon in der *Freedom Charter* wurde festgehalten, dass „alle Bürger gerecht am Wohlstand des Landes beteiligt werden sollen" und dass „der Boden gerecht unter denen verteilt werden soll, die den Boden bearbeiten".[244]

Auch im *Reconstruction and Development Programme (RDP)* wurde das *BEE* als zentraler Bestandteil zur Vergangenheitsbewältigung identifiziert.[245] Das *RDP* wurde ur-

---

238  Der Ginikoeffizient oder auch Gini-Index ist ein statistisches Maß, das vom italienischen Statistiker Corrado Gini zur Darstellung von ungleichen Verteilungen entwickelt wurde. Der Koeffizient wird beispielsweise als Kennzahl für die ungleiche Verteilung von Einkommen und Vermögen in einer Gesellschaft verwendet. Er spiegelt so die sozialen Spannungen innerhalb der Gesellschaft wider. Ist die Einkommensverteilung in einer Gesellschaft vollständig ausgeglichen, so beträgt der Ginikoeffizient „0". Ist das Einkommen dagegen überaus ungerecht verteilt, so ist der Ginikoeffizient „1". Je niedriger daher der Ginikoeffizient desto gleicher ist das Einkommen innerhalb einer Gesellschaft verteilt. Dazu *Gqubule*, S. 209.

239  *FW de Klerk Foundation*, 2006, S. 16.

240  *Balshaw/Goldberg*, S. 69.

241  *Business Day*, Companies engaging in BEE do not have to give away anything, vom 22. November 2006; *Business Report*, Government grappling with the success of empowerment, 2. November 2006; *Janisch*, S. 3; *Ramphele*, S. 23.

242  *Gqubule*, S. 187.

243  *Ponte/Roberts/van Sittert*, S. 13.

244  *Woolley*, S. 21.

245  *Van der Nest*, S. 24.

sprünglich vom Gewerkschaftsdachverband *Congress of South African Trade Unions (COSATU)* ausgearbeitet und fungierte bei den Wahlen 1994 zunächst als Wahlprogramm des *ANC*. Nach dem Wahlsieg des *ANC* stellte es dann als offizielles Regierungsprogramm den Mittelpunkt der südafrikanischen Wirtschafts- und Finanzpolitik dar.[246] Das *RDP* sah eine grundlegende Umgestaltung des Landes vor;[247] es verband die Bausteine Wachstum, Entwicklung, Wiederaufbau, Umverteilung und Versöhnung zu einem einheitlichen Programm. Zudem wollte es die Verknüpfung von „Rasse" mit der Inhaberschaft und der Leitung von Unternehmen durch eine gezielte *Black Economic Empowerment* Politik lösen.[248] Allerdings beinhaltete das Programm keine nähere Konkretisierung, wie das Konzept des *Black Economic Empowerment* praktisch umgesetzt werden sollte.[249]

Das *RDP* wurde 1996 faktisch durch das *Growth, Employment and Redistribution Programme (GEAR)* des Finanzministers Trevor Manuel abgelöst. Das *GEAR* formulierte – im Gegensatz zum *RDP* – klare Reformziele mit Zeitvorgaben. Es stellte marktorientiertes Wachstum, die Privatisierung von Staatsbetrieben, eine strikte Haushalts- und Fiskaldisziplin sowie die außenwirtschaftliche Wettbewerbsfähigkeit in den Vordergrund.[250] Durch diese Politik sollte nachhaltiges Wirtschaftswachstum gesichert und die Arbeitslosigkeit bekämpft werden. Dies sollte schließlich zu einer gerechteren Verteilung von Ressourcen und Wohlstand führen. Das *GEAR* visierte ein jährliches Wirtschaftswachstum von 6% und die Schaffung von 400.000 Arbeitsplätzen pro Jahr an.[251]

Südafrika erzielte in den neunziger Jahren durchschnittlich jedoch nur ein geringfügiges Wirtschaftswachstum von knapp 1% pro Jahr.[252] Folglich verlief auch die Entwicklung auf dem Arbeitsmarkt konträr zu den Vorgaben des *GEAR*; statt der erhofften Schaffung von Hunderttausenden von Arbeitsplätzen gingen insgesamt zwischen 1994 und 2000 über 600.000 Arbeitsplätze verloren.[253] Der Misserfolg des *GEAR* ist in weiten Teilen auf das Versäumnis der Regierung zurückzuführen, die erforderlichen Begleitmaßnahmen in die Wege zu leiten. Das *GEAR* setzte wesentliche finanzielle Investitionen der Regierung sowie eine größere Flexibilität des Arbeitsmarktes voraus; die Regierung unternahm diesbezüglich jedoch nichts.[254]

---

246  *Khalfani*, S. 165 ff.

247  *Van der Nest*, S. 9 f.

248  Umfassend *Benjamin/Raditapole/Taylor*, 1-5; *Woolley*, S. 21.

249  *Holz-Kemmler*, S. 191.

250  Ausführlich *Roussow*, S. 1 ff.

251  *Engdahl/Hauki*, 17.

252  Seit 2004 erzielt Südafrika jedoch ein Wirtschaftswachstum von über 4%: *Bfai*, Investitionsklima, S. 1.

253  *Department of Finance*, S. 7 ff.; *Holz-Kemmler*, S.192 f.

254  *Gqubule*, S. 27; *van der Nest*, S. 25.

Die *Accelerated and Shared Growth Initiative for South Africa (AsgiSA)* wurde von Präsident Thabo Mbeki im Februar 2006 in seiner Rede zur Lage der Nation vorgestellt.[255] Sie ergänzt das *GEAR* dahingehend, dass insbesondere zukunftsträchtige Wirtschaftsbereiche gefördert werden sollen. Der Bedarf dieser Branchen an neuen Arbeitskräften soll eine Entlastung auf dem Arbeitsmarkt bewirken. Dies funktioniert in der Praxis jedoch nicht, da Angebot und Nachfrage nicht übereinstimmen. Bei den zukunftsträchtigen Wirtschaftsbereichen handelt es sich um stark technologisierte Branchen, die vor allem hoch qualifizierte Arbeitskräfte benötigen; beim Großteil der Arbeitssuchenden handelt es sich aber um unqualifizierte bzw. nur gering qualifizierte Arbeitskräfte, die für anspruchsvolle Tätigkeiten jedenfalls nicht ohne langwierige und kostspielige Aus- und Weiterbildungsmaßnahmen in Betracht kommen.[256]

## 3. *Affirmative Action* Gesetze

Nachdem der politische Umschwung erfolgreich abgeschlossen war, rückte die Frage nach der konkreten gesetzlichen Umsetzung des *Black Economic Empowerment* in den Mittelpunkt der politischen Diskussion.[257] Die südafrikanische Regierung erkannte, dass politische Absichtserklärungen alleine nicht zu einer Verbesserung der Lebenssituation der schwarzen Bevölkerung führen. Zudem war ersichtlich, dass die Privatwirtschaft nicht von sich aus den Prozess des *Black Economic Empowerment* konsequent vorantreiben würde. Ab 1998 wurde daher eine Vielzahl von Gesetzen mit *Affirmative Action* Bestandteilen verabschiedet.[258] Die wichtigsten dieser Gesetze sind der *Employment Equity Act 55 of 1998 (EEA)*, der *Skills Development Act 97 of 1998* und der *Preferential Procurement Policy Framework Act 5 of 2000 (PPPFA)*.[259]

## a)   *Employment Equity Act*

Der *EEA* will die Gleichberechtigung der unterschiedlichen Bevölkerungsgruppen am Arbeitsplatz erreichen.[260] Das Gesetz sieht zwei unterschiedliche Maßnahmerichtungen vor: zum einen sollen existierende „unfaire" Diskriminierungen am Arbeitsplatz beseitigt werden.[261] Zum anderen sollen verschiedene *Affirmative Action* Maßnahmen ergriffen werden, um bestehende Benachteiligungen zu beseitigen und so eine gerechte Rep-

---

255  *Friedrich-Ebert-Stiftung*, Fokus Südafrika, S. 1.

256  Einzelheiten bei *Friedrich-Ebert-Stiftung*, Rahmenbedingungen, S. 1 ff.

257  *Adam*, Colour of Business, S. 167; *Human*, S. 6 f.

258  *Ponte/Roberts/van Sittert*, S. 3.

259  Vgl. *Deane*, S. 153 ff; *Scholtz*, 1-1 ff.

260  S 2 EEA; *Grogan*, S. 245; *Ngcobo/van Eck*, S. 496.

261  S 2 (a) EEA; *du Toit/Murphy/Godfrey/Bosch/Christie/Rossouw*, S. 475; *Whiteford*, S. 6.

räsentation aller Bevölkerungsgruppen auf allen Beschäftigungsebenen zu erreichen.[262] Feste Quoten für die Beschäftigung von Schwarzen stellt der *EEA* jedoch nicht auf.[263]

Kritisiert wird am *EEA* insbesondere, dass die Beteiligung zahlloser Personen am Rügeprozess das Verfahren zerfranse und lange Verfahrenszeiten bedinge; viele Unternehmen zögen es daher vor, die hohe Strafen zu zahlen, anstatt die Anforderungen des *EEA* umzusetzen. Dies könne aber nicht Ziel eines Gleichstellungsgesetzes sein.[264] Selbst wenn der Staat die Geldmittel aus den Strafzahlungen der Unternehmen für eine Verbesserung der Lebenssituation der Schwarzen verwendete, würde der Zweck des *EEA* nicht erreicht. Finanzielle Unterstützung werde aufgebraucht und hinterlasse keinen fortwirkenden positiven Effekt. Wenn Schwarze dagegen eine Arbeitsstelle hätten, könnten sie ihren Lebensunterhalt fortwährend selbst bestreiten. Durch die Integration von Schwarzen in die Arbeitswelt würde zudem ihr Selbstwertgefühl gesteigert.[265]

Ein Blick auf die Statistik zeigt, dass der *EEA* nicht die erhofften schnellen Erfolge gebracht hat:[266] 97,5% der ungelernten Arbeiter waren im Jahr 2003 – also fünf Jahre nach Verabschiedung des *EEA* – noch Schwarze. Weiße dominieren dagegen weiterhin in den höher qualifizierten und besser bezahlten Berufskategorien. Während Weiße nur 22,9% der festangestellten Belegschaft im Jahr 2003 ausmachten, besetzten sie 76,3% aller Positionen im Spitzenmangement. Die Anzahl von Afrikanern im Spitzenmanagement der Unternehmen stieg in den Jahren zwischen 2000 und 2003 dagegen nur leicht von 6,2% auf 14,9%. Auch bei den Beförderungen werden Weiße den Schwarzen immer noch vorgezogen; nur 33,8% der Beförderungen ins Spitzenmanagement entfallen auf Schwarze, verglichen mit 66,2% Beförderungen von Weißen.[267]

b)   *Skills Development Act*

Der *Skills Development Act* stellt einen Rahmen für Programme am Arbeitsplatz auf, die die Verbesserung des Bildungsniveaus zum Gegenstand haben.[268] Personen, die früher durch „unfaire" Diskriminierung benachteiligt wurden, sollen bessere Chancen auf dem Arbeitsmarkt erhalten.[269] Daneben verpflichtet der *Skills Development Levies Act 9 of*

---

262  S 2 (b) EEA; umfassend *Finnemore*, S. 188; *Grogan*, S. 250; *Landis/Grossett*, S. 7; *Lentz*, S. 61; *McGregor*, No right to affirmative action, S. 16.

263  *Gqubule*, S. 172.

264  *Schubert*, S. 247 m.w.N.

265  *Dupper*, Remedying the Past, S. 119.

266  *FW de Klerk Foundation*, 2006, S. 35.

267  *Commission for Employment Equity*, S. ix ff.

268  Grundlegend *Center for Industrial & Organisational Psychology*, S. 16; *van der Merwe/Meister*, S. 4.

269  S 2 (1) (e) Skills Development Act.

*1999* die Arbeitgeber, 1% ihrer jährlichen Ausgaben für Lohn und Gehalt in den *National Skills Fund* einzuzahlen.[270]

Kritisiert wird insbesondere, dass der *Skills Development Act* und der *Skills Development Levies Act* einen großen bürokratischen Aufwand öffentlicher Stellen wie auch privater Unternehmen erfordern, ohne bisher messbare Erfolge im Hinblick auf die Erhöhung der Chancengleichheit von Schwarzen auf dem Arbeitsmarkt geliefert zu haben. Von vielen wird die nach dem *Skills Development Levies Act* zu zahlende Abgabe schlicht als eine weitere Art der Besteuerung gesehen.[271]

c)     *Preferential Procurement Policy Framework Act*

Im Jahr 1997 veröffentlichte die Regierung ein Strategiepapier zur Reform der öffentlichen Auftragsvergabe. Die Regierung erkannte, dass ihr als größtem Erwerber von Waren und Dienstleistungen in Südafrika eine Verantwortung zukam, diese Kaufkraft als Hebel zur Durchsetzung ihrer sozialen und wirtschaftspolitischen Ziele einzusetzen.[272] Die Regierung reformierte daher den Auftragsvergabeprozess;[273] unter anderem wurde der Ablauf zur Abgabe von Angeboten zugänglicher für Schwarze gestaltet. Angebote wurden in kleinere Pakete aufgeteilt, damit auch kleinere Unternehmen sich für diese Aufträge bewerben können.[274] Zudem wurde ein Punktesystem eingeführt, um Aufträge künftig durch eine Kombination der Kriterien „Preis" und „Bevorzugung bestimmter Zielgruppen" zu vergeben.[275]

Das zuletzt genannte Punktesystem wurde durch den *Preferential Procurement Policy Framework Act* gesetzlich festgeschrieben.[276] Allerdings ist dieses Punktesystem sehr allgemein gehalten. Es werden keine Kriterien aufgestellt, anhand derer letztendlich der Vertragspartner ausgewählt werden soll. Dieser Mangel an festen Vorgaben führt zum Missbrauch des Systems insbesondere durch Einschaltung von schwarzen Strohmännern bei der Abgabe von Angeboten.[277] Der *PPPFA* hat daher nur wenig Fortschritt in Richtung *Black Economic Empowerment* bewirkt.[278]

---

270  S 3 (1) (b) Skills Development Levies Act; vgl. auch *Scholtz*, 1-4.

271  *Van Jaarsfeld*, S. 272 m.w.N.

272  *Scholtz*, 1-1.

273  Einzelheiten bei *Iheduru*, S. 10.

274  *Van der Nest*, S. 63.

275  Die Bevorzugung von früher benachteiligten Personengruppen bei der Vergabe von öffentlichen Aufträgen ist nach s 217 endgV verfassungsrechtlich gerechtfertigt. Dazu *Benjamin/Raditapole/Taylor*, 1-18; *Marais/Coetzee*, S. 119.

276  S 2 PPPFA; vgl. auch *DTI*, BBBEE Strategy, par. 2.4.4.3.

277  *Scholtz*, 1-2.

278  *Ponte/Roberts/van Sittert*, S. 24.

Zusammenfassend lässt sich feststellen, dass es sich bei den *Affirmative Action* Gesetzen vor 2003 um isolierte Maßnahmen zur Bekämpfung einzelner eklatanter Missstände handelte. Dem gesetzgeberischen Vorgehen fehlte es an einer ganzheitlichen Strategie; daher konnten die einzelnen Gesetze das vielschichtige Problem der wirtschaftlichen Ausgrenzung der schwarzen Bevölkerung nicht lösen.

## III.  Die Weiterentwicklung des *BEE* zum *BBBEE*

### 1.  Gründe für den Richtungswandel

Im Jahr 2003 wandelte sich die *Black Economic Empowerment* Politik der südafrikanischen Regierung grundlegend. Die Regierung musste zugeben, dass die Gesellschaft trotz des breiten Spektrums von *Affirmative Action* Gesetzen und anderen Maßnahmen weiterhin von tief verwurzelter Ungleichheit geprägt war.[279] Diese Ungleichheit behinderte zugleich das wirtschaftliche Wachstum und ihre Weiterentwicklung, die Schaffung von Arbeitsplätzen und die Milderung der Armut. Aus diesem Grund blieb die südafrikanische Wirtschaft weiterhin hinter ihrem vollen Potential zurück.[280] Die berühmte „Zwei-Nationen Rede" – mit der Präsident Thabo Mbeki im Mai 1998 die Debatte über „Aussöhnung und Aufbau der Nation" in der Volksversammlung eröffnete – spiegelt den Meinungsstand in der Regierung zu dieser Zeit wider:[281]

„... Wenn es um das Thema Aussöhnung und Aufbau der Nation geht, sind die materiellen Voraussetzungen unserer Gesellschaft ausschlaggebend. Diese haben unser Land in zwei Nationen aufgespalten: die eine ist schwarz, die andere weiß. Deshalb wagen wir es zu sagen, dass Südafrika ein Land ist, das aus zwei Nationen besteht. Eine dieser Nationen ist weiß, relativ wohlhabend, ohne dass das Geschlecht oder die geographische Verbreitung eine Rolle spielen. Sie hat Zugang zu einer entwickelten Infrastruktur in wirtschaftlicher und physischer Hinsicht und auch im Hinblick auf Bildung und Kommunikation. Die zweite – und zahlenmäßig weit größere – Nation Südafrikas ist schwarz und arm. Am schlimmsten betroffen sind die Frauen in ländlichen Gegenden, die schwarze Bevölkerung in ländlichen Gegenden insgesamt und die Behinderten. Die Lebensbedingungen diese Nation sind geprägt von einer weitestgehend unterentwickelten Infrastruktur in wirtschaftlicher und physischer Hinsicht, aber auch bezüglich Bildung und Kommunikation. Diese Nation hat kaum die Möglichkeit, ihre Chancen-

---

279  *Balshaw/Goldberg*, S. 18; *Gqubule*, S. 12.
280  *DTI*, BBBEE Strategy, par. 1.5; *Whiteford*, S. 79.
281  *Iheduru*, S. 24.

gleichheit – die in Wirklichkeit nur ein theoretisches Recht ist – wahrzunehmen ..." [282]

Der Großteil der schwarzen Bevölkerung hinkt den weißen Einwohnern Südafrikas in vielen wirtschaftlichen Bereichen noch immer weit hinterher.[283] Deutlich wird die fortwährende Benachteiligung schon bei einem Blick auf die Arbeitslosenzahlen: in der afrikanischen Bevölkerung waren im Jahr 2006 30,7% arbeitslos, verglichen mit 18,9% der *Coloureds*, 11,2% der Inder/Asiaten und nur 4,7% der Weißen.[284] Ein Grund hierfür ist das unterschiedliche Bildungsniveau. Die *Apartheid* führte insbesondere für Afrikaner – aber auch für *Coloureds*, Inder und andere Asiaten – zu einer Diskriminierung im Bereich der Bildung, die größtenteils noch andauert.[285] Je nach „Rasse" schwankt der Bildungsstand erheblich; während 1996 noch mehr als 50% der Schwarzen über keine oder nur über eine kurze Schulausbildung verfügten, erreichten 65% der Weißen mindestens das Abitur.[286]

Auch die Höhe des Arbeitseinkommens weist große Differenzen zwischen den verschiedenen „Rassen" auf.[287] 1996 verfügten ca. 60% der Beschäftigten über ein Monatseinkommen von weniger als 1.500 ZAR und 6% über ein Einkommen von über 6.000 ZAR. Dabei verdienten drei Viertel der Schwarzen weniger als 1.500 ZAR verglichen mit nur 6% der Weißen. Nur 1,2% der Schwarzen erhielten dagegen ein Monatseinkommen von mehr als 6.000 ZAR gegenüber knapp einem Viertel der weißen Beschäftigten.[288]

In den Führungsetagen der Unternehmen sind Weiße gemessen an ihrem Anteil an der Gesamtbevölkerung noch immer überrepräsentiert und Schwarze – insbesondere Afrikaner – stark unterrepräsentiert.[289] Die Positionen in der Unternehmensleitung sind derzeit zu 76,2% mit Weißen, zu 14,9% mit Afrikanern, zu 4,9% mit Indern und zu 4,0% mit *Coloureds* besetzt.[290] Schließlich spielen Schwarze auch an der Johannesburger Börse *(Johannesburg Stock Exchange, JSE)* nur eine untergeordnete Rolle;[291] sie hielten

---

282 Rede des Präsidenten Thabo Mbeki vom 29. Mai 1998 zur Eröffnung der Debatte in der Volksversammlung über „Aussöhnung und Aufbau der Nation". Der Ausschnitt dieser Rede ist abgedruckt bei *Ponte/Roberts/van Sittert*, S. 2.

283 *Alexander, N*, S. 7; *Ramgolaam*, S. 4.

284 *Statistics South Africa*, S. 1 ff. Zählt man die nicht aktiv Arbeitsuchenden hinzu, so ist die Arbeitslosenquote – insbesondere in der afrikanischen Bevölkerungsgruppe – noch höher: *Friedrich-Ebert-Stiftung*, Rahmenbedingungen, S. 1 ff.

285 *Agocs*, S. 225.

286 *Holz-Kemmler*, S. 201.

287 *Agocs*, S. 226; *Ramgolaam*, S. 1.

288 *Holz-Kemmler*, S. 201.

289 *Thomas/Robertshaw*, S. 3; *Tinarelli*, S. 4.

290 *Commission for Employment Equity*, S. 25.

291 *Business Report*, BEE levels still woefully low, vom 12. Februar 2007; *Gqubule*, S. 30.

im Jahr 2005 lediglich 4% der Aktien an den börsennotierten Unternehmen.[292] Die restlichen 96% teilten sich südafrikanische Weiße (69%) und ausländische Investoren (27%). Damit ist die Beteiligung von Schwarzen an *JSE* Unternehmen gegenüber dem Ende der neunziger Jahre sogar noch gesunken.[293]

## 2.  Die *BEE Commission*

Im Mai 1998 wurde als Reaktion auf die Unzufriedenheit in Wirtschaft und Gesellschaft vom *Black Business Council*[294] die *BEE Commission* eingesetzt. Ihr wurde der Auftrag erteilt, eine Stellungnahme zum *Black Economic Empowerment* in Südafrika abzugeben. Sie sollte den Erfolg der bisherigen *BEE* Maßnahmen beurteilen, mögliche Hindernisse für den *BEE* Prozess identifizieren und Empfehlungen für die künftige Vorgehensweise aussprechen.[295] Der Tätigkeit der Kommission wurde von Politik und Wirtschaft großes Interesse entgegengebracht. Man erhoffte sich von ihrer Arbeit eine Bestandsaufnahme hinsichtlich der bereits erzielten Fortschritte im Rahmen des *BEE* sowie richtungweisende Vorschläge für das weitere Vorgehen.[296] Der Abschlussbericht der Kommission wurde Präsident Mbeki im April 2001 übergeben.[297]

Bedeutsam war die neue Definition, die die Kommission in ihrem Abschlussbericht bezüglich des *Black Economic Empowerment* vertrat. Sie sah *Black Economic Empowerment* als einen integrierenden und zusammenhängenden sozioökonomischen Prozess an.[298] Nach Ansicht der Kommission sollte ein breit angelegter *Empowerment* Ansatz mehrere Schwerpunkte haben – unter anderem die Schaffung von Arbeitsplätzen, die Entwicklung ländlicher Gegenden, besondere Maßnahmen zur Stärkung von schwarzen Frauen, das Angebot von Aus- und Weiterbildungsmaßnahmen und die inhaltlich bedeutsame Beteiligung von Schwarzen an der Inhaberschaft von Unternehmen.[299] Um den Teufelskreis von Unterentwicklung und Armut zu durchbrechen und das Land auf den Weg zu mehr Wirtschaftswachstum zu bringen, war nach Ansicht der Kommission ein Umdenken in allen Bereichen der Gesellschaft erforderlich. Der Staat sollte die zentrale Rolle in diesem Umwandlungsprozess spielen.[300] Er sollte durch eine ganzheit-

---

292  *FW de Klerk Foundation*, 2006, S. 22 m.w.N. Diese Zahlen beziehen sich nur auf die direkte Beteiligung von Schwarzen an Unternehmen. Nicht mit eingerechnet ist die indirekte Beteiligung von Schwarzen an Unternehmen, beispielsweise in Form von Rentenfonds; vgl. dazu *Finance Week*, New BEE Balance, vom 13. April 2005.

293  *Balshaw/Goldberg*, S. 97.

294  Beim *Black Business Council* handelt es sich um eine Dachorganisation, die verschiedene schwarze Wirtschaftsorganisationen vertritt. Dazu *Kimbi Joko*, S. 1 f.

295  Ausführlich *Benjamin/Raditapole/Taylor*, 1-5; *Woolley*, S. 23.

296  *Van der Nest*, S. 28 ff.

297  *BEE Commission*, S. 3.

298  *Benjamin/Raditapole/Taylor*, 1-5.

299  *BEE Commission*, S. 7; *Jain/Sloane/Horwitz*, S. 210; *Whiteford*, S. 80.

300  *Legal week*, A clearer Future, vom 26. Oktober 2006.

liche nationale *BEE* Strategie ein System von Richtlinien und Vorschriften schaffen.[301] Nur der Staat könnte die Ziele für die wirtschaftliche Umgestaltung festlegen und die Rollen und Verpflichtungen der verschiedenen Beteiligten definieren.[302]

Der Abschlussbericht der Kommission wurde von vielen als zu unpräzise kritisiert; er zeigt jedoch zumindest einen groben Weg zur nachhaltigen wirtschaftlichen Stärkung der schwarzen Bevölkerung auf.[303] Letztendlich war dieser Bericht ausschlaggebend für den Richtungswandel der Regierung – hin zu einer *Broad-based Black Economic Empowerment* Politik.[304]

---

301  *Osode*, S. 108.

302  *BEE Commission*, S. 10; Whiteford, S. 79.

303  Umfassend zur Kritik am Abschlussbericht der BEE Kommission *van der Nest*, S. 35.

304  *DTI*, BBBEE Strategy, par. 1.10; *FW de Klerk Foundation*, 2006, S. 35.

# 3. Kapitel    Das Programm des *BBBEE*

Die Analyse der Hintergründe des *BBBEE* verdeutlicht, dass es für das komplexe Problem der wirtschaftlichen Benachteiligung der schwarzen Bevölkerung keine einfache Lösung geben kann. Dies erklärt die Struktur und den Inhalt des *Broad-based Black Economic Empowerment*; es handelt sich um ein verzweigtes Regelwerk, das verschiedenste rechtliche, wirtschaftliche und gesellschaftliche Themenkomplexe berührt.

Für das Verständnis des *BBBEE* und die Einordnung der einzelnen Probleme ist es zwingend notwendig, sich zunächst das Zusammenspiel der verschiedenen Rechtsquellen vor Augen zu führen. Anschließend werden die Grundprinzipien des *BBBEE* vorgestellt. Sie geben einen guten Überblick über die Ziele des Programms. Um diese Ziele zu realisieren, ruht das *BBBEE* auf „sieben Säulen". Hierbei handelt es sich um das Kernstück des *BBBEE*; diesem Aspekt wird daher ein gesondertes Unterkapitel gewidmet. Zum Abschluss werden besonders interessante und umstrittene Einzelfragen diskutiert.

## A    Rechtsquellen

Das Programm des *BBBEE* wurde von der südafrikanischen Regierung initiiert. Rechtlich umgesetzt wurde es sodann von verschiedenen Organen der Exekutive und der Legislative. Das Parlament erließ den *BBBEE Act*; die *BBBEE Strategy*, die *Codes of Good Practice* und die *Generic Scorecard* wurden dagegen vom Wirtschaftsminister entworfen und vom Kabinett verabschiedet.

## I.    Der *BBBEE Act*

Der *BBBEE Act 53 of 2003* stellt die gesetzliche Grundlage des *BBBEE* dar.[305] Er trat im April 2004 in Kraft.[306] In ihm werden die Ziele des *BBBEE* in groben Zügen definiert[307] und Richtlinien aufgestellt, die die staatlichen Organe bei der Förderung des *Broad-based Black Economic Empowerment* beachten müssen.[308] Die Verabschiedung des *BBBEE Act* markierte einen wichtigen Wendepunkt in der *Black Economic Empowerment* Politik der Regierung: zum ersten Mal wurde ein ganzheitliches Konzept für die Förderung der schwarzen Bevölkerung vorgestellt.[309] Der *Act* enthält jedoch keine detaillierten Regelungen bezüglich der Umsetzung des *BBBEE*, sondern verweist dies-

---

305  *Namibia Law Society*, S. 11.

306  *Benjamin/Raditapole/Taylor*, 1-3.

307  In s 2 BBBEE Act werden die Ziele des *BBBEE* aufgelistet.

308  *Benjamin/Raditapole/Taylor*, 1-3.

309  *Van der Merwe/Meister*, S. 1.

bezüglich auf die von der Regierung zu verabschiedenden *Codes of Good Practice*[310] und die von der Wirtschaft zu initialisierenden *Transformation Charters* und *Sector Codes*.[311]

## II.   Die *BBBEE Strategy*

Bei dem Dokument *South Africa's Transformation: A Strategy for Broad-based Black Economic Empowerment (BBBEE Strategy)* des Wirtschaftsministers handelt es sich um den strategischen Rahmen des *BBBEE*.[312] Das Wirtschaftsministerium kündigt hierin an, dass der südafrikanische Staat seine wirtschaftliche Macht und seine gesetzgeberischen Befugnisse zur Förderung der schwarzen Bevölkerung einsetzen wird.[313] Ziel des Strategiepapiers ist es, Klarheit und Sicherheit hinsichtlich des Vorgehens der Regierung bezüglich des *Broad-based Black Economic Empowerment* zu schaffen.[314] Zunächst wird erläutert, warum es eines umfassenden Programms bedarf. Sodann wird der Begriff *Broad-based Black Economic Empowerment* definiert und die Ziele und Grundprinzipien des Programms angesprochen.[315] Schließlich erläutert das Dokument noch die weiteren Schritte von Regierung und Parlament bezüglich des *BBBEE*.

Die *BBBEE Strategy* wurde im März 2003 veröffentlicht. In zeitlicher Hinsicht fällt auf, dass die *BBBEE Strategy* veröffentlicht wurde bevor der *BBBEE Act* im April 2003 in Kraft trat. Dies ist verwunderlich, denn erst der *BBBEE Act*[316] erteilt dem Wirtschaftsminister eigentlich den Auftrag zur Ausarbeitung eines Strategiepapiers.[317] Der *BBBEE Act* schreibt auch vor, dass das Strategiepapier bei der Ausarbeitung der *Codes of Good Practice* berücksichtigt werden muss.[318] Das Wirtschaftsministerium hat jedoch in der Zeitspanne zwischen dem Inkrafttreten des *BBBEE Act* im April 2003 und der Verkündung der *Codes of Good Practice* im Februar 2007 keine aktualisierte Fassung des Strategiepapiers veröffentlicht; es hat vielmehr die *BBBEE Strategy* in ihrer Fassung vom März 2003 bei der Ausarbeitung der *Codes* zugrunde gelegt. Demnach geht das Wirtschaftsministerium davon aus, dass das Strategiepapier vom März 2003 die im *BBBEE*

---

310   S 9 BBBEE Act gibt einen Rahmen für den Inhalt der *Codes of Good Practice* vor: *DTI*, Business Guidebook, S. 139.

311   *Luiz/van der Linde*, S. 474.

312   *Namibia Law Society*, S. 11.

313   *Leon/Williams*, S. 4.

314   *DTI*, BBBEE Strategy, par. 4.1.

315   Ausführlich *Benjamin/Raditapole/Taylor*, 1-6.

316   S 11 (1) (a) BBBEE Act.

317   Dazu *Marais/Coetzee*, S. 117.

318   S 9 (2) BBBEE Act.

*Act*[319] erwähnte *BBBEE Strategy* ist und es sich bei den zeitlichen Unstimmigkeiten lediglich um einen kleinen rechtlichen „Schönheitsfehler" handelt.[320]

## III. Die *Generic Scorecard*

Um die Ziele des *BBBEE* zu erreichen, bedarf es einer beständigen und nachvollziehbaren Methode, um den Fortschritt eines Unternehmens bezüglich des *BBBEE* zu messen; gleichzeitig ist aber auch eine flexible Antwort auf unterschiedliche wirtschaftliche und unternehmerische Gegebenheiten erforderlich.[321] Diesen konträren Bedürfnissen versucht die *Generic Scorecard*[322] gerecht zu werden.[323] Sie identifiziert hierfür die sieben Elemente des *BBBEE*; bei diesen Elementen handelt es sich um die Kategorien, in denen die Unternehmen hinsichtlich ihres Fortschritts im Rahmen des *BBBEE* bewertet werden.[324] Bei der Errechnung des Gesamtergebnisses werden diese Elemente unterschiedlich gewichtet.[325] Anschließend wird mit Hilfe einer Tabelle das erzielte Gesamtergebnis in einen *BBBEE* Status umgerechnet.[326] Dieser *BBBEE Status* – und nicht die erzielten Punktzahlen für die einzelnen Elemente – ist für das Unternehmen von Bedeutung; hieran knüpfen die rechtlichen Konsequenzen an.[327] Schwächen bei einem Element kann ein Unternehmen daher durch Stärken im Rahmen eines anderen Elements grundsätzlich ausgleichen.

Ein Entwurf der *Generic Scorecard* wurde zunächst als Anhang zur *BBBEE Strategy* im März 2003 veröffentlicht.[328] Die endgültige *Generic Scorecard* ist nun in den *Codes of*

---

319 S 11 BBBEE Act.

320 Kritisch *Luiz/van der Linde*, S. 475.

321 Zu diesen gegensätzlichen Anforderungen *DTI*, BBBEE Strategy, Anhang A.

322 Neben der *Generic Scorecard* existieren noch vier weitere *Scorecards* (die *Adjusted Generic Scorecard for Specialised Enterprises*, die *QSE Scorecard*, die *Adjusted QSE Scorecard for Specialised Enterprises* und die *Transitional Scorecard*). Diese *Scorecards* weichen in manchen Bereichen von der *Generic Scorecard* ab und finden auf bestimmte Sonderfälle Anwendung.

323 *Benjamin/Raditapole/Taylor*, 1-10; *van der Nest*, S. 57.

324 Schedule 1 Part 2 Codes of Good Practice. Erreicht ein Unternehmen für alle Bewertungskriterien innerhalb eines Elements die in den *Codes of Good Practice* vorgegebenen Zielwerte, so erhält es für dieses Element die volle Punktzahl. Werden die Zielwerte nur anteilig erreicht, werden für dieses Element auch nur anteilig Punkte vergeben.

325 C 000 S 000 (8.1.3) Codes of Good Practice; die *Generic Scorecard* ist im Anhang zu dieser Arbeit abgedruckt.

326 C 000 S 000 (8.2) Codes of Good Practice. Die Tabelle ist im Anhang zu dieser Arbeit abgedruckt.

327 *Woolley*, S. 105.

328 Anhang A der *BBBEE Strategy*.

*Good Practice* [329] enthalten und weist leichte Änderungen gegenüber dem Entwurf auf. [330]

## IV.  Die *Codes of Good Practice*

Die *Codes of Good Practice* sind rechtlich im *BBBEE Act* verankert. [331] Sie stellen einen Rahmen für die praktische Umsetzung des *BBBEE* auf und konkretisieren die Anwendung der *Generic Scorecard*. [332] Die *Codes of Good Practice* setzen sich aus mehreren einzelnen *Codes (C)* zusammen. Während C 000 allgemeine Aspekte des *BBBEE* behandelt, befassen sich die *Codes* C 100 bis C 700 jeweils mit einem der sieben Elemente des *BBBEE* und geben durch eine elementspezifische *Scorecard* die Bewertungskriterien *(indicators)* für die Beurteilung des jeweiligen Elements vor. [333]

Ende 2005 wurde ein Entwurf der *Codes of Good Practice* in zwei Phasen veröffentlicht. An der anschließenden Diskussion haben sich verschiedenste Interessenvertreter aus Wirtschaft und Gesellschaft beteiligt. [334] Ihre Anregungen haben zu einigen Änderungen am Entwurf der *Codes* geführt: [335] die *Codes* wurden insbesondere sprachlich vereinfacht und gekürzt. Um die Unternehmen bei der Umsetzung des *BBBEE* zu entlasten, wurde zudem die Zahl der Bewertungskriterien um fast die Hälfte reduziert. [336] Im Februar 2007 wurde schließlich die endgültige Fassung der *Codes of Good Practice* im Gesetzblatt veröffentlicht [337] und trat damit in Kraft. [338] Nach wie vor sind viele Aspekte der *Codes* in Wirtschaft und Gesellschaft umstritten; dennoch herrscht große Erleichterung darüber, dass die *Codes* nun endlich in Kraft getreten sind und das *BBBEE*

---

329  C 000 S 000 (8) Codes of Good Practice.

330  Eine wesentliche Änderung ist die Aufwertung des Elements *Employment Equity* in der endgültigen Fassung der *Generic Scorecard*; die *Codes* vergeben nunmehr maximal 15 Punkte für dieses Element verglichen mit maximal 10 Punkten nach dem Entwurf der *Generic Scorecard*. Dagegen wurde die maximale Punktzahl für das Element *Skills Development* um 5 Punkte auf nunmehr 15 Punkte abgesenkt. Während nach dem Entwurf der *Generic Scorecard* die Elemente *Enterprise Development* und *Socio-economic Development* mit maximal 10 Punkten gleich gewichtet waren, messen die *Codes* dem Element *Enterprise Development* nun größere Bedeutung zu (maximal 15 Punkte) als dem Element *Socio-economic Development* (maximal 5 Punkte).

331  S 9 BBBEE Act. Zudem wurde die Verabschiedung der *Codes of Good Practice* bereits in der *BBBEE Strategy* angekündigt: *DTI*, BBBEE Strategy, par. 3.5.7.8.

332  *DTI*, Interpretive Guide, S. 5.

333  Bewertungskriterien für das Element *Ownership* sind beispielsweise die wirtschaftliche Beteiligung von Schwarzen an dem Unternehmen und die Anzahl der Stimmrechte, die Schwarzen zustehen. Dazu *Luiz/van der Linde*, S. 476.

334  *FW de Klerk Foundation*, 2006, S. 10.

335  Zu den Änderungen siehe im Einzelnen *Balshaw/Goldberg*, S. 71.

336  *Business Report*, BEE stays a pipe dream unless SA blacks out fronts, vom 28. Januar 2007; *DTI* Presseveröffentlichung vom 14. Dezember 2006.

337  *Government Gazette* Nr. 29617 vom 09. Februar 2007.

338  *Sunday Times*, Guidelines gazetted for BEE practice, vom 11. Februar 2007.

präzisieren.[339] Dies beendet zumindest die Phase der Unsicherheit und Spekulation, die negative Auswirkungen auf die Wirtschaft hatte.[340] Die Unternehmen können nun das *BBBEE* in ihre Planung mit einbeziehen.[341]

## V. *Transformation Charters* und *Sector Codes*

Die *Transformation Charters* [342] werden von einzelnen Industriebranchen entwickelt. Der *BBBEE Act* und die *Codes of Good Practice* erkennen die *Transformation Charters* als Beweis für das Bekenntnis des jeweiligen Wirtschaftssektors zum *BBBEE* an, unterlassen es aber, ihnen irgendeine rechtliche Bedeutung beizumessen.[343] Im Umgang mit Unternehmen der jeweiligen Branche sind weiterhin die *Codes of Good Practice* anzuwenden. *Transformation Charters* können zwar auf Antrag im Gesetzblatt veröffentlich werden;[344] Bedingung ist, dass sie von den wesentlichen Interessenvertretern der Branche entwickelt wurden und die Ziele des *BBBEE Act* fördern.[345] Auch durch diese Veröffentlichung erlangen die *Transformation Charters* jedoch keinen verbindlichen Status gegenüber staatlichen Stellen; die Veröffentlichung bekräftigt lediglich die Glaubwürdigkeit der jeweiligen *Charter*.[346]

Die *Codes of Good Practice* sehen jedoch auch einen Weg vor, wie *Transformation Charters* auf Antrag als verbindliche *Codes* anerkannt werden können.[347] Sie werden dann als *Sector Codes* bezeichnet.[348] Voraussetzung hierfür ist unter anderem, dass den Unternehmen dieser Branche gemeinsame Merkmale anhaften, die die Schaffung gesonderter *Sector Codes* sinnvoll erscheinen lassen.[349] Werden *Transformation Charters* als *Sector Codes* anerkannt und im Gesetzblatt veröffentlicht, so verdrängen diese *Sector Codes* die allgemeinen *Codes of Good Practice*;[350] die Unternehmen dieser Wirtschaftsbranche werden dann nur noch nach den *Sector Codes* beurteilt.

---

339  *Business Report*, Motor industry awaits final BEE codes, vom 30. Januar 2007.

340  Zu diesen negativen Auswirkungen auf die Wirtschaft *Business Report*, Diluted BEE codes start next year, vom 15. Dezember 2006; *Lester*, S. 14.

341  *Finweek*, Sharing the benefits of growth, vom 1. März 2007.

342  Eine Definition des Begriffs findet sich in Schedule 1 Part 2 Codes of Good Practice.

343  *Balshaw/Goldberg*, S. 91; *DTI*, BBBEE – Slide Show, S. 15.

344  S 12 BBBEE Act und C 000 S 003 (2) Codes of Good Practice.

345  S 12 BBBEE Act.

346  C 000 S 003 (4.1) Codes of Good Practice; *Business Report*, Gazetting of codes allows BEE charters to be aligned, vom 15. Februar 2007.

347  Bezüglich des Verfahrens siehe C 000 S 003 (3) Codes of Good Practice; *Balshaw/Goldberg*, S. 91.

348  Eine Definition des Begriffs findet sich in Schedule 1 Part 2 Codes of Good Practice.

349  C 000 S 003 (3.1.1) Codes of Good Practice.

350  C 000 S 003 (4.3) Codes of Good Practice.

Das Institut der *Sector Codes* gibt den verschiedenen Industriebranchen die Möglichkeit, branchenspezifische Besonderheiten in die *BBBEE* Bewertung mit einfließen zu lassen.[351] Hierdurch können die Unternehmen gegebenenfalls einen besseren *BBBEE* Status erreichen als bei einer Bewertung nach den allgemeinen *Codes of Good Practice*. Allerdings ist der Prozess zur Verabschiedung solcher *Sector Codes* sehr aufwändig und langwierig; es müssen unterschiedlichste Interessenvertreter beteiligt werden.[352] Aus diesem Grund schrecken einige Branchen davor zurück, Verhandlungen über *Sector Codes* zu beginnen. Sie ziehen es vor, nach den allgemeinen *Codes of Good Practice* beurteilt zu werden.[353] In den Jahren zwischen der Verkündung des *BBBEE Act* im Jahr 2003 und der Veröffentlichung der endgültigen *Codes of Good Practice* Anfang 2007 haben viele Industriebereiche bereits *Transformation Charters* verabschiedet. Der Großteil dieser *Charters* genügt jedoch den Anforderungen der *Codes of Good Practice* nicht. Sie können daher in ihrer jetzigen Form nicht den Status von *Sector Codes* erlangen.[354] Es bleibt abzuwarten, ob diese Wirtschaftsbereiche sich für eine grundlegende Überarbeitung ihrer *Charters* oder für eine Anwendung der allgemeinen *Codes of Good Practice* entscheiden werden.

## B    Grundprinzipien

Die *BBBEE Strategy* stellt die vier Grundprinzipien des *BBBEE* vor. Wer griffige Grundsätze erwartet, wird enttäuscht sein; die Grundprinzipien sind sehr allgemein gehalten und haben keine unmittelbaren rechtlichen Auswirkungen. Sie geben jedoch einen guten Einblick in das grundsätzliche Verständnis der südafrikanischen Regierung vom *BBBEE*.

## I.    Das *BBBEE* als Bestandteil guter Unternehmensführung

Das Wirtschaftsministerium hebt hervor, dass *Black Economic Empowerment* fester Bestandteil einer guten Unternehmensführung sei. Ein wesentliches Ziel der nötigen Wirtschaftsreform sei die Verbesserung der Qualität und der Transparenz aller wirtschaftlichen Vorgänge in Südafrika. Das *BBBEE* sei daher eng mit den Grundsätzen einer guten Unternehmensführung verknüpft.[355]

---

351  *Balshaw/Goldberg*, S. 91; *DTI*, Interpretive Guide, S. 24; *Luiz/van der Linde*, S. 476.

352  Siehe im Einzelnen C 000 S 003 (5) und (3.2.2) Codes of Good Practice.

353  Ein Beispiel dafür ist die Automobilbranche. Dieser Wirtschaftssektor hat sich gegen die Verabschiedung branchenspezifischer *Sector Codes* entschieden. Automobilhersteller werden daher nach den allgemeinen *Codes of Good Practice* bewertet. Dazu *Business Report*, Motor manufacturers accept scorecard for multinationals, vom 3. Juli 2007.

354  *Benjamin/Raditapole/Taylor*, 1-39; *Cliffe Dekker*, S. 13.

355  *DTI*, BBBEE Strategy, par. 3.4.3; *Tucker*, S. 1.

Gute Unternehmensführung ist kein scharf abgrenzbarer oder gar gegenständlicher Begriff;[356] unter dem Stichwort der guten Unternehmensführung werden vielmehr allgemein Fragen der effizienten Unternehmensleitung und -kontrolle diskutiert.[357] Die Anforderungen an eine gute Unternehmensführung werden in Südafrika insbesondere von den *King Reports on Corporate Governance for South Africa*[358] vorgegeben. Die *King Reports* erwähnen das *BBBEE* nicht ausdrücklich und äußern sich auch nur begrenzt zum *Black Economic Empowerment*. Zwar sehen sie vor, dass Aspekte des *BEE* Teil der vorgeschriebenen Berichterstattung eines Unternehmens sein sollen.[359] Hierbei handelt es sich jedoch lediglich um eine formelle Vorgabe; zu der Frage, wie die Unternehmensführung hinsichtlich des *BEE* inhaltlich gestaltet werden soll, schweigen die *King Reports*.

Zudem werden die *King Reports* zwar allgemein als maßgebliche Richtlinien für die Unternehmensführung in Südafrika akzeptiert, da bisher kein einheitliches Gesetz zur Regelung der Unternehmensführung in Südafrika existiert; ihnen kommt jedoch keine Gesetzeskraft zu.[360] Die Aussage des Wirtschaftsministeriums in der *BBBEE Strategy*, dass das *BBBEE* Bestandteil einer guten Unternehmensführung sei, hat daher mehr politische als rechtliche Bedeutung.

## II. Das *BBBEE* als umfassender Prozess

Die südafrikanische Regierung versteht *BBBEE* als einen Prozess. „Niemand erwartet, dass jedes Unternehmen in Südafrika die *BEE* Anforderungen sofort erfüllt; die Regierung erwartet aber von jedem Unternehmen, dass es sofort beginnt, die *BEE* Anforderungen umzusetzen, mit dem Ziel, diese innerhalb der nächsten zehn Jahre zu erfüllen." [361] Der Umgestaltungsprozess soll zudem umfassender Natur sein: alle in Südafrika tätigen Unternehmen sollen mit einbezogen werden.[362] Das *BBBEE* betrifft nicht lediglich Unternehmen, die in einer Geschäftsbeziehung mit dem Staat stehen oder deren Wirtschaftssektor staatlich reguliert ist.[363] Um dieses Ziel zu verwirklichen, sehen

---

356 *Hommelhoff/Hopt/v. Werder*, S. 4.

357 *Abeltshauser/Buck*, S. 1.

358 Die *King Reports on Corporate Governance for South Africa* wurden 1994 *(King I)* und 2002 *(King II)* vom *King Committee* verabschiedet. Das *King Committee* wurde vom *Institute of Directors of South Africa* eingesetzt, um allgemeine Standards für die Unternehmensführung aufzustellen. Seinen Namen erhielt das Komitee von seinem Vorsitzenden Mervyn King, einem ehemaligen Richter am *High Court*. Dazu *Iheduru*, S. 27; Schedule 1 Part 2 Codes of Good Practice.

359 Siehe dazu unter anderem s 4 King II Report.

360 *Finance Week*, Corporate Governance and BEE, vom 20. Oktober 2004.

361 Rede des Wirtschaftsministers Mandisi Mphalwa beim *Shanduka/BUSA BEE Briefing* im März 2005.

362 *Van der Nest*, S. 46.

363 *DTI*, BBBEE Strategy, par. 3.4.2.

der *BBBEE Act* und die *Codes of Good Practice* einen differenzierten Mechanismus zur Durchsetzung des *BBBEE* vor.[364]

## III.  Das *BBBEE* als Teil der Strategie für Wirtschaftswachstum

Allen wirtschaftlich erfolgreichen Staaten ist eines gemeinsam: sie nutzen ihre gesamte Bevölkerung – gleich welcher „Rasse" und welches Geschlechts – für die wirtschaftliche Weiterentwicklung des Landes. Die südafrikanische Wirtschaft schließt dagegen den Großteil der Bevölkerung nach wie vor vom Wirtschaftsleben aus. Schwarze werden nicht umfassend als Arbeitskräfte zur Steigerung der Produktivität eingesetzt; die fehlende Kaufkraft der schwarzen Bevölkerung schränkt zudem den nationalen Absatzmarkt ein.[365]

Dies soll sich durch das *BBBEE* ändern. Wirtschaftswachstum, Entwicklung und *Black Economic Empowerment* stehen nach Auffassung des Wirtschaftsministeriums in engem Zusammenhang und beeinflussen sich gegenseitig. Eine Wirtschaft könne nicht wachsen, wenn sie einen Teil der Bürger ausschließt und eine Wirtschaft, die nicht wächst, könne nicht die gesamte Bevölkerung auf sinnvolle Weise integrieren.[366] Daher betont das *BBBEE* einen *BEE* Prozess, der im Zusammenhang mit Wachstum, Ausbau und Unternehmensentwicklung steht und nicht lediglich die Umverteilung bestehender Vermögenswerte bezweckt.[367] Das *BBBEE* will den sprichwörtlichen Kuchen vergrößern, um anschließend den größeren Kuchen gerechter zu verteilen.[368]

Um einen bedeutenden Beitrag zum Wirtschaftswachstum zu leisten, muss das *BBBEE* den Grundsätzen einer vernünftigen Wirtschaftspolitik gehorchen. Aus wirtschaftlicher Sicht ist vernünftig, was ein effizientes und effektives Funktionieren der Wirtschaft garantiert. Ob das *BBBEE* hierzu jedoch beiträgt, ist zweifelhaft, denn es verletzt verschiedene grundlegende Wirtschaftsprinzipien. Das *BBBEE* bezweckt eine Verteilung der Anteile an Unternehmen nach „Rasse" und Geschlecht anstatt nach unternehmerischem Erfolg. Bei der Einstellung und Beförderung von Führungskräften und sonstigen Mitarbeitern führt es die „Rasse" als maßgebliches Kriterium ein; Leistung und Erfahrung der Bewerber werden damit in den Hintergrund gerückt. Beim Bezug von Waren und Dienstleistungen werden die wesentlichen Entscheidungskriterien wie Preis, Qualität und Kundenservice verdrängt. Zudem wird privaten Unternehmen die soziale Verantwortung aufgebürdet, die eigentlich vom Staat wahrgenommen werden

---

364 Siehe 3. Kapitel D II (Durchsetzung).

365 Umfassend *Institutional Investor (International Edition)*, Making a Case: Black Economic Empowerment in Post-Apartheid South Africa, vom September 2004.

366 *DTI*, BBBEE Strategy, par. 3.4.4.1; kritisch *Davies*, S. 119; *Finnemore*, S. 188; *Tinarelli*, S. 5.

367 Präsident Thabo Mbeki in seiner Rede zur Lage der Nation am 14. Februar 2003; Einzelheiten bei *Alexander, M.*, S. 1; *DTI*, BBBEE Strategy, par. 2.6.4.

368 *Namibia Law Society*, S. 19.

sollte.[369] Ob das *BBBEE* die Entwicklung der südafrikanischen Wirtschaft schädigt oder zu mehr Wirtschaftswachstum führt, werden letztlich erst die kommenden Jahre zeigen. Wegen der vielen variablen Faktoren – wie der Entwicklung der Weltwirtschaft oder der Ausbreitung der Krankheit HIV/AIDS – ist es unmöglich, eine Prognose abzugeben.

### IV. Das Merkmal *Broad-based* im Rahmen des *BBBEE*

Das Quartett der Grundprinzipien des *BBBEE* wird durch das Merkmal *Broad-based*[370] vervollständigt. Auch wenn es in dieser Arbeit als letztes behandelt wird, sagt diese räumliche Stellung nichts über seinen Stellenwert aus – im Gegenteil: das Merkmal *Broad-based* wird als einziges der vier Grundprinzipien durch die *Codes of Good Practice* in konkrete Vorschriften umgesetzt, die unmittelbar rechtliche Konsequenzen entfalten.

### 1. Bedeutung des Merkmals

Dem Merkmal *Broad-based* kommt im Rahmen des *BBBEE* eine zweifache Bedeutung zu; die beiden Bedeutungen sind jedoch eng miteinander verknüpft. Mit dem *BBBEE* soll zunächst der Kreis der Begünstigten des *BEE* ausgedehnt werden.[371] Es soll nicht mehr nur einer kleinen Elite von Schwarzen zu Reichtum verholfen werden, sondern die Bevölkerungsgruppe der Schwarzen als Ganzes soll vorangebracht werden.[372] Zudem dient das Merkmal *Broad-based* der Abgrenzung zum früheren *Narrow-based Black Economic Empowerment*, bei dem die Übertragung von Anteilen an Unternehmen an einige wenige Mitglieder der schwarzen Bevölkerung sowie die Besetzung bestimmter Managementposten mit auserwählten Schwarzen im Mittelpunkt stand.[373] Der Schwerpunkt liegt nicht mehr nur auf den Merkmalen *Ownership* und *Management*; es werden sieben verschiedene Elemente festgelegt, die bei der Beteiligung von Schwarzen an der Wirtschaft künftig eine Rolle spielen sollen.[374]

Die sieben Elemente werden auch als „sieben Säulen" des *BBBEE* bezeichnet. Im Einzelnen handelt es sich um die Elemente *Ownership* (Eigentum an Unternehmen), *Management Control* (Leitung des Unternehmens), *Employment Equity* (Gleichberechtigung am Arbeitsplatz), *Skills Development* (Aus- und Weiterbildung), *Preferential Procurement* (Bevorzugung von Lieferanten mit gutem *BBBEE* Status bei der Vergabe von Aufträgen), *Enterprise Development* (Unterstützung anderer Unternehmen bei deren Entwicklung) und *Socio-Economic Development and Sector Specific Contributions*

---

369 *FW de Klerk Foundation*, S. 8.

370 *DTI*, BBBEE Strategy, par. 3.4.4.1.

371 Ausführlich *Dekker/Cronje*, S. 19.

372 *Janisch*, S. 4; *Osode*, S. 107.

373 *Gumede*, S. 11.

374 *Business Report,* Equity deals won't boost black wealth, vom 4. Mai 2007.

(Maßnahmen zur sozioökonomischen Entwicklung und branchenspezifische Beiträge).[375] Diese „sieben Säulen" lassen sich in die Kategorien direkte Förderung (*Ownership* und *Management Control*), Personalentwicklung (*Employment Equity* und *Skills Development*) und indirekte Förderung (*Preferential Procurement, Enterprise Development* und *Socio-Economic Development and Sector Specific Contributions*) einteilen.[376]

Nach Auffassung des Wirtschaftsministeriums blockieren gleich mehrere Hindernisse den Weg zur wirtschaftlichen Chancengleichheit. Im Einzelnen handelt es sich bei diesen Barrieren um die Armut, die mangelnde Ausbildung, die beschränkten wirtschaftlichen Möglichkeiten und die geringeren wirtschaftlichen Chancen der schwarzen Bevölkerung. Diese vier Hindernisse stehen in einem Stufenverhältnis und müssen von früher benachteiligten Personen nacheinander bewältigt werden.[377] Jede der „sieben Säulen" des *BBBEE* dient dazu, eine dieser Barrieren zu eliminieren.

Die folgende Grafik des Wirtschaftsministeriums veranschaulicht das Modell:[378]

**Ziel: Gleiche wirtschaftliche Chancen für alle**

*Ownership*　　　　　　　　　　　　*Management Control*

**Geringere wirtschaftliche Chancen**

*Preferential Procurement*　　　　　　　*Enterprise Development*

**Beschränkte wirtschaftliche Möglichkeiten**

*Employment Equity*　　　　　　　*Skills Development*

**Mangelnde Ausbildung**

*Employment Equity*　　　　　　　*Socio-Economic Development*

**Armut**

Der Großteil der Schwarzen befindet sich noch auf den beiden untersten Stufen dieses Modells. Sie leben in Armut,[379] wofür vor allem die hohe Arbeitslosigkeit verantwort-

---

375　C 000 S 000 (7) Codes of Good Practice.

376　*Alexander, M.*, S. 2; *DTI*, BBBEE Strategy, par. 3.5.3.1; *van Jaarsveld*, S. 263.

377　*Business Report*, How Broad-based is BEE?, vom 5. Februar 2007; *DTI*, BBBEE – Slide Show, S. 6.

378　Die Abbildung findet sich bei *DTI*, BBBEE – Slide Show, S. 6.

lich ist.[380] Da sie keine oder nur eine mangelhafte Ausbildung vorweisen können, haben sie kaum Chancen auf dem Arbeitsmarkt. Allerdings nimmt die Zahl der Schwarzen, die die ersten beiden Stufen bereits erklommen hat, stetig zu.[381] Die südafrikanische Regierung hat sich daher dafür entschieden, sofort alle vier Barrieren zu bekämpfen und hierfür alle sieben Elemente des *BBBEE* gleichzeitig – und nicht etwa zeitlich versetzt – einzuführen. Dadurch sollen Schwarze schneller in alle Bereiche des Wirtschaftslebens eingegliedert werden.

## 2. Kritische Würdigung des *Broad-based* Ansatzes

Der breit angelegte Ansatz des *BBBEE* wird von vielen kritisch bewertet. Insbesondere die Zeitspanne von zehn Jahren für die Erreichung aller Zielwerte des *BBBEE* wird als zu kurz bemessen kritisiert.[382] Für die letzten Stufen (*Employment Equity* bei höher qualifizierten Jobs, *Management Control* und *Ownership*) stünden in den nächsten Jahren noch nicht genügend ausreichend qualifizierte Schwarze zur Verfügung.

Als Alternative wird vorgeschlagen, die verschiedenen Elemente des *BBBEE* erst nach und nach einzuführen. Den Anfang solle eine umfassende Verbesserung der Aus- und Weiterbildungsmöglichkeiten für Schwarze bilden. Erst in einem späteren Schritt sollten dann – wenn überhaupt – die weiteren „Säulen" des *BBBEE* eingeführt werden. Teilweise wird sogar behauptet, dass schon eine Verbesserung der Aus- und Weiterbildungsmöglichkeiten allein zu wirtschaftlicher Chancengleichheit führen würde;[383] alle anderen Elemente des *BBBEE* wären daher überflüssig. Durch eine Verbesserung des Bildungsniveaus würde die schwarze Bevölkerung gleiche Chancen wie die weiße Bevölkerung auf dem Arbeitsmarkt erhalten. Dadurch würde die Arbeitslosenquote in der schwarzen Bevölkerung mit der Zeit sinken. Die Schwarzen würden sich innerhalb der Unternehmen hocharbeiten und irgendwann auch in den Managementetagen vertreten sein. Schließlich würde sich eine schwarze Mittelschicht entwickeln, die ihr Kapital in die Wirtschaft investiert und Anteile an Unternehmen erwirbt. Am Ende dieses Prozesses wären Schwarze auf allen Wirtschaftsebenen proportional zu ihrem Anteil an der Gesamtbevölkerung vertreten.[384]

Es sprechen jedoch gute Gründe dafür, das *BBBEE* auf mehreren Säulen ruhen zu lassen und nicht auf eine Verbesserung der Aus- und Weiterbildung zu beschränken. Eine reine Verbesserung der Zugangschancen zum Arbeitsmarkt führt nicht automatisch zu ei-

---

379  Im Jahr 2000 lag in Südafrika das Einkommen von 33% der afrikanischen Haushalte unterhalb der Armutsgrenze: *Harsch*, S. 4.

380  Einzelheiten bei *Statistics South Africa*, S. 1 ff.

381  *Business Report*, How Broad-based is BEE?, vom 5. Februar 2007.

382  Ausführlich zu dieser Kritik *Balshaw/Goldberg*, S. 86; Janisch, S. 13.

383  So *Ramphele*, S. 23.

384  In diese Richtung *Gas*, S. 304.

ner Gleichbehandlung von Schwarzen und Weißen bei Einstellungen und Beförderungen. Begründen lässt sich dies mit dem wesentlichen Unterschied zwischen Bildung und Arbeitsmarkt. Bildung ist ein – zumindest theoretisch – beliebig vermehrbares Gut; eine bessere Bildung für Schwarze führt nicht zu einer entsprechend schlechteren Bildung für Weiße. Daher stellt sich bei der Verbesserung des Bildungssystems – wenn der Staat die nötigen Geldmittel zur Verfügung stellt – nicht so sehr das Problem der Benachteiligung der früher Begünstigten.

Im Gegensatz dazu ist der Arbeitsmarkt von Ressourcenknappheit und hartem Wettbewerb geprägt; seine Entwicklung hängt maßgeblich von der wirtschaftlichen Gesamtsituation ab. Eine denkbare „wundersame Vermehrung" des Bildungspools lässt sich daher nicht auf den Arbeitsmarkt transferieren.[385] Bei der notwendigen Auswahl von Arbeitskräften besteht die Gefahr, dass Weiße den Schwarzen aufgrund von alten Vorurteilen weiter vorgezogen werden.[386] Eine Verbesserung des Bildungsniveaus der schwarzen Bevölkerung allein stellt daher kein „Allheilmittel" dar.[387]

Auch überzeugen die Argumente für eine stufenweise Einführung der verschiedenen „Säulen" des *BBBEE* nicht. Würde man zunächst nur Fördermaßnahmen im Bereich der Aus- und Weiterbildung vornehmen und erst später die restlichen Elemente einführen, so würde dies die Geduld der schwarzen Bevölkerung auf eine harte Probe stellen. Die wirtschaftlichen Chancen der weißen und schwarzen Bevölkerung würden sich nur langsam angleichen. Dies könnte zu politischer Instabilität im Land führen. Die Schwarzen in Südafrika haben schon jahrzehntelang für das Ende der politischen Diskriminierung gekämpft. Heute – mehr als ein Jahrzehnt nach dem politischen Umschwung – hat sich die allgemeine Lebenssituation für die schwarze Bevölkerung noch immer nicht maßgeblich gebessert und Ungeduld macht sich breit. Die gleichzeitige Einführung aller „sieben Säulen" und der ambitionierte Zeitplan des *BBBEE* von zehn Jahren sollen eine Gefährdung des sozialen Friedens verhindern.[388]

Das Wirtschaftsministerium hat den vorgebrachten Bedenken hinsichtlich des Mangels an qualifizierten schwarzen Personen jedoch teilweise Rechnung getragen. Die Zielwerte für zwei der „sieben Säulen" wurden in der endgültigen Fassung der *Codes of Good Practice* als Stufenziele formuliert;[389] für die Elemente *Employment Equity* und *Preferential Procurement* wurden Zwischenziele festgelegt, die in den ersten fünf Jahren ab

---

385  *Der Spiegel*, Die Heimliche Revolution, Nr. 25 (1999), S. 76 ff.

386  Diese Gefahr thematisiert *Qunta*, S. 48 ff.

387  *Gas*, S. 304.

388  Umfassend *Business Report*, BEE is about shredding nets for all to swim freely, vom 26. November 2006; *van Jaarsfeld*, S. 263; *Woolley*, S. 14.

389  *Balshaw/Goldberg*, S. 22.

Inkrafttreten der *Codes* erreicht werden sollen.[390] Die endgültigen Zielwerte für diese beiden Elemente gelten dann erst für den Zeitraum nach Ablauf der ersten fünf Jahre.[391]

## C „Sieben Säulen"

Die sieben Elemente des *BBBEE* werden in den *Codes of Good Practice* auf mehr als 50 Seiten ausführlich geregelt. Eine erschöpfende Darstellung dieser detaillierten Regelungen würde den Rahmen dieser Arbeit sprengen und den Leser eher verwirren, als zum Verständnis des Konzepts des *BBBEE* beitragen. Die folgenden Ausführungen beschränken sich daher darauf, die „sieben Säulen" kurz vorzustellen, ihre grundlegende Bedeutung und Funktionsweise zu erläutern und besonders interessante Aspekte hervorzuheben.

## I. *Ownership*

Das Element *Ownership* bewertet, in welchem Umfang Schwarze als Inhaber an einem Unternehmen beteiligt sind.[392] Von allen „sieben Säulen" des *BBBEE* wird das Element *Ownership* am kontroversesten diskutiert; Kritiker sind der Meinung, dass Schwarze durch die Übertragung von Anteilen an einem Unternehmen an den Früchten des Unternehmens beteiligt werden, ohne eine angemessene Gegenleistung zu erbringen.

### 1. Bewertungskriterien

Nach der *Ownership Scorecard* gibt es zwei wesentliche Kriterien für die Beurteilung des Elements *Ownership*: die von Schwarzen ausgeübten Stimmrechte und die wirtschaftliche Beteiligung von Schwarzen am Unternehmen.[393] Unter der wirtschaftlichen Beteiligung versteht man den Anspruch eines Unternehmensinhabers gegenüber dem Unternehmen auf Zahlung einer Gegenleistung für seine Investition.[394] Hierunter fallen beispielsweise die Dividendenansprüche eines Aktionärs oder Ansprüche auf Auszahlung eines Teils des Veräußerungsgewinns nach Veräußerung des Unternehmens.[395] Der

---

390  C 300 S 300 (2.1) und C 500 S 500 (2.1) Codes of Good Practice. Für die umstrittenen Elemente *Ownership* und *Management Control* wurden dagegen keine Zwischenziele festgelegt. Der Fortschritt eines Unternehmens bezüglich dieser Elemente wird daher von Anfang an anhand der endgültigen Zielwerte bewertet.

391  *Business Report*, BEE stays a pipe dream unless SA blacks out fronts, vom 28. Januar 2007; *DTI*, Presseveröffentlichung vom 14. Dezember 2006.

392  C 000 S 000 (7.1) Codes of Good Practice; *DTI*, Interpretive Guide, S. 32 f.

393  C 100 S 100 (2) Codes of Good Practice; *Finweek*, Requirements for a successful BEE deal, vom 24. August 2006.

394  Schedule 1 Part 2 Codes of Good Practice.

395  *Janisch*, S. 16.

Zielwert für die wirtschaftliche Beteiligung von schwarzen Personen an einem Unternehmen beträgt 25%.[396]

Das Stimmrecht ist das Recht eines Unternehmensinhabers, das Unternehmen zu lenken und zu kontrollieren. Hierzu zählt beispielsweise das aktienrechtliche Stimmrecht eines Aktionärs.[397] Der Zielwert für den Prozentsatz der Stimmrechte von Schwarzen ist 25% plus eine Stimme.[398] Dieser Wert wurde mit Absicht gewählt, denn die Stimmrechte der Schwarzen am Unternehmen überschreiten damit eine strategisch wichtige Schwelle: 25% plus eine Stimme sind erforderlich, um einen Sonderbeschluss zu verhindern.[399] Schwarze können daher mit einer solchen Beteiligung die Leitung des Unternehmens maßgeblich mit beeinflussen.

Bezugsmaßstab für die Beurteilung der Kriterien wirtschaftlicher Beteiligung und Stimmrechte ist der Umfang der Geschäftstätigkeit des Unternehmens in der Republik Südafrika. Jede Geschäftstätigkeit im Ausland kann ohne Begrenzung nach oben abgezogen werden.[400] Diese Regelung ist vorteilhaft für Unternehmen, die auch außerhalb von Südafrika tätig sind: je kleiner der Bezugsmaßstab, desto leichter ist es, die Zielwerte für das Element *Ownership* zu erreichen. Die Abzugsmöglichkeit ist auch sinnvoll hinsichtlich der Zielsetzung des *BBBEE*. Durch das Programm soll die Wirtschaftslandschaft in Südafrika umgestaltet werden; eine Veränderung der Wirtschaftsstruktur anderer Länder ist dagegen nicht beabsichtigt. Südafrikanische Unternehmen wären zudem im Wettbewerb mit ausländischen Unternehmen auf Märkten außerhalb Südafrikas benachteiligt, wenn ihre ausländische Geschäftstätigkeit in den Bezugsmaßstab mit einfließen würde. Sie müssten auch für diese Umfänge die Anforderungen des Elements *Ownership* erfüllen, während auf ausländische Unternehmen ohne Geschäftstätigkeit in Südafrika das *BBBEE* überhaupt nicht anwendbar ist.

## 2. Vollwertige Beteiligung von Schwarzen am Unternehmen

In der Vergangenheit wurden Schwarze oftmals nur als „Anteilsinhaber zweiter Klasse" an Unternehmen beteiligt. Durch vertragliche Regelungen wurden wesentliche Bereiche der Inhaberschaft – wie beispielsweise das Stimmrecht – ausgeschlossen. Um dieser besorgniserregenden Entwicklung entgegenzuwirken, heben die *Codes of Good Practice* an verschiedenen Stellen hervor, dass nur eine vollwertige Beteiligung von Schwarzen an den Vorteilen der Inhaberschaft im Rahmen des Elements *Ownership* honoriert wird.[401] Stimmrechte von Schwarzen fließen beispielsweise nur dann in die Bewertung

---

396 C 100 S 100 (2.2.1) Codes of Good Practice.

397 Schedule 1 Part 2 Codes of Good Practice.

398 C 100 S 100 (2.1.1) Codes of Good Practice.

399 S 199 Companies Act. Vgl. auch *Biermann*, S. 26; *Pretorius*, S. 69.

400 *Cliffe Dekker*, S. 19.

401 *Finweek*, Requirements for a successful BEE deal, vom 24. August 2006; *Luiz/van der Linde*, S. 480.

eines Unternehmens mit ein, wenn sie auch von den Schwarzen selbst ausgeübt werden können und keinerlei Beschränkungen unterliegen *(exercisable voting rights)*.[402] Alle Vereinbarungen zwischen den Anteilsinhabern – aber auch etwaige Vereinbarungen der schwarzen Anteilsinhaber mit Dritten – werden in die Beurteilung mit einbezogen.[403]

Das Element *Ownership* ist zudem erst dann vollständig umgesetzt, wenn Schwarze auch uneingeschränkt von den wirtschaftlichen Vorteilen ihres Anteilserwerbs profitieren können.[404] Die Veräußerung von Anteilen an Schwarze wird häufig durch Darlehensverträge oder andere Finanzierungsvereinbarungen ermöglicht. Aufgrund dieser Abreden kommen die schwarzen Anteilserwerber nicht sofort in den Genuss der mit der Beteiligung verbundenen wirtschaftlichen Vorteile. Diese dienen vielmehr den Finanzierungsgesellschaften als Sicherheit, bis das für den Erwerb der Anteile aufgenommene Darlehen von den Schwarzen getilgt worden ist. Bei der Bewertung des Elements *Ownership* müssen auch diese Drittrechte[405] der Finanzierungsgesellschaften berücksichtigt werden.[406]

Die *Ownership Scorecard* verwendet dafür das Kriterium des „Nettowertes" der wirtschaftlichen Beteiligung.[407] Es werden die Schulden betrachtet, die die schwarzen Anteilsinhaber zur Finanzierung des Anteilserwerbs aufgenommen haben. Je geringer die Verschuldung der Schwarzen desto höher ist der „Nettowert" ihrer Beteiligung;[408] mit Rückzahlung des Darlehens steigt daher der „Nettowert". Die vollständige Umsetzung des Elements *Ownership* – also die vollständige Tilgung aller im Zusammenhang mit dem Erwerb der Anteile aufgenommenen Schulden – wird mit einem zusätzlichen Punkt auf der *Ownership Scorecard* belohnt *(realisation point for ownership fulfilment)*.[409]

## 3. Ausscheiden von schwarzen Anteilsinhabern

Die endgültigen *Codes of Good Practice* sehen vor, dass ein Unternehmen mit dem Ausscheiden von schwarzen Anteilsinhabern nicht notwendigerweise seine günstige Bewertung für das Element *Ownership* verliert.[410] Diese wesentliche Änderung gegenüber dem Entwurf der *Codes of Good Practice* soll einen gerechten Ausgleich zwischen den oft gegenläufigen Interessen von schwarzen Anteilserwerbern auf der einen und

---

402 C 100 S 100 (2.1) und Schedule 1 Part 2 Codes of Good Practice.

403 Ausführlich *Luiz/van der Linde*, S. 479.

404 C 100 S 100 (2.3) Codes of Good Practice.

405 Für eine Definition des Begriffs siehe Schedule 1 Part 2 Codes of Good Practice.

406 *Luiz/van der Linde*, S. 480.

407 C 100 S 100 (2.3.2) Codes of Good Practice.

408 *Cliffe Dekker*, S. 26.

409 *Luiz/van der Linde*, S. 480.

410 C 100 S 100 (3.5) Codes of Good Practice; umfassend *Business Report*, Diluted BEE codes start next year, vom 15. Dezember 2006; *Cliffe Dekker*, S. 25; *Webb/Lalu*, S. 1 f.

dem Unternehmen sowie den „nichtschwarzen" Anteilsinhabern auf der anderen Seite schaffen.[411] Im Entwurf der *Codes* war noch vorgesehen, dass ein Unternehmen seine Punkte für das Element *Ownership* vollständig verliert, wenn die schwarzen Anteilsinhaber ihre Anteile an „Nichtschwarze" veräußern.[412] Begründet wurde diese Regelung mit dem Argument, dass nur eine langfristige Beteiligung von Schwarzen an Unternehmen förderungswürdig sei.[413]

Die Regelung im Entwurf der *Codes* hatte jedoch ungewollte negative Auswirkungen. Beteiligungen an Unternehmen sind grundsätzlich veräußerbar. Schwarze können also die an einem Unternehmen erworbenen Anteile auch wieder jederzeit nach ihrem Belieben veräußern. Dies führt zu einer riskanten Situation für die Unternehmen;[414] ihnen droht eine Verschlechterung ihres *BBBEE* Status, ohne dass sie darauf Einfluss nehmen können. Die Suche nach einem passenden schwarzen Investor ist zumeist mit erheblichem finanziellem wie auch zeitlichem Aufwand verbunden. Bei der Ausgabe oder Veräußerung von Anteilen am Unternehmen an Schwarze werden zudem oft weit reichende Zugeständnisse gemacht; Anteile an Schwarze werden beispielsweise häufig unter ihrem wirklichen Wert ausgegeben oder veräußert. Die „nichtschwarzen" Anteilsinhaber sind hierzu nur deswegen bereit, weil das Unternehmen infolge der Veräußerung der Anteile an Schwarze einen besseren *BBBEE* Status erlangt.[415] Die unternommenen Anstrengungen und der finanzielle Aufwand wären umsonst, wenn die schwarzen Anteilsinhaber ihre Anteile nach kurzer Zeit wieder an „Nichtschwarze" weiterveräußern würden.

Um diese missliche Situation für das Unternehmen zu vermeiden, beinhalteten bisher viele Verträge mit schwarzen Anteilsinhabern sog. *Lock-in* Klauseln.[416] Den schwarzen Anteilsinhabern war es damit für eine gewisse Zeitspanne vertraglich untersagt, ihre Anteile an „Nichtschwarze" zu veräußern.[417] Diese *Lock-in* Klauseln hatten jedoch gravierende Nachteile für beide Seiten: dem Unternehmen ging der Punkt auf der *Ownership Scorecard* für die „Realisierung des Elements *Ownership*" verloren.[418] Die Schwarzen wurden durch diese *Lock-in* Klauseln ihrer wirtschaftlichen Freiheit beraubt; sie konnten ihre Anteile für einen längeren Zeitraum nicht frei veräußern und daher

411  *Business Report*, Long-term BEE ownership must build in liquidity, vom 12. November 2006.

412  *Cliffe Dekker*, S. 25 f.

413  *Business Report*, Long-term BEE ownership must build in liquidity, vom 12. November 2006.

414  Zu den Risiken für die Unternehmen ausführlich *Finweek*, Fitting the Bill, vom 22. Februar 2007.

415  *Business Report*, BEE partners must know when to use networks, 5. November 2006.

416  *Business Report*, The highs and lows in the world of empowerment, vom 17. Dezember 2006.

417  *Janisch*, S. 52; *Leon/Williams*, S. 5.

418  C 100 S 100 (2.3.1) Codes of Good Practice; *Cliffe Dekker*, S. 27.

auch keine Veräußerungsgewinne aus ihren Investitionen erzielen.[419] Dies schränkte ihre Liquidität und damit ihre wirtschaftlichen Handlungsmöglichkeiten ein.[420]

Als Ausweg aus diesem Interessenkonflikt sieht die endgültige Fassung der *Codes* nun eine differenzierte Regelung für den Fall des Ausscheidens von schwarzen Anteilsinhabern vor. Das Unternehmen kann grundsätzlich weiterhin bis zu 40% der maximalen Punktzahl für das Element *Ownership* geltend machen *(Continuing Consequence Principle)*.[421] Voraussetzung hierfür ist, dass die Schwarzen ihre Anteile frühestens drei Jahre nach dem Erwerb der Anteile veräußern; zudem muss das Unternehmen beweisen, dass in den Händen der Schwarzen ein „Nettowert" entstanden ist und ein tatsächlicher Umgestaltungsprozess im Unternehmen stattgefunden hat.[422]

## II. *Management Control*

Das Element *Management Control* bewertet, inwieweit ein Unternehmen tatsächlich von Schwarzen geleitet wird.[423] Schwarze sollen auch in den Führungsetagen der Unternehmen vertreten sein, um ausreichenden Einfluss auf die strategische Ausrichtung der Wirtschaft nehmen zu können.[424] Unter Managern versteht man hierbei die Persönlichkeiten in einem Unternehmen, die die Unternehmensstrategie festlegen und umsetzen.[425]

Der Zielwert für die Anzahl von schwarzen Personen im Leitungsorgan eines Unternehmens – also beispielsweise im Vorstand einer Aktiengesellschaft – beträgt 50%.[426] Die nächst tieferen Managementebenen *(Senior Top Management* und *Other Top Management)* unter dem Leitungsorgan des Unternehmens sollen mit jeweils 40% schwarzen Angestellten besetzt werden.[427]

---

419 Ausführlich *Business Report*, Long-term BEE ownership must build in liquidity, vom 12. November 2006; *ders.*, Moratorium on sale of BEE shares risky, vom 25. Mai 2007.

420 *DTI*, Presseveröffentlichung vom 14. Dezember 2006.

421 C 100 S 100 (3.5) Codes of Good Practice; *DTI*, Interpretive Guide, S. 36. Die genaue Berechnung richtet sich nach C 100 S 100 Annexe 100 (C) (5) Codes of Good Practice.

422 C 100 S 100 (3.5.1) Codes of Good Practice; *Business Report*, Diluted BEE codes start next year, vom 15. Dezember 2006.

423 C 000 S 000 (7.2) Codes of Good Practice.

424 Ähnlich *Balshaw/Goldberg*, S. 113.

425 *Woolley*, S. 97.

426 C 200 S 200 (2.1) Codes of Good Practice.

427 C 200 S 200 (2.2) Codes of Good Practice; *DTI*, Interpretive Guide, S. 55; *Cliffe Dekker*, S. 32.

## 1. Bezugsmaßstab für die Festsetzung der Zielwerte

Die Unterrepräsentation von Schwarzen in den Führungsetagen von Unternehmen ist maßgeblich auf die Diskriminierung von Schwarzen in der Vergangenheit zurückzuführen. Die Aufnahme des Elements *Management Control* in die *Generic Scorecard* ist damit grundsätzlich gerechtfertigt. Allerdings ist die Höhe der festgelegten Zielwerte bedenklich.[428] Die Zielwerte für die verschiedenen Managementebenen mögen zwar verglichen mit dem Anteil der Schwarzen an der Gesamtbevölkerung moderat erscheinen; Afrikaner, *Coloureds* und Inder stellen zusammen immerhin fast 90% der gesamten Bevölkerung Südafrikas.[429] Für die Vertretung von Schwarzen im Management liegen die Zielwerte je nach Managementkategorie bei 40 bis 50% aller Positionen in der jeweiligen Kategorie – also deutlich unter dem Anteil der Schwarzen an der Gesamtbevölkerung.

Der Prozentsatz der Schwarzen an der gesamten Bevölkerung Südafrikas ist jedoch für die „Säule" *Management Control* kein tauglicher Bezugsmaßstab. Für Managementaufgaben qualifiziert sich nicht die gesamte Bevölkerung eines Landes; nur Personen mit Hochschulabschlüssen und langjähriger Berufserfahrung werden normalerweise als Manager rekrutiert. Zwischen dem vierzigsten und dem sechzigsten Lebensjahr erreicht ein Berufstätiger den Höhepunkt seiner Karriere und kommt damit für Führungspositionen in einem Unternehmen in Betracht. Nur in Ausnahmefällen wird ein Zwanzigjähriger ins Management eines Unternehmens berufen.[430]

## 2. Bedenken hinsichtlich der Höhe der Zielwerte

Die in der *Management Control Scorecard* festgesetzten Zielwerte für schwarze Manager liegen dicht am Prozentsatz, den Schwarze an der Bevölkerungsgruppe der vierzig- bis sechzigjährigen Südafrikaner ausmachen. Wenngleich Weiße nur ca. 10% der Gesamtbevölkerung Südafrikas stellen,[431] so sind doch etwa ein Drittel der zwischen vierzig- und sechzigjährigen Menschen in Südafrika Weiße. Nur 16% der afrikanischen Bevölkerungsgruppe [432] – die drei Viertel der Gesamtbevölkerung Süafrikas ausmacht – fallen dagegen in diese Altersgruppe.[433] Gründe hierfür sind unter anderem die höhere Geburtenrate innerhalb der afrikanischen Bevölkerung [434] sowie ihre geringere durch-

---

428 Überzeugend *van Wyk/Hofmeyer*, S. 6.

429 *Holz-Kemmler*, S. 11.

430 *Finance Week*, Nothing sacred – Hijacking affirmative action, vom 04. August 2004.

431 *Holz-Kemmler*, S. 11.

432 Nur zur Vereinfachung des Rechenbeispiels werden *Coloureds* und Inder in dieser Gegenüberstellung ausgeklammert.

433 *Finance Week*, Nothing sacred – Hijacking affirmative action, vom 04. August 2004.

434 Im Jahr 2006 waren 83% der Minderjährigen Afrikaner. Dazu *Business Report*, BEE isn't forever – but it remains essential for now, vom 10. Juni 2007.

schnittliche Lebenserwartung bedingt durch die schlechtere medizinische Versorgung und Krankheiten wie HIV/AIDS.[435]

Es muss zwar das Fernziel eines egalitären und demokratischen Südafrikas sein, dass jede Bevölkerungsgruppe auch in etwa proportional zu ihrem Anteil an der relevanten Altersgruppe im Management der Unternehmen vertreten ist. Das *BBBEE* will dieses Ziel aber in zu kurzer Zeit erreichen. Um die Zielwerte innerhalb von zehn Jahren umzusetzen,[436] müssten Managerposten nicht mehr aufgrund der persönlichen Leistung der jeweiligen Bewerber vergeben werden, sondern alleine aufgrund ihrer Zugehörigkeit zu einer bestimmten Bevölkerungsgruppe.[437] Hierdurch droht der Leistungsgrundsatz vollständig ausgehebelt zu werden. Dies hätte negative Auswirkungen auf die gesamte Wirtschaft: Angestellte würden die Motivation verlieren, sich durch herausragende Leistungen für Führungsaufgaben zu empfehlen. Hierunter würde ihre Arbeitsmoral und damit ihre Produktivität leiden.

## III. *Employment Equity*

Das Element *Employment Equity* belohnt die Schaffung von Gleichheit am Arbeitsplatz.[438] Die *Employment Equity Scorecard* gibt hierfür für die verschiedenen Arbeitnehmerkategorien Zielwerte für die Beschäftigung von schwarzen Mitarbeitern vor.[439] Die endgültigen *Codes of Good Practice* haben für das Element *Employment Equity* mit den Regelungen des *Employment Equity Act* abgestimmt. Bei der Beurteilung der „Säule" *Employment Equity* im Rahmen des *BBBEE* finden nun unter anderem die im *EEA* festgelegten Definitionen für die verschiedenen Arbeitnehmerkategorien Anwendung.[440] Jede Art der Berichterstattung an das Arbeitsministerium nach dem *EEA* kann zudem auch als Basis für die Berichterstattung und Überprüfung des Unternehmens nach dem *BBBEE* verwendet werden.[441] Die Unternehmen sollen dadurch in administrativer Hinsicht entlastet werden. Die Daten selbst werden jedoch nach den jeweils einschlägigen

---

435 *CNN interactive*, Life expectancy in Africa cut short by AIDS, vom 18. März 1999.

436 C 000 S 000 (13.2) Codes of Good Practice; vgl. auch *DTI*, Interpretive Guide, S. 24.

437 Ausführlich *Finance Week*, Nothing sacred – Hijacking affirmative action, vom 04. August 2004.

438 C 000 S 000 (7.3) Codes of Good Practice.

439 *DTI*, Interpretive Guide, S. 58.

440 C 300 S 300 (3.3) Codes of Good Practice; *DTI*, Presseveröffentlichung vom 14. Dezember 2006.

441 C 300 S 300 (3.1) Codes of Good Practice; ein Beispiel hierfür ist das Dokument *EEA1*: diesen Fragenbogen kann ein Arbeitgeber seine Arbeitnehmer ausfüllen lassen, um deren „Rasse" zur Umsetzung des *EEA* zu bestimmen. Die Arbeitnehmer geben hierin an, zu welcher Rasse sie ihrer Meinung nach gehören. Das Dokument *EEA1* kann der Arbeitgeber nun auch verwenden, um gegenüber einer Prüfstelle seinen *BBBEE* Status hinsichtlich des Elements *Employment Equity* nachzuweisen. Dazu *Janisch*, S. 41.

gesetzlichen Vorschriften – also nach der *Employment Equity Scorecard* oder dem *EEA* – beurteilt.[442]

Das Element *Employment Equity* weist eine Ausnahme zu dem Grundsatz auf, dass für eine anteilige Erreichung der Zielwerte auch anteilig Punkte auf der *Scorecard* vergeben werden. Erreicht ein Unternehmen in einer Angestelltenkategorie weniger als 40% des jeweiligen Zielwerts, so erhält das Unternehmen für dieses Kriterium auf der *Employment Equity Scorecard* null Punkte.[443] Halbherzige Versuche des Unternehmens zur Umgestaltung der Belegschaft werden nicht belohnt. Hintergrund ist, dass das Element *Employment Equity* möglichst schnell für eine große Zahl von Schwarzen einen Weg aus der Arbeitslosigkeit schaffen soll.

## IV. *Skills Development*

Durch das Element *Skills Development* sollen Schwarze die notwendigen technischen und wirtschaftlichen Fähigkeiten vermittelt bekommen, die sie für eine Teilnahme an allen Bereichen des Wirtschaftslebens benötigen.[444] Eine Verbesserung des staatlichen Bildungssystems allein kann das Bildungsdefizit in der schwarzen Bevölkerung nicht beheben; der südafrikanische Staat hat hierfür schon nicht die erforderlichen finanziellen Mittel. Außerdem kann durch staatliche Bildungseinrichtungen nur theoretisches Wissen vermittelt werden. Den Schwarzen fehlen aber insbesondere auch praktische Fähigkeiten. Praktische Erfahrung können Schwarze nur in Wirtschaftsunternehmen sammeln. Die „Säule" *Skills Development* [445] belohnt daher Initiativen von Arbeitgebern zur Aus- und Weiterbildung von schwarzen Personen. In der *Skills Development Scorecard*[446] werden dafür Zielwerte für verschiedene Bewertungskriterien festgelegt.

Ein wichtiges Bewertungskriterium ist der Betrag, den ein Arbeitgeber für die Aus- und Weiterbildung von Schwarzen ausgibt;[447] nur Aufwand, der in Geld messbar ist, kann angesetzt werden. Unter bestimmten Umständen können auch an Schwarze vergebene Stipendien geltend gemacht werden.[448] So soll gerade auch besonders bedürftigen Schwarzen eine Teilnahme an den Ausbildungsprogrammen ermöglicht werden. Ein weiteres Bewertungskriterium ist die Zahl der schwarzen Teilnehmer an vom Unternehmen angebotenen *Learnerships*.[449] Bei *Learnerships* handelt es sich um eine beson-

---

442 *Benjamin/Raditapole/Taylor*, 1-46.

443 C 300 S 300 (3.1.1) Codes of Good Practice; *Cliffe Dekker*, S. 38; *DTI*, Interpretive Guide, S. 60.

444 C 000 S 000 (7.4) Codes of Good Practice; *Balshaw/Goldberg*, S. 79.

445 C 400 S 400 Codes of Good Practice regelt die Einzelheiten bezüglich des Elements *Skills Development*.

446 C 400 S 400 (2.1) Codes of Good Practice.

447 C 400 S 400 (3.4) Codes of Good Practice; *DTI*, Presseveröffentlichung vom 14. Dezember 2006.

448 C 400 S 400 (3.2) Codes of Good Practice.

449 C 400 S 400 (2.1.2) Codes of Good Practice; *DTI*, Interpretive Guide, S. 65.

dere Form von Ausbildungsprogrammen, die sich aus zwei unterschiedlichen Komponenten zusammensetzen:[450] die Vermittlung von fachlichen Fähigkeiten durch ein Training am Arbeitsplatz wird durch theoretischen Unterricht ergänzt.[451] Schwarze sollen dadurch die Qualifikation für höherwertige Positionen in Wirtschaftsunternehmen erwerben.

## V. *Preferential Procurement*

Durch die „Säule" *Preferential Procurement* wirkt sich der *BBBEE* Status der Zulieferer oder Dienstleister eines Unternehmens auf dessen Bewertung nach der *Generic Scorecard* aus. Ein Unternehmen erzielt Punkte im Rahmen des Elements *Preferential Procurement*, wenn es Waren oder Dienstleistungen von Unternehmen mit einem guten *BBBEE* Status bezieht.[452] Die Aufnahme dieses Elements in die *Generic Scorecard* soll einen „Kaskadeneffekt" auslösen; Unternehmen sollen den auf sie ausgeübten Druck zur Erfüllung der Anforderungen des *BBBEE* an ihre Zulieferer weitergeben. Zulieferer und Dienstleister müssen ihren *BBBEE* Status durch ein Zertifikat einer anerkannten Prüfstelle nachwesen. Anderenfalls erhält der Abnehmer keine Punkte für das Element *Preferential Procurement*.[453]

### 1. Gesamtausgaben des Unternehmens als Bezugsmaßstab

Der Zielwert für die „Säule" *Preferential Procurement* ist als Prozentsatz der Gesamtausgaben des Unternehmens für Waren und Dienstleistungen formuliert.[454] Es liegt im Interesse eines Unternehmens, seine anzusetzenden Gesamtausgaben möglichst niedrig zu halten; je niedriger die Bezugsbasis desto leichter lässt sich der Zielwert für das Element *Preferential Procurement* erreichen. Vereinfacht ausgedrückt bedeutet dies, dass bei niedrigeren Gesamtausgaben bereits die Vergabe eines geringeren Auftragsvolumens an „schwarze" Zulieferer und Dienstleister genügt, um Punkte für das Element *Preferential Procurement* zu erhalten.

Aus diesem Grund ist für die Unternehmen die Frage von großer Bedeutung, welche Ausgaben in die Feststellung ihrer Gesamtausgaben mit einfließen. Neben den Ausgaben für Waren und Dienstleistungen zählen beispielsweise auch Investitionsausgaben

---

450   S 17 (2) (a) - (c) Skills Development Act; *van Jaarsfeld*, S. 270.

451   *Janisch*, S. 22; *Woolley*, S. 69.

452   C 000 S 000 (7.5) Codes of Good Practice; Eine detaillierte Erläuterung der Berechnungsmethode findet sich bei *DTI*, Interpretive Guide, S. 16 ff.

453   *Benjamin/Raditapole/Taylor*, 1-38; *Janisch*, S. 23; *Woolley*, S. 71.

454   C 500 S 500 (2.1) und (3.2) Codes of Good Practice.

und Ausgaben für Zeitarbeitskräfte zu den Gesamtausgaben;[455] nicht dazu gerechnet werden aber entrichtete Steuern [456] und Lohn- und Gehaltszahlungen an Angestellte.[457]

## 2. Importierte Waren

Grundsätzlich werden importierte Waren und Dienstleistungen bei der Berechnung der Gesamtausgaben eines Unternehmens mitgerechnet.[458] Allerdings sind drei wichtige Ausnahmen zu beachten. Importierte Waren und Dienstleistungen von ausländischen Tochtergesellschaften oder der ausländischen Muttergesellschaft eines Unternehmens zählen generell nicht zu den Gesamtausgaben.[459] Daneben existieren auch zwei Ausnahmeregelungen für importierte Waren von konzernfremden Zulieferern oder Dienstleistern.

Solche Waren und Dienstleistungen sind zunächst ausgenommen, wenn in Südafrika vergleichbare Waren oder Dienstleistungen nicht hergestellt oder angeboten werden.[460] Diese Regelung ist hinsichtlich der Zielsetzung des *BBBEE* kritisch zu bewerten. Für den Erfolg des *BBBEE* ist es erforderlich, dass Arbeitsplätze in Südafrika entstehen; nur so kann die Arbeitslosigkeit innerhalb der schwarzen Bevölkerung gesenkt werden ohne der weißen arbeitenden Bevölkerung ihre Arbeitsplätze wegzunehmen. Der Bezug von Waren und Dienstleistungen aus dem Ausland trägt aber nicht zum Entstehen von Arbeitsplätzen in Südafrika bei. Auch der einschränkende Zusatz – dass vergleichbare Waren oder Dienstleistungen nicht in Südafrika hergestellt oder angeboten werden dürfen – ändert an diesen Bedenken nichts.[461] Unternehmen sollen den Aufbau von Zulieferunternehmen im Bereich neuer Technologien in Südafrika unterstützen anstatt zu importieren. Eine solche Weiterentwicklung der südafrikanischen Wirtschaft ist wichtig für die zukünftige Wettbewerbsfähigkeit des Landes – und damit für die dauerhafte Schaffung von Arbeitsplätzen.

Sinnvoll unter dem Gesichtspunkt der Arbeitsmarktpolitik ist dagegen die Ausnahmeregelung für Importe zur wertsteigernden Weiterverarbeitung in Südafrika.[462] Solche

---

455  C 500 S 500 (5) Codes of Good Practice.

456  C 500 S 500 (6.1) Codes of Good Practice.

457  C 500 S 500 (5.11) Codes of Good Practice.

458  C 500 S 500 (2.1) Codes of Good Practice; vgl. dazu auch *Benjamin/Raditapole/Taylor,* 1-47; *Webb/Lalu,* S. 1 ff.

459  C 500 S 500 (5.12) Codes of Good Practice; *Cliffe Dekker,* S. 48.

460  Eine importierte Ware oder Dienstleistung wird unter anderem dann nicht in Südafrika hergestellt oder angeboten, wenn sie unter einer anderen Marke als lokale Produkte vertrieben wird oder eine andere technische Spezifikation als lokale Pro-dukte aufweist. Vgl. C 500 S 500 (6.6.2) Codes of Good Practice; *DTI,* Interpretive Guide, S. 76.

461  C 500 S 500 (6.6.2) Codes of Good Practice.

462  Diese Ausnahme ist in C 500 S 500 (6.6.1) Codes of Good Practice geregelt; vgl. auch *DTI,* Interpretive Guide, S. 76.

Waren oder Rohstoffe sind bei der Ermittlung der Gesamtausgaben des Unternehmens unbeachtlich, wenn vergleichbare Waren in Südafrika nicht produziert werden.[463] Zwar könnte man auch hier argumentieren, dass die Ausklammerung solcher Importe den Aufbau von Zulieferunternehmen in diesen Bereichen in Südafrika verhindert. Allerdings entstehen schon durch den Weiterverarbeitungsvorgang in Südafrika Arbeitsplätze bzw. bestehende Arbeitsplätze werden gesichert.

Die geschilderten Ausnahmeregelungen für importierte Waren und Dienstleistungen sind insbesondere auch für internationale Unternehmen interessant. Internationale Unternehmen beziehen oft Waren oder Dienstleistungen von konzernverbundenen Unternehmen außerhalb Südafrikas. Auch Waren und Dienstleistungen von konzernfremden Zulieferern und Dienstleistern stammen häufig nicht aus Südafrika. Der Einkauf wird in vielen Bereichen zentral von der ausländischen Muttergesellschaft für den gesamten Konzern gesteuert. Für die Muttergesellschaft besteht kein Grund, bevorzugt südafrikanische Zulieferer auszuwählen.

## VI. *Enterprise Development*

Ein Unternehmen erhält Punkte für das Element *Enterprise Development*, wenn es die nachhaltige Entwicklung bestimmter begünstigter Unternehmen unterstützt.[464] Hierdurch soll die Entstehung von neuen und das Wachstum bestehender Unternehmen gefördert werden.[465] Das Endziel solcher Bemühungen muss die Schaffung oder Stärkung von selbständigen Unternehmen in finanzieller und wirtschaftlicher Hinsicht sein. Die Leistungen müssen Unternehmen mit einem gewissen Prozentsatz an schwarzen Inhabern und einem gewissen *BBBEE* Status zugute kommen.[466] Auch zurückforderbare Leistungen wie beispielsweise Kredite werden anerkannt.[467]

Der Zielwert für die Unterstützungsleistungen beträgt grundsätzlich 3% des Nettogewinns des Unternehmens nach Steuer.[468] Unterstützungsleistungen in dieser Höhe sind jährlich für die Geltungsdauer der *Codes of Good Practice* zu leisten.[469] Unter bestimmten Umständen können auch Unterstützungsleistungen in den Jahren vor Inkrafttreten der *Codes* anerkannt werden.[470] Unternehmen, die in der Vergangenheit aus eige-

---

463  C 500 S 500 (6.6.1.1) Codes of Good Practice; *Webb/Lalu*, S. 1 f.

464  C 000 S 000 (7.6) Codes of Good Practice.

465  *Finweek*, Sharing the benefits of growth, vom 1. März 2007; *Janisch*, S. 24.

466  C 600 S 600 (3.2.4.2) Codes of Good Practice; *Cliffe Dekker*, S. 56 f.

467  Einzelheiten sind in C 600 S 600 (3.2.1) Codes of Good Practice geregelt; umfassend *Balshaw/Goldberg*, S. 80; *Benjamin/Raditapole/Taylor*, 1-48.

468  C 600 S 600 (2.1.1) Codes of Good Practice.

469  C 600 S 600 (2.2) Codes of Good Practice.

470  Die Voraussetzungen für eine solche Anerkennung finden sich in C 600 S 600 (3.1.2) Codes of Good Practice.

ner Initiative die wirtschaftliche Entwicklung von Schwarzen gefördert haben, werden dadurch belohnt.[471]

Innerhalb dieser Vorgaben können Unternehmen selbst entscheiden, wen sie unterstützen wollen. Aus unternehmerischer Sicht ist es sinnvoll, in eigene Zulieferunternehmen zu investieren. Dies verbessert die Zulieferkette, so dass letztendlich auch das Unternehmen, das die Unterstützung leistet, von seinen Maßnahmen indirekt profitiert.[472] Die *Codes of Good Practice* honorieren ein solches unternehmerisches Denken zusätzlich. Investieren Unternehmen in ihre Lieferanten, so werden die von diesen Unternehmen bezogenen Umfänge im Rahmen des Elements *Preferential Procurement* höher bewertet.[473]

## VII. *Socio-economic Development*

Dieses Element bewertet, ob Unternehmen Programme zur sozioökonomischen Entwicklung durchführen oder sonstige Beiträge leisten, die Schwarzen den Zugang zur Wirtschaft erleichtern.[474] Unternehmen sollen dazu angehalten werden, soziale Verantwortung zu übernehmen und in soziale Projekte zu investieren.[475] Als Begünstigte kommen schwarze Gemeinschaften und natürliche Personen in Betracht.[476]

Der Zielwert beträgt grundsätzlich 1% des Nettogewinns des Unternehmens nach Steuer.[477] Investitionen in dieser Höhe sind jährlich für die Geltungsdauer der *Codes of Good Practice* zu tätigen.[478] Wie auch schon im Rahmen des Elements *Enterprise Development* können Investitionen vor Inkrafttreten der *Codes* unter bestimmten Voraussetzungen anerkannt werden.[479] Beiträge, deren Wert nicht in Geld angegeben werden kann, werden auf Grundlage der von den Angestellten des Unternehmens aufgewendeten Zeit zur Durchführung der Maßnahme bewertet.[480]

---

471 *Cliffe Dekker*, S. 56; DTI, Interpretive Guide, S. 85.

472 *Woolley*, S. 76.

473 C 500 S 500 (3.3.1) Codes of Good Practice; *Webb/Lalu*, S. 1 f.

474 C 000 S 000 (7.7) und Schedule 1 Part 2 Codes of Good Practice.

475 *Cliffe Dekker*, S. 60; DTI, Interpretive Guide, S. 88 f.

476 C 700 S 700 (3.2.2) Codes of Good Practice.

477 C 700 S 700 (2.1) Codes of Good Practice.

478 C 700 S 700 (2.3) Codes of Good Practice.

479 Die Voraussetzungen für eine solche Anerkennung sind geregelt in C 700 S 700 (3.1.2) Codes of Good Practice; ausführlich *Cliffe Dekker*, S. 61.

480 C 700 S 700 (3.2.5) und (3.2.6) Codes of Good Practice; *Benjamin/Raditapole/Taylor*, 1-49.

**D    Einzelfragen**

Das *BBBEE* wird in der Tagespresse – und zunehmend auch in juristischen Fachpublikationen – intensiv behandelt. In diesem Unterkapitel kann und soll nicht auf alle kontroversen Aspekte eingegangen werden. Es werden vielmehr einige grundlegende Gesichtspunkte diskutiert, die dem Leser die Chancen und Risiken des *BBBEE* verdeutlichen.

**I.    Begünstigte**

Wer soll durch das *BBBEE* begünstigt werden? Die Antwort auf diese Frage scheint auf den ersten Blick einfach, lautet doch der Name des Programms *Broad-based „Black" Economic Empowerment*.[481] Es handelt sich jedoch um einen der umstrittensten Aspekte des *BBBEE*.[482] Letztlich lassen sich die vielfältigen Einwände auf zwei grundsätzliche Vorwürfe reduzieren: entweder wird der Begünstigtenbegriff des *BBBEE* als zu eng oder als zu weit angesehen. Im ersteren Fall wird argumentiert, dass Personen, die eigentlich einer Förderung bedürften, ohne vernünftigen Grund von einer Bevorzugung durch das *BBBEE* ausgeschlossen würden. Ist der Begünstigtenbegriff dagegen zu weit gefasst, so werden Personen durch das *BBBEE* gefördert, die überhaupt keiner Förderung bedürfen.

Ausgangspunkt für die Überlegungen zum Begünstigtenbegriff ist der Gesetzeswortlaut. Nach dem *BBBEE Act* ist eine schwarze Person ein Afrikaner, ein *Coloured* oder ein Inder.[483] Die *Codes of Good Practice* grenzen den Begünstigtenbegriff weiter ein; nur natürliche Personen mit südafrikanischer Staatsangehörigkeit können Begünstigte des *BBBEE* sein. Sie müssen die Staatsangehörigkeit durch Geburt, Abstammung oder Einbürgerung erlangt haben. Im Falle der Einbürgerung muss diese vor dem Inkrafttreten der Verfassung der Republik Südafrika von 1993 erfolgt sein. Bei Einbürgerung nach diesem Zeitpunkt ist Voraussetzung, dass die fragliche Person berechtigt gewesen wäre, hätte es nicht die *Apartheid* gegeben, die südafrikanische Staatsbürgerschaft durch Einbürgerung vor diesem Datum zu erlangen.[484]

**1.    Südafrikanische Staatsangehörigkeit**

Die *Codes of Good Practice* legen ausdrücklich fest, dass nur Staatsbürger der Republik Südafrika zum Begünstigtenkreis des *BBBEE* zählen.[485] Dies ist eine bedeutende Neu-

---

481  *Cliffe Dekker*, S. 12.

482  Umfassend zum Meinungsstreit *Innes/Kentridge/Perold*, S. 230.

483  S 1 BBBEE Act.

484  Schedule 1 Part 2 Codes of Good Practice.

485  Schedule 1 Part 2 Codes of Good Practice; vgl. auch *Business Report*, Definition of beneficiaries draws a line, vom 2. November 2005; *Janisch*, S. 3.

erung gegenüber früheren *Affirmative Action* Vorschriften. Insbesondere die Verfassung und der *EEA* schweigen noch zu dieser Frage.[486] Man war sich zunächst nicht einig darüber, wie dieses Schweigen zu deuten sei. Sollten auch Staatsangehörige anderer Länder von den *Affirmative Action* Maßnahmen profitieren? Oder hatte das Parlament die ausdrückliche Erwähnung des Kriteriums der Staatsbürgerschaft in den jeweiligen Gesetzen schlichtweg vergessen?

Eine Entscheidung des Arbeitsgerichts schaffte Klarheit. In *Auf der Heyde v University of Cape Town*[487] stellte das Arbeitsgericht das Merkmal der Staatsangehörigkeit als ungeschriebene Einschränkung des Begünstigtenbegriffs bei *Affirmative Action* Maßnahmen auf.[488] Die Enscheidung bezog sich auf die *Affirmative Action* Bestimmungen der endgültigen Verfassung und des *Labour Relations Act*;[489] sie lässt sich aber auf alle anderen *Affirmative Action* Regelungen in Südafrika – also auch auf das *BBBEE* – übertragen.[490] Das Gericht begründete seine Entscheidung mit dem Entstehungsprozess von *Affirmative Action* in Südafrika: das Konzept sei vor dem besonderen Hindergrund der Diskriminierung in der Vergangenheit entwickelt worden. Ziel sei die Bekämpfung der Folgen der *Apartheid*. Personen ohne südafrikanische Staatsbürgerschaft hätten unter dieser Politik nicht gelitten; daher sollten sie jetzt auch nicht von *Affirmative Action* Maßnahmen profitieren.[491]

Auch eine systematische Auslegung der s 9 (2) endgV spricht für eine Begrenzung von Affirmative Action auf südafrikanische Staatsangehörige. S 9 (2) endgV muss im Lichte der gesamten Verfassung gelesen werden. Nach der Präambel ist es vorrangiges Ziel der Verfassung, die vergangene Spaltung der südafrikanischen Bevölkerung zu überwinden. Im Mittelpunkt von *Affirmative Action* in Südafrika steht daher das südafrikanische Volk – und nicht die Staatsangehörigen anderer Nationen.[492]

Die südafrikanische Regierung setzte letztlich die Entscheidung des Arbeitsgerichts um, indem sie den Begünstigtenkreis des *BBBEE* ausdrücklich auf südafrikanische Staatsangehörige beschränkte. Das *BBBEE* will schwarzen Südafrikanern den Zugang zu allen Bereichen des Wirtschaftslebens erleichtern. Mit der ausdrücklichen Erwähnung des Kriteriums der Staatsbürgerschaft soll verhindert werden, dass dieses Ziel umgangen wird. Ansonsten könnten insbesondere internationale Unternehmen schwarze Personen aus ihrem Mutterland einsetzen, um innerhalb ihrer Tochterfirmen in Südafrika die An-

---

486  *McGregor*, South African citizens, S. 99.

487  Auf der Heyde v University of Cape Town, 2000 (8) BLLR 877 (LC).

488  *McGregor*, Role of the DOL, S. 658; *Pretorius/Klinck/Ngwena*, 9-41.

489  Der *Labour Relations Act 66 of 1995* regelte *Affirmative Action* am Arbeitsplatz vor Inkrafttreten des *EEA*.

490  Überzeugend *McGregor*, Citizenship, S. 524.

491  Auf der Heyde v University of Cape Town, 2000 (8) BLLR 877 (LC) par. 893.

492  *McGregor*, The role of the DOL, S. 659.

forderungen des *BBBEE* zu erfüllen.[493] Ein indischer Konzern könnte beispielsweise die Führungsetagen seines südafrikanischen Tochterunternehmens mit Indern aus Indien besetzen; das Tochterunternehmen würde so die volle Punktzahl für das Element *Management Control* erhalten. Amerikanische Konzerne könnten Anteile an ihrem südafrikanischen Tochterunternehmen an Afroamerikaner aus den Vereinigten Staaten veräußern, um das Element *Ownership* umzusetzen. Den schwarzen Südafrikanern wäre durch solche Vorgehensweisen nicht geholfen.

Zwei Personengruppen werden nach der jetzigen Definition jedoch zu Unrecht vom Begünstigtenkreis ausgeschlossen. Es handelt sich um die Schwarzen aus anderen afrikanischen Staaten, die nach dem 27. April 1994 einwanderten, und um die schwarzen Gastarbeiter, die schon zu Zeiten der *Apartheid* in Südafrika arbeiteten.

Stichtag für die Erlangung der südafrikanischen Staatsbürgerschaft durch Einbürgerung ist der 27. April 1994. An diesem Tag trat die Interimsverfassung von 1993 in Kraft. Wer die südafrikanische Staatsbürgerschaft durch Einbürgerung erlangt hat, fällt nur dann unter den Begünstigtenbegriff des *BBBEE*, wenn er vor diesem Datum eingebürgert wurde. Alternativ müsste er zumindest das Recht auf Einbürgerung vor diesem Datum gehabt haben, hätte es nicht die *Apartheid* gegeben.[494] Begründet wird die Wahl dieses Stichtags damit, dass ab dem Inkrafttreten der Interimsverfassung Freiheit und Gleichheit für alle Menschen in Südafrika herrschte. Die Schwarzen aus anderen afrikanischen Staaten, die seit 1994 vermehrt nach Südafrika einwandern, hätten nicht unter der *Apartheid* gelitten; sie sollten daher auch nicht vom *BBBEE* profitieren.[495] Richtig ist, dass irgendwo die Grenze gezogen werden muss; der 27. April 1994 als Stichtag ist jedoch zu früh. Zu diesem Zeitpunkt waren zwar die meisten Gesetze der *Apartheid* bereits abgeschafft worden.[496] Dadurch endeten aber nicht automatisch die negativen Auswirkungen der *Apartheid*.

Wenn ein Mensch in politischer Hinsicht frei ist, aber nicht die wirtschaftlichen Mittel besitzt, um diese Freiheit auch zu genießen, dann ist er nicht vollständig frei.[497] Man kann die Erlangung von politischer Freiheit mit dem Geschenk eines Autos ohne das zum Fahren notwendige Benzin vergleichen. Eigentümer eines Autos zu sein und es in die Garage stellen zu können ist besser als nichts; der wirkliche Wert eines Autos liegt jedoch in seiner Eigenschaft als Fortbewegungsmittel. Erst wenn man auch das notwendige Benzin erhält, kommt man in den wahren Genuss des Autos.[498] Ebenso verhält es

---

493 Zu der Gefahr einer Umgehung der Vorschriften des *BBBEE* ausführlich *Ponte/Roberts/van Sittert*, S. 7.

494 *Business Report*, Definition of beneficiaries draws a line, vom 2. November 2005.

495 *Osode*, S. 112.

496 *Business Report*, BEE isn't forever – but it remains essential for now, vom 10. Juni 2007.

497 Überzeugend *Business Report*, The highs and lows in the world of empowerment, vom 17. Dezember 2006.

498 *Business Report*, BEE isn't forever – but it remains essential for now, vom 10. Juni 2007.

sich mit politischer und wirtschaftlicher Freiheit. Daher sollten auch Schwarze, die erst nach dem 27. April 1994 die südafrikanische Staatsangehörigkeit erworben haben, vom Begünstigtenbegriff des *BBBEE* erfasst werden.

Die zweite Personengruppe, die zu Unrecht vom Begünstigtenkreis des *BBBEE* ausgeschlossenen wird, sind die Gastarbeiter aus angrenzenden afrikanischen Ländern. Südafrika rekrutierte zu Zeiten der *Apartheid* billige Arbeitskräfte aus angrenzenden Ländern wie Lesotho, Mozambique, Botswana und Swaziland. Sie arbeiteten insbesondere im Bergbau und in der Landwirtschaft. Diese Gastarbeiter erhielten nur befristete Arbeitsverträge. Nach Beendigung ihres Arbeitsverhältnisses wurden sie in ihr Heimatland zurückgebracht.[499] Ihre Rechte wurden normalerweise durch bilaterale Verträge zwischen der Republik Südafrika und dem jeweiligen Heimatland geregelt. Andere Immigranten konnten nach einem Aufenthalt von fünf Jahren in Südafrika einen Antrag auf Einbürgerung stellen. Diese Möglichkeit war den Gastarbeitern verwehrt; sie konnten die süafrikanische Staatsbürgerschaft auch nach jahrzehntelangem Aufenthalt in Südafrika nicht beantragen.[500]

Da die Gastarbeiter kein Recht auf Einbürgerung hatten, fallen sie nicht unter den jetzigen Begünstigtenbegriff des *BBBEE*. Sie müssten vielmehr ausdrücklich als Begünstigte in den *Codes of Good Practice* genannt werden. Eine Ausdehnung des Begünstigtenbegriffs auf die Gastarbeiter stünde auch im Einklang mit den Zielen der endgültigen Verfassung: neben der Aufarbeitung der Folgen der *Apartheid* will die Republik Südafrika auch allgemein den Rassismus bekämpfen, Gleichheit herstellen und die Menschen- und Freiheitsrechte fördern.[501]

## 2. Natürliche Personen

Nur natürliche Personen fallen nach den *Codes of Good Practice* unter den Begünstigtenbegriff des *BBBEE*.[502] Probleme bereitet dieses Kriterium insbesondere bei der „Säule" *Ownership*. Bei der Bewertung dieses Elements spielen die von Schwarzen ausgeübten Stimmrechte und die wirtschaftliche Beteiligung von Schwarzen an Unternehmen eine maßgebliche Rolle.[503] Sind schwarze natürliche Personen direkt an dem zu bewertenden Unternehmen beteiligt, ergeben sich bei der Bewertung keine größeren Schwierigkeiten. Ihre Beteiligung wird als Prozentsatz der Gesamtsumme der Stimmrechte bzw. der wirtschaftlichen Beteiligung an diesem Unternehmen ausgedrückt. Sind beispielsweise 50% der Aktionäre einer Aktiengesellschaft schwarze natürliche Personen, so sind auch 50% der Stimmrechte und der wirtschaftlichen Beteiligung „schwarz".

---

499 *McGregor*, Citizenship, S. 534.

500 *McGregor*, The role of the DOL, S. 660 f.

501 Vgl. hierzu die Präambel der endgültigen Verfassung.

502 Schedule 1 Part 2 Codes of Good Practice; *Cliffe Dekker*, S. 12.

503 Siehe dazu die *Ownership Scorecard* in C 100 S 100 (2) Codes of Good Practice.

Schwieriger ist die Bewertung aber, wenn eine oder mehrere juristische Personen zwischen die schwarzen natürlichen Personen und das zu bewertende Unternehmen geschaltet sind. Letztlich darf immer nur der Anteil an Stimmrechten bzw. an der wirtschaftlichen Beteiligung, der auf schwarze natürliche Personen entfällt, berücksichtigt werden.[504] Um diesen Anteil zu bestimmen, muss die gesamte Beteiligungskette betrachtet werden.[505] Die Beteiligung von „nichtschwarzen" Personen an einem Kettenglied „verwässert" die tatsächlichen schwarzen Anteile an dem zu bewertenden Unternehmen.[506] Die *Codes of Good Practice* sehen ein Berechnungssystem vor, um diese indirekte Beteiligung von Schwarzen an einem Unternehmen zu bewerten.[507] In einem ersten Schritt werden dafür die Stimmrechte bzw. die wirtschaftliche Beteiligung von schwarzen natürlichen Personen an der dazwischen geschalteten juristischen Person festgestellt. Dieser Prozentsatz wird dann mit dem Prozentsatz der Beteiligung der dazwischen geschalteten juristischen Person an dem letztendlich zu bewertenden Unternehmen multipliziert.[508] Mit diesem sog. Durchflussprinzip *(flow-through principle)* soll verhindert werden, dass die Ziele des *BBBEE* durch komplexe Unternehmensstrukturen unterlaufen werden.[509]

Zur besseren Verdeutlichung des Durchflussprinzips folgendes Beispiel:[510]

**Gesellschaft A**

(51% der Stimmrechte an der Gesellschaft A stehen der Gesellschaft B zu)

**Gesellschaft B**

(51% der Stimmrechte an der Gesellschaft B stehen der Gesellschaft C zu)

**Gesellschaft C**        (51% der Stimmrechte an der Gesellschaft C stehen schwarzen natürlichen Personen zu)

In dem Beispiel stehen nach dem Durchflussprinzip ca. 13,2% (51% x 51% x 51%) der Stimmrechte an Gesellschaft A schwarzen natürlichen Personen zu.

Stehen schwarzen natürlichen Personen auf einer der Stufen in der Beteiligungskette mehr als 50% der Stimmrechte zu, so findet das sog. modifizierte Durchflussprinzip

---

504  C 100 S 100 (3.2.1) Codes of Good Practice; Einzelheiten bei *Janisch*, S. 51; *Namibia Law Society*, S. 46.

505  C 100 S 100 (3.2.1) Codes of Good Practice; *Gumede*, S. 12.

506  Ausführlich *Lester*, S. 15.

507  *Simpkins*, S. 31; *Balshaw/Goldberg*, S. 102.

508  C 100 S 100 (3.2) Codes of Good Practice; *Dominique van Arkel* (Kanzlei Webber Wentzel Bowens), Email vom 13. Februar 2007.

509  *DTI*, Presseveröffentlichung vom 14. Dezember 2006.

510  Dieses Beispiel findet sich bei *Namibia Law Society*, S. 46.

*(modified flow-through principle)* Anwendung:[511] einmal innerhalb der Beteiligungskette kann eine Beteiligung von mehr als 50% so behandelt werden, als ob diese Gesellschaft zu 100% „schwarz" wäre.[512] Durch diese Modifizierung des Durchflussprinzips wird die Beteiligung eines Unternehmens, dessen Inhaber mehrheitlich Schwarze sind, zusätzlich belohnt.[513]

> Im obigen Beispiel könnte also beispielsweise Gesellschaft B als zu 100% „schwarz" behandelt werden; ca. 26% (51% x 100% x 51%) der Stimmrechte an Gesellschaft A stünden dann schwarzen natürlichen Personen zu.

Problematisch ist auch die Bewertung einer staatlichen Beteiligung an einem Unternehmen. Der Staat ist keine natürliche Person. Ein möglicher Ansatz wäre es, den Gedanken des Durchflussprinzips auch auf diesen Fall anzuwenden. Man könnte den Staat als dazwischen geschaltete juristische Person ansehen und die südafrikanische Bevölkerung als dahinter stehende natürliche Personen. Maßgeblich für die Bewertung der staatlichen Beteiligung wäre dann die Zusammensetzung der südafrikanischen Bevölkerung. Die *Codes of Good Practice* gehen jedoch einen anderen Weg: sie behandeln den Staat als „farblos". Zu diesem Zweck klammern sie die staatliche Beteiligung bei der Ermittlung des Bezugsmaßstabs für das Element *Ownership* aus.[514] Sind an einem Unternehmen beispielsweise Weiße mit 40%, Schwarze mit 40% und der Staat mit 20% der Anteile beteiligt, so wird das Unternehmen für die Bewertung des Elements *Ownership* so behandelt, als ob je 50% der Anteile auf Schwarze und auf Weiße entfallen würden.

## 3. „Rasse" als Anknüpfungspunkt

Der Begriff *Black* im Kontext des *BBBEE* stimmt nicht mit dem allgemeinen sprachlichen Verständnis von schwarzen Personen überein; neben afrikanischen Personen fallen unter den Begriff Schwarze im Sinne des *BBBEE* auch die sog. *Coloureds* und die Inder.[515] Bei diesen drei „Rassen" handelt es sich zwar um die am stärksten benachteiligten Bevölkerungsgruppen in Südafrika. Allerdings werden damit längst nicht alle Kategorien von Personen, die zu Zeiten der *Apartheid* diskriminiert wurden, vom Begünstigtenbegriff des *BBBEE* umfasst. Neben Afrikanern, *Coloureds* und Indern existieren noch andere – wenn auch kleinere – Gruppen, die nach den Gesetzen der *Apartheid*

---

511  *DTI*, Interpretive Guide, S. 34 ff.

512  C 100 S 100 (3.3) Codes of Good Practice. Zur Anwendung des modifizierten Durchflussprinzips siehe im Einzelnen *Janisch*, S. 52; *Scholtz*, 100-8.

513  *Luiz/van der Linde*, S. 479.

514  C 100 S 100 (3.4.1) Codes of Good Practice; *van der Nest*, S. 14 f.

515  S 1 BBBEE Act.

nicht als Weiße zählten und daher ebenfalls Opfer von Diskriminierung wurden. Ein Beispiel hierfür ist die kleine chinesische Gemeinde in Südafrika.[516]

Gegen die Anknüpfung an die Merkmale Afrikaner, *Coloured* und Inder im Rahmen des *BBBEE* kann man einwenden, dass hierdurch die verabscheuungswürdige Rasseneinteilung der *Apartheid* aufrechterhalten wird.[517] Bei der Bewertung eines Unternehmens im Rahmen des *BBBEE* muss jede am Unternehmen in irgendeiner Weise beteiligte Person einer bestimmten „Rasse" zugeordnet werden. Personen werden also weiterhin nach ihrer Rassenzugehörigkeit und nicht nach ihren persönlichen Eigenschaften und Fähigkeiten beurteilt.[518] Dies bedeutet jedoch nicht, dass die Regierung und das Parlament die Rasseneinteilung der *Apartheid* gut heißen. Die temporäre Aufrechterhaltung der Rasseneinteilung ist vielmehr ein notwendiges und in Kauf zu nehmendes Übel, wenn man die Folgen der *Apartheid* aufarbeiten will.[519] Wenn eine Ungleichbehandlung zu einer Chancenungleichheit geführt hat, müssen korrigierende Maßnahmen notwendigerweise an die gleichen Merkmale anknüpfen wie die vorangegangene Diskriminierung.[520]

Die Anknüpfung an die Rassenzugehörigkeit ist auch nicht verfassungswidrig. Ein Verstoß gegen die Verfassung wird teilweise mit dem Argument begründet, die südafrikanische Verfassung sei „farbenblind". Jede Klassifizierung auf Grund der „Rasse" bzw. Hautfarbe verbiete sich schon wegen der ausdrücklichen Verurteilung von *Apartheid* und Rassismus in der Präambel der endgültigen Verfassung. Allerdings ist diese verfassungsrechtliche Grundsatzentscheidung gegen *Apartheid* und Rassismus nicht mit einer völligen Farbenblindheit gleich zu setzen. Die südafrikanische Verfassung bekennt sich mit s 9 (2) endgV auch dazu, dass die durch die *Apartheid* institutionell Benachteiligten besonders gefördert werden sollen. Die „rassische" Klassifizierung der *Apartheid* muss dafür zunächst einmal fortgeführt werden – jedoch nur für einen begrenzten Zeitraum: sobald substantielle Gleichheit erreicht ist, ist die Maßnahme überflüssig und muss sofort abgeschafft werden. Anderenfalls ist sie ab diesem Zeitpunkt verfassungswidrig.[521] Dass *BBBEE* sieht einen Geltungszeitraum von zunächst zehn Jahren vor. Es ist nicht zu erwarten, dass vor Ablauf eines Jahrzehnts substantielle Gleichheit in Südafrika erreicht wird.

---

516  *Cliffe Dekker*, S. 12.

517  *Economist*, The Way to BEE, vom 23. Dezember 2006; *New York Amsterdam News*, White Unionists lash out at Black Empowerment Laws, vom 13. Juli 2006.

518  *Human/Bluen/Davies*, S. 20.

519  *Finweek*, Fitting the Bill, vom 22. Februar 2007; *van der Nest*, S. 70.

520  Überzeugend *Dupper*, Remedying the Past, 129; *Strydom*, S. 6.

521  Ausführlich *Gas*, S. 78 f. m.w.N.

## 4. Gruppenzugehörigkeit

Ein Afrikaner, *Coloured* oder Inder muss nach dem Wortlaut des *BBBEE Act* keine individuelle Diskriminierung nachweisen, um Begünstigter zu sein.[522] Die Zugehörigkeit zu einer dieser drei Bevölkerungsgruppen genügt, um vom *BBBEE* zu profitieren.

### a) Besserstellung der jüngeren Generation

Kritisiert wird an dieser pauschalen Kompensation auf Gruppenbasis zunächst, dass die Benachteiligung die ältere Generation von Schwarzen traf; durch *Affirmative Action* Maßnahmen wie das *BBBEE* werde nun aber insbesondere die jüngere Generation von Schwarzen gefördert.[523] Jüngere Arbeitssuchende hätten grundsätzlich bessere Chancen auf dem Arbeitsmarkt als ältere Menschen.

Diese Argumentation ist jedoch in zwei Punkten angreifbar. Auch die heutigen schwarzen Kinder und Jugendlichen leiden noch unter den Folgen der *Apartheid*. Zwar wachsen junge Schwarze – im Gegensatz zu ihren Eltern und Großeltern – seit über einem Jahrzehnt zumindest in einem Land mit formeller Gleichheit für alle Bevölkerungsgruppen auf. Die frühere Benachteiligung der älteren Generation von Schwarzen wirkt sich jedoch indirekt auch auf die Situation der jüngeren Generation aus. Noch heute wächst ein Drittel der südafrikanischen Kinder in Haushalten mit einem Monatseinkommen unter 1.000 ZAR auf; hierbei handelt es sich größtenteils um schwarze Haushalte.[524] Kinder aus solchen Haushalten sind in den Bereichen Bildung und Erziehung oft benachteiligt, da sie nicht die erforderliche Unterstützung und Förderung von zu Hause erhalten.[525] Zwar ist es für diese Kinder im „Neuen Südafrika" nicht mehr unmöglich, später einmal aufgrund eigener Leistungen beruflich erfolgreich zu sein. Sie müssen jedoch ungleich höhere Hürden überwinden als weiße Kinder aus wohlhabenden Elternhäusern. Generell lässt sich an verschiedenen Kennzahlen – wie beispielsweise der Arbeitslosenquote – ablesen, dass auch innerhalb der südafrikanischen Jugend noch erhebliche Unterschiede zwischen Weißen und Schwarzen existieren.[526]

Zudem versucht das *BBBEE*, auch die Chancen der älteren Generation von Schwarzen in der Wirtschaft zu verbessern. Es beschränkt sich aus diesem Grund gerade nicht auf das Element *Employment Equity* wie herkömmliche *Affirmative Action* Programme, sondern lässt die Förderung der früher benachteiligten Bevölkerungsgruppen auf sieben verschiedenen „Säulen" ruhen. Durch einige dieser „Säulen" – beispielsweise durch Fortbildungsmaßnahmen für Erwachsene innerhalb des Elements *Skills Development* –

---

522 Vgl. s 1 BBBEE Act.
523 *Dupper*, Remedying the Past, S. 102.
524 *Woolley*, S. 15 m.w.N.
525 *Dupper*, Remedying the Past, S. 119.
526 Weitere Kennzahlen werden gegenübergestellt in *Business Report*; BEE isn't forever – but it remains essential for now, vom 10. Juni 2007.

sollen verstärkt ältere Schwarze gefördert werden. Die südafrikanische Regierung will damit verhindern, dass es eine „verlorene Generation"[527] von Schwarzen gibt.

## b) Förderung von Mitgliedern der „Sahneschicht"

Einzelne schwarze Individuen wurden durch die Politik der *Apartheid* persönlich überhaupt nicht benachteiligt. Manche Schwarze mit südafrikanischer Staatsangehörigkeit wuchsen im Ausland auf, gingen dort zur Schule und kehrten erst nach dem Ende der *Apartheid* in ihre Heimat zurück. Sie erhielten im Ausland eine hervorragende Ausbildung und konnten ein Startkapital ansparen.[528] Gerade diese Personen profitieren nun aber in besonderem Maße vom *BBBEE*: mit ihrer überdurchschnittlichen Ausbildung kommen sie für Managementpositionen in Unternehmen in Frage und können gegenüber gleich eingestuften weißen Kollegen wegen ihres Seltenheitswerts als Schwarze oftmals sogar noch ein höheres Gehalt aushandeln.[529] Ihr Startkapital ermöglicht es ihnen, Anteile an Unternehmen zu erwerben. Sie schwimmen gleichsam oben auf der Masse der schwarzen Bevölkerung wie die Sahne auf der Milch; daher wird dieser Personenkreis auch als „Sahneschicht" bezeichnet.[530]

Das Gerechtigkeitsempfinden gebietet es eigentlich, Mitglieder dieser „Sahneschicht" von Fördermaßnahmen wie dem *BBBEE* auszuschließen.[531] *Affirmative Action* Maßnahmen sollten grundsätzlich nur die wirklich individuell benachteiligten Personen fördern.[532] In der Praxis würde ein solches Vorgehen jedoch einen immensen Verwaltungsaufwand bedeuten. Jeder Fall müsste gesondert betrachtet und eine Einzelentscheidung gefällt werden.[533] Fraglich wäre auch, wo genau die Grenze für den Begünstigtenstatus zu ziehen wäre, da sich das Ausmaß der individuellen Benachteiligung jedes einzelnen Schwarzen nur schwer nachprüfen lässt.[534]

---

527 Mit dem Begriff „verlorene Generation" *(Lost Generation)* bezeichnet man in Südafrika die Gruppe der heute über zwanzigjährigen Schwarzen. Sie sind ohne Bildungsmöglichkeiten in den verarmten *Homelands* aufgewachsen und haben daher kaum Chancen auf dem Arbeitsmarkt.

528 *Du Plessis/Foché/van Wyk*, S. 77; *Dupper*, Affirmative Action, S. 150.

529 Ein Schwarzer, der eine Ausbildung als Ingenieur oder Wirtschaftsprüfer vorweisen kann, erhält im Durchschnitt ein um 20% höheres Gehalt als sein weißer Kollege. Solche Schwarzen werden auch als *Black Diamonds* bezeichnet: *Bfai*, Investitionsklima, S. 4.

530 *Loenen/Rodrigues*, S. 260.

531 Dieser Ansatz wird beispielsweise in Indien verfolgt: *Affirmative Action* Maßnahmen sollen dort nur diejenigen Individuen von Gruppen oder Kasten begünstigen, die am stärksten benachteiligt sind. Das indische Verfassungsgericht hat diesen Ansatz ausdrücklich bestätigt. Dazu *Galanter*, S. 119 ff.; *Skrentny*, S. 297.

532 Ähnlich *Cooper*, S. 837; *Hahne*, S. 24.

533 *Strydom*, S. 263.

534 *Loenen/Rodrigues*, S. 260.

Neben diesen praktischen Problemen sprechen auch rechtspolitische Argumente für die Miteinbeziehung von relativ gut ausgebildeten und wohlhabenden Schwarzen in den Kreis der Begünstigten. Die Förderung von einzelnen Mitgliedern der „Sahneschicht" kann sich positiv auf die gesamte Bevölkerungsgruppe der Schwarzen auswirken. Die ganze Gruppe wird durch das Vorankommen einzelner Mitglieder psychologisch entschädigt und ihre Selbstachtung wird gefestigt.[535] Die erfolgreichen Schwarzen dienen außerdem als Vorbilder für die heranwachsende Generation von Schwarzen. Sie motivieren die jungen Menschen, die ihnen eröffneten Chancen auch tatsächlich wahrzunehmen.[536] Auch können Spannungen zwischen den verschiedenen „Rassen" abgebaut werden, wenn die Mitglieder der Bevölkerungsgruppen gleichmäßig über die gesamte soziale und ökonomische Skala verteilt sind.[537] Gefühle wie Neid, Missgunst und Verachtung werden dadurch zwar nicht ausradiert; die Verknüpfung dieser Begriffe mit der Zugehörigkeit zu einer bestimmten „Rasse" kann aber gelockert werden.[538]

Der Ansatz einer gruppenbezogenen Förderung ohne das Erfordernis einer individuellen Benachteiligung stimmt auch mit dem Begünstigtenbegriff von s 9 (2) endgV überein. Die verfassungsrechtliche *Affirmative Action* Regelung lässt sowohl personenbezogene wie auch gruppenbezogene Maßnahmen zu. Im letzteren Fall können auch persönlich nicht benachteiligte Personen zum Begünstigtenkreis einer *Affirmative Action* Maßnahme gehören. Die Maßnahme muss nur allgemein dazu dienen, die benachteiligte Gruppe als Ganzes in irgendeiner Form zu beschützen oder zu fördern.[539]

c)     Kein „Herauswachsen" aus dem Begünstigtenstatus

Die *Codes of Good Practice* sehen auch kein „Herauswachsen" aus dem Begünstigtenstatus vor. Ein solcher Ansatz wurde diskutiert, um eine ungerechtfertigte individuelle Bevorzugung einzelner Schwarzer zu vermeiden.[540] Ein Schwarzer, der beispielsweise aufgrund des *BBBEE* an Fortbildungsmaßnahmen teilnehmen und danach einige Jahre Berufserfahrung in einer gehobenen Position sammeln konnte, leidet nicht mehr unter der vergangenen Benachteiligung. Diese Benachteiligung wurde bereits durch das *BBBEE* ausgeglichen. Einer andauernden Bevorzugung dieses Schwarzen bedarf es daher grundsätzlich nicht mehr, da er nun dieselbe Ausgangsposition – und damit dieselben Chancen – bei Bewerbungen auf eine Stelle wie ein weißer Arbeitnehmer hat.

---

535   *Dupper*, Remedying the Past, S. 103 m.w.N.; *Finance Week*, To be black, gifted and rich, vom 9. Februar 2005; *Hahne*, S. 22.

536   *McGregor*, Categorisation, S. 7.

537   *Finance Week*, New BEE Balance, vom 13. April 2005.

538   *Hahne*, S. 26.

539   *Pretorius/Klinck/Ngwena*, 9-40. Siehe dazu auch 2. Kapitel A III 2 b (Begünstigte von *Affirmative Action* Maßnahmen).

540   *Business Report*, It may be time to graduate from BEE, vom 22. Oktober 2006.

Das *BBBEE* knüpft jedoch nicht an eine individuelle Benachteiligung an; es lässt vielmehr die reine Gruppenzugehörigkeit genügen. Ein „Herauswachsen" aus dem Begünstigtenstatus ist mit diesem Konzept der Gruppenförderung nicht vereinbar. Würden Schwarze mit zunehmendem Erfolg vom Begünstigtenstatus des *BBBEE* ausgeschlossen, so bestünde außerdem die Gefahr, dass Schwarze in ihrem Aufwärtsdrang gebremst würden. Es müsste ein Schwellenwert [541] festgesetzt werden, ab dem ein Schwarzer nicht mehr als Schwarzer im Sinne des *BBBEE* zählt. Die Einführung solcher Schwellenwerte im Rahmen des *BBBEE* könnte Schwarze dazu verleiten, kurz vor Erreichen des Schwellenwerts ihre Anstrengungen zu reduzieren, um ihren privilegierten Status nicht zu verlieren.[542] Dieses Verhalten könnte sich bei gehäuftem Auftreten ungünstig auf die gesamtwirtschaftliche Entwicklung Südafrikas auswirken.

## 5. Gleichbehandlung der verschiedenen begünstigten „Rassen"

Die *Codes of Good Practice* sehen keine Abstufung unter den verschiedenen begünstigten „Rassen" vor: Afrikaner, *Coloureds* und Inder zählen für die Erreichung der Zielwerte in den unterschiedlichen Bewertungskategorien grundsätzlich jeweils gleich viel. Ein Unternehmen erhält also beispielsweise auch dann die volle Punktzahl für das Element *Management Control*, wenn es die maßgeblichen Positionen im Management ausschließlich mit Indern besetzt. Lediglich für das Element *Employment Equity* geben die *Codes* einen Anreiz, dass das Unternehmen bei der Zusammensetzung der Belegschaft eine spiegelbildliche Abbildung der demographischen Gegebenheiten anstrebt: entspricht die Belegschaft unter Rassengesichtspunkten der erwerbstätigen Bevölkerung Südafrikas, so erhält das Unternehmen Bonuspunkte auf der *Employment Equity Scorecard.*[543]

Gegen die Gleichstellung von Afrikanern, *Coloureds* und Indern im Rahmen des *BBBEE* spricht, dass die verschiedenen „Rassen" zu Zeiten der *Apartheid* unterschiedlich stark benachteiligt wurden.[544] Die staatlichen Ausgaben für die Ausbildung von Afrikanern waren beispielsweise niedriger als die entsprechenden Ausgaben für *Coloureds*. Auch verdienten *Coloureds* zu Zeiten der *Apartheid* in der Privatwirtschaft deutlich mehr als Schwarze.[545] Ziel des *BBBEE* ist es, die Benachteiligung auszugleichen und Chancengleichheit für alle Bürger herzustellen.[546] Die unterschiedlichen „Rassen" müssten daher grundsätzlich entsprechend ihrer früheren Benachteiligung durch die

---

541 Schwellenwerte sind Vorschriften, nach denen die Anwendung einzelner Rechtsfolgen oder größerer Regelungskomplexe von der Erfüllung bestimmter Kennzahlen abhängt. Vgl. *Junker*, S. 25 m.w.N.

542 *Business Report*, It may be time to graduate from BEE, vom 22. Oktober 2006.

543 *Cliffe Dekker*, S. 38; *DTI*, Interpretive Guide, S. 59.

544 Vgl. McInnes v Technikon Natal, 2000 ILJ 1138 (LC); Fourie v Provincial Commissioner, SAPS (North West Province), 2004 (9) BLLR (LC); Stowman v Minister of Safety & Security & others, 2002 (23) ILJ 1020 (T) par. 1035; *Kennedy-Dubourdieu*, S. 167.

545 *Qunta*, S. 17.

546 *Gas*, S. 78 f.

*Apartheid* nun auch unterschiedlich stark durch das *BBBEE* gefördert werden. Bei der Gleichbehandlung aller benachteiligten „Rassen" im Rahmen des *BBBEE* besteht die Gefahr, dass die weniger benachteiligten *Coloureds* und Inder die Afrikaner beim Wettbewerb um die Fördermaßnahmen verdrängen. Die besser ausgebildeten Inder könnten zum Beispiel den schlechter ausgebildeten Afrikanern bei der Einstellung und Beförderung vorgezogen werden.[547] Diese Gefahr hat sich auch schon teilweise realisiert: der Anteil der Afrikaner im oberen Management nahm im Zeitraum zwischen 1994 und 2004 ab, während gleichzeitig der Anteil der *Coloureds* und Inder in diesem Bereich stark zunahm.[548]

Eine unterschiedliche Förderung der verschiedenen „Rassen" im Rahmen des *BBBEE* könnte jedoch interethnische Spannungen und Feindseligkeiten hervorrufen.[549] Bevölkerungsgruppen, die unterschiedlich stark bevorzugt werden, machen sich oft gegenseitig für diese Ungleichbehandlung verantwortlich, anstatt ihren Ärger gegen die Verantwortlichen für die unterschiedliche Ausgangssituation der verschiedenen „Rassen" – im Falle von Südafrika gegen das Regime der *Apartheid* – zu richten. Afrikaner halten den Indern schon jetzt vor, dass die Inder weniger unter der *Apartheid* zu leiden hatten als die Afrikaner.[550] *Coloureds* fühlen sich dagegen im „Neuen Südafrika" – in dem die Afrikaner die politische Mehrheit stellen – oft vernachlässigt und machen die Bevölkerungsgruppe der Afrikaner allgemein dafür verantwortlich.[551]

Auch in der Rechtsprechung wurde die Frage, ob die früher diskriminierten „Rassen" nun unterschiedlich stark bevorzugt werden müssen bzw. dürfen, schon mehrmals thematisiert.[552] Gegenstand der Judikate waren jeweils unterschiedliche *Affirmative Action* Maßnahmen. Den Anfang bildete die Entscheidung *Motala v University of Natal*[553], in der das Gericht Zugangsregelungen zum Medizinstudium billigte, die afrikanische Bewerber gegenüber indischen Bewerbern bevorzugten.[554] Als Begründung führte das Gericht an, dass zwar beide Gruppen unter der *Apartheid* gelitten hätten; afrikanische Schüler wären aber durch das Schulsystem der *Apartheid* noch um einiges stärker benachteiligt worden als indische Schüler.[555] In *Fourie v Provincial Commissioner, SAPS (North West Province)*[556] entschied das zuständige Gericht, dass sich der beklagte Ar-

547  *Iheduru*, S. 22.

548  *Ponte/Roberts/van Sittert*, S. 34 m.w.N.

549  *Business Report*, The highs and lows in the world of empowerment, vom 17. Dezember 2006.

550  *Qunta*, S. 18.

551  *Adam*, Colour of Business, S. 150; *Kennedy-Dubourdieu*, S. 167.

552  Fourie v Provincial Commissioner, SAPS (North West Province), 2004 (9) BLLR (LC); Motala v University of Natal, 1995 (3) BCLR 374 (D); Solidarity obo Christiaans v Eskom Holdings Ltd, 2006 (27) ILJ 1291 (Arb). Vgl. auch *Strydom*, S. 264 ff.

553  Motala v University of Natal, 1995 (3) BCLR 374 (D).

554  *Malherbe*, S. 443.

555  Motala v University of Natal, 1995 (3) BCLR 374 (D) par. 383; vgl. auch *Grogan*, S. 253.

556  Fourie v Provincial Commissioner, SAPS (North West Province), 2004 (9) BLLR (LC).

beitgeber auf das Institut der *Affirmative Action* berufen kann, um im Rahmen der streitgegenständlichen Beförderung einen männlichen Afrikaner einer weiblichen Weißen vorzuziehen. Auch in dieser Entscheidung argumentierte das Gericht mit dem unterschiedlichen Grad der Benachteiligung in der Vergangenheit.[557] In *Solidarity obo Christiaans v Eskom Holdings Ltd* [558] führte ein privates Schiedsgericht schließlich erst kürzlich – wiederum mit der gleichen Begründung – aus, dass ein Arbeitgeber bei der Besetzung eines freien Arbeitsplatzes einen Afrikaner einem *Coloured* vorziehen dürfe; dies gelte auch dann, wenn der *Coloured* besser als der Afrikaner für die Position qualifiziert sei.

Im Kern geht es in allen drei Entscheidungen um die Frage, ob die Bevorzugung einer „Rasse" gegenüber einer anderen „Rasse" rechtmäßig ist. Bewerben sich mehrere Personen auf eine Stelle, so führt die Auswahl eines Bewerbers aufgrund seiner Rassenzugehörigkeit automatisch zur Benachteiligung der anderen Bewerber aufgrund ihrer „Rasse". S 9 (3) endgV verbietet grundsätzlich eine „unfaire" Diskriminierung aufgrund der „Rasse" oder des Geschlechts. Nach s 9 (5) endgV wird die „Unfairness" einer solchen Diskriminierung vermutet. Erfolgt diese Diskriminierung jedoch, um eine unterschiedlich starke Benachteiligung in der Vergangenheit auszugleichen, so fällt sie in den Anwendungsbereich der s 9 (2) endgV. Die Diskriminierung ist dann „fair".[559] Sie dient der Herstellung von substantieller Gleichheit und verstößt damit nicht gegen das Gleichheitsrecht.[560]

Welche Schlüsse lassen sich hieraus für die Gleichstellung von Afrikanern, *Coloureds* und Indern im Rahmen des *BBBEE* ziehen? Eine unterschiedliche Behandlung dieser drei Bevölkerungsgruppen hätte im *BBBEE Act* oder den *Codes of Good Practice* zwar festgelegt werden können. Eine solche Regelung wäre verfassungsgemäß und möglicherweise auch sinnvoll gewesen. Eine verfassungsrechtliche Pflicht zur gesetzlichen Festschreibung einer abgestuften Förderung besteht jedoch nicht. Die oben angeführten gerichtlichen Entscheidungen zu *Affirmative Action* in der Vergangenheit zeigen vielmehr, dass das Maß der früheren Benachteiligung der verschiedenen „Rassen" im Rahmen der anstehenden Einzelfallentscheidungen berücksichtigt werden kann. Bei der Umsetzung der sieben „Säulen" des *BBBEE* müssen die Unternehmen die unterschiedliche Benachteiligung der verschiedenen Bevölkerungsgruppen bedenken. So muss beispielsweise bei der Besetzung eines konkreten Managementpostens im Rahmen der Umsetzung des Elements *Management Control* unter Umständen ein afrikanischer Bewerber einem indischen Bewerber vorgezogen werden.[561]

---

557  Fourie v Provincial Commissioner, SAPS (North West Province), 2004 (9) BLLR (LC) par. 45.

558  Solidarity obo Christiaans v Eskom Holdings Ltd, 2006 (27) ILJ 1291 (Arb).

559  *Van Zyl, Rudd's and Associates (Pty) Ltd*, S. 577.

560  Siehe 2. Kapitel A III 1 b (*Affirmative Action* als „faire" Diskriminierung).

561  Ähnlich *Grogan*, S. 251 ff.

## 6. Verstärkte Förderung von schwarzen Frauen

Das *BBBEE* will schwarze Untergruppen, die noch stärker benachteiligt wurden als Schwarze allgemein, besonders fördern. Hierzu zählen insbesondere die schwarzen Frauen.[562] Die einführenden *Statements* der *Codes of Good Practice* legen fest, dass 40 bis 50% der durch das *BBBEE* begünstigten Personen Afrikanerinnen, Inderinnen und weibliche *Coloureds* sein sollen.[563] Bei dieser Feststellung handelt es sich allerdings nur um eine allgemeine Zielvorgabe, die keine unmittelbaren rechtlichen Folgen hat. Für die „Säulen" *Ownership, Management Control, Employment Equity, Skills Development* und *Preferential Procurement* werden daneben jedoch gesonderte Zielwerte für die Förderung von schwarzen Frauen festgesetzt.[564] Diese müssen von den Unternehmen erfüllt werden, wenn sie die maximale Punktzahl für das jeweilige Element erreichen wollen.

Beim *BBBEE* handelt es sich nicht um ein allgemeines Förderprogramm für Frauen gleich welcher „Rasse"; nur schwarze Frauen werden begünstigt.[565] Dies lässt sich schon der Bezeichnung *Broad-based „Black" Economic Empowerment* entnehmen.[566] Das *BBBEE* unterscheidet sich in diesem Aspekt von früheren *Affirmative Action* Gesetzen wie dem *EEA*, dem *PPPFA* und dem *Skills Development Act*. Diese Gesetze beziehen weiße Frauen in den Begünstigtenkreis der früher benachteiligten Südafrikaner *(Historically Disadvantaged South Africans, HDSA)* noch mit ein.[567]

Grundsätzlich wäre eine verstärkte Förderung von Frauen aller Bevölkerungsgruppen erforderlich. Frauen gleich welcher „Rasse" wurden in der Vergangenheit benachteiligt.[568] Sie sind in der heutigen Wirtschaft Südafrikas noch immer unterrepräsentiert.[569] Nur 36,3% der Festanstellungen waren im Jahr 2003 mit Frauen besetzt; dies stellt sogar noch eine leichte Verschlechterung gegenüber dem Jahr 2000 (37,5%) dar. Insbesondere in den Managementetagen sind Frauen kaum vertreten. Die Anzahl der Frauen im Spitzenmanagement stieg in den letzten Jahren nur leicht von 12,4% im Jahr 2000 auf 14,1% im Jahr 2003. Ähnlich sieht die Situation im oberen Management aus: dort betrug der Anteil der Frauen im Jahr 2003 22,3% gegenüber 21% im Jahr 2000. Auch

---

562  S 2 (d) BBBEE Act; *DTI*, Presseveröffentlichung vom 14. Dezember 2006.

563  C 000 S 000 (9.1) Codes of Good Practice.

564  Bezüglich der gesonderten Zielwerte für Frauen siehe für das Element *Ownership* C 100 S 100 (2.1.2) und (2.2.2), für *Management Control* C 200 S 200 (2), für *Employment Equity* C 300 S 300 (2.1), für *Skills Development* C 400 S 400 (2.1) und für *Preferential Procurement* C 500 S 500 (2.1.3.2) Codes of Good Practice.

565  S 2 (d) BBBEE Act; *Balshaw/Goldberg*, S. 78.

566  *Osode*, S. 112.

567  *Business Report*, State's BEE policy contradictory, vom 06. Juni 2007; *Grogan*, S. 245; *Kennedy-Dubourdieu*, S. 158; *Ponte/Roberts/van Sittert*, S. 6.

568  Umfassend *Lester*, S. 14; *Osode*, S. 111.

569  *Innes/Kentridge/Perold*, S. 213; *Institutional Investor (International Edition)*, Making a Case: Black Economic Empowerment in Post-Apartheid South Africa, vom September 2004; *Reeves*, S. 1.

hinsichtlich ihres Ausbildungsniveaus hinken Frauen den Männern hinterher; im Jahr 1996 hatten 36% der weiblichen Haushaltsvorstände keine Schulbildung gegenüber nur 25% der männlichen Haushaltsvorstände. Nur 6% der weiblichen Haushaltsvorstände konnten Abitur vorweisen gegenüber 12% der männlichen Vergleichsgruppe.[570]

Dennoch sprechen gute Gründe für die Beschränkung der Förderung im Rahmen des *BBBEE* auf schwarze Frauen. Auch wenn Frauen allgemein in der Vergangenheit benachteiligt wurden, so weist die Benachteiligung von weißen Frauen doch einen wesentlichen strukturellen Unterschied zur Behandlung von Schwarzen durch die Politik der *Apartheid* auf.[571] Schwarze wurden zu Zeiten der *Apartheid* systematisch auf eine Art und Weise diskriminiert, die von den Vereinten Nationen als Verbrechen gegen die Menschlichkeit eingestuft wurde. Weiße südafrikanische Frauen hatten dagegen – wie auch die Frauen in vielen anderen Ländern – nur gegen die Vorurteile der männlichen Vertreter ihrer eigenen „Rasse" zu kämpfen. Rechtlich waren weiße Frauen den weißen Männern gleichgestellt.[572] Sie hatten Zugang zu den besten Bildungseinrichtungen des Landes und genossen die wirtschaftlich privilegierte Stellung der Weißen in Südafrika.[573] Auch leiden weiße Frauen in Südafrika im Gegensatz zu Frauen in anderen Ländern nur bedingt unter der Doppelbelastung von Familie und Beruf; für die Kinderbetreuung und den Haushalt standen – und stehen immer noch – billigste schwarze Arbeitskräfte zur Verfügung. Die Benachteiligung der weißen Frauen kann daher nicht mit dem Unrecht der *Apartheid* auf eine Stufe gestellt werden.[574]

Zudem ist eine Benachteiligung aufgrund des Geschlechts dann am gravierendsten, wenn sie mit einer Diskriminierung aufgrund der „Rasse" zusammentrifft.[575] Die *Employment Equity Commission* ist der Auffassung, dass sich die Lage der schwarzen Frauen – insbesondere der afrikanischen Frauen – in den letzten Jahren nicht verbessert, sondern noch weiter verschlechtert hat.[576] Die Arbeitslosenquote war von allen Bevölkerungsgruppen unter afrikanischen Frauen mit 56% im Jahr 2004 am höchsten.[577] Grund hierfür ist unter anderem, dass viele Arbeitgeber bei der Umsetzung allgemeiner Förderprogramme für *HDSA* weiße Frauen gegenüber schwarzen Frauen vorziehen. Sie sehen die Einstellung und Beförderung von weißen Frauen als das „geringere Übel" zur Um-

---

570 *O'Sullivan/Murray*, S. 5; vgl. dazu auch die Rede des Wirtschaftsministers Mandisi Mpahlwa bei der *TWIB Awards Ceremony 2005* sowie die Rede der stellvertretenden Wirtschaftsministerin Elizabeth Thabethe auf dem *SAWEN Meeting* im November 2005.

571 *Dupper*, Remedying the Past, S. 107.

572 *Kennedy-Dubourdieu*, S. 168.

573 *Wright*, S. 10.

574 Überzeugend *Qunta*, S. 19.

575 *DTI*, BBBEE Strategy, par. 2.6.5; *Commission for Employment Equity*, S. x.; *O'Sullivan/Murray*, S. 3; *Ramgolaam*, S. 1; *Wright*, S. 10.

576 Einzelheiten bei *Commission for Employment Equity*, S. ix; *Thomas/Robertshaw*, S. 4.

577 Dagegen waren nur 7% der weißen Männer ohne Arbeit: *Makgetla*, S. 47 ff.

setzung der rechtlichen Vorgaben an.[578] Diese Gefahr bestünde auch im Rahmen des *BBBEE*, wenn weiße Frauen zum Begünstigtenkreis zählen würden.

## II. Durchsetzung

Das *BBBEE* verlangt privaten Unternehmern und Arbeitgebern Opfer ab, die nicht von jedem gerne und freiwillig erbracht werden. Um dennoch eine Umsetzung des *BBBEE* durch die Unternehmen zu garantieren, ist ein wirkungsvoller Mechanismus zur Durchsetzung der Regelungen erforderlich.

### 1. Konzept zur Durchsetzung des *BBBEE*

#### a) Umsetzung des *BBBEE* als freie unternehmerische Entscheidung

Die Ziele des *BBBEE* können nur dann erreicht werden, wenn die gesamte Privatwirtschaft an dem Umgestaltungsprozess teilnimmt.[579] Eine Möglichkeit zur Durchsetzung des *BBBEE* wäre gewesen, die Einhaltung des *BBBEE Act* und der *Codes of Good Practice* verbindlich vorzuschreiben und ihre Nichtbeachtung unter Strafe zu stellen.[580] Im Rahmen des *EEA* wurde noch mit diesem konventionellen Konzept von direkten Sanktionen gearbeitet.[581] Sanktionen haben aber den Nachteil, dass sie einen direkten und schweren Eingriff in subjektive Rechte darstellen und daher politisch schwer durchzusetzen sind. Zudem nehmen manche Unternehmen lieber die Zahlung einer Geldbuße als Sanktion für die Nichterfüllung der rechtlichen Vorgaben in Kauf, als die Einhaltung der Vorschriften anzustreben. Dies ist für Unternehmen oft der einfachere und billigere Weg.[582] *Affirmative Action* Maßnahmen sollen aber keine zusätzliche Einnahmequelle für den Staat schaffen, sondern substantielle Gleichheit herstellen. Das *BBBEE* verfolgt daher einen neuartigen Ansatz: die Einhaltung der Anforderungen des *BBBEE* soll im Kern aufgrund einer freien unternehmerischen Entscheidung und nicht aufgrund staatlichen Zwangs erfolgen.[583] Dadurch soll die Akzeptanz des *BBBEE* in Wirtschaft und Gesellschaft erhöht und eine tatsächliche Förderung der früher benachteiligten Bevölkerungsgruppen erreicht werden.[584]

---

578  *Macewen/Louw/Dupper*, S. 210 ff.; *Kennedy-Dubourdieu*, S. 168.

579  *Osode*, S. 114.

580  *Nobin*, S. 13.

581  S 50 EEA; *Basson/Christianson/Garbers/le Roux/Mischke/Strydom*, S. 286.

582  Diese Verhaltensweise ist bei der Umsetzung des *EEA* zu beobachten; siehe 2. Kapitel C II 3 a (*Employment Equity Act 55 of 1998*).

583  Ausführlich *FW de Klerk Foundation*, 2006, S. 8; *Levy*, S. 2 f.; *The Sunday Independent*, BEE codes' stark choice: comply or go bust, vom 24. Dezember 2006.

584  *Business Report*, BEE codes pose a challenge, vom 1. November 2005.

Der *BBBEE Act* setzt dieses alternative Konzept zur Durchsetzung des *BBBEE* um.[585] Adressaten des *BBBEE* sind alle staatlichen Organe und öffentliche Körperschaften. Sie sind verpflichtet, den *BBBEE Act* und die *Codes of Good Practice* bei der Ausübung ihres Ermessens im Rahmen von Entscheidungen zu berücksichtigen.[586] Zu solchen Entscheidungen zählen insbesondere die Erteilung von Lizenzen, Konzessionen und Genehmigungen – gleich aufgrund welches Gesetzes – und die Vergabe von öffentlichen Aufträgen. Zudem müssen staatliche Stellen beim Eingehen von *Public Private Partnerships (PPPs)* und bei der Privatisierung von staatlichen Unternehmen den *BBBEE* Status der Bewerber in ihre Entscheidungen mit einfließen lassen.[587] Unternehmen werden sich also wesentlichen wirtschaftlichen Benachteiligungen in verschiedensten Bereichen ausgesetzt sehen, wenn sie die Anforderungen des *BBBEE* nicht erfüllen.[588] In Zukunft wird es schwierig werden, ohne Umsetzung des *BBBEE* in Südafrika wirtschaftlich tätig zu sein.[589]

Unternehmen werden daher trotz des Fehlens von direkten Sanktionen den Anforderungen des *BBBEE* weitgehend nachkommen.[590] Die wirtschaftliche Macht des Staates ist in Südafrika beträchtlich.[591] Der Staat und die öffentlichen Körperschaften tätigen ca. ein Drittel aller Ausgaben für Waren und Dienstleistungen in Südafrika.[592] Zudem spielen *Public Private Partnerships* in Südafrika eine immer größere Rolle.[593] Diese Hebel setzt der Staat nun ein, um sein politisches Ziel der Gleichberechtigung aller Bevölkerungsgruppen durchzusetzen.

b)    Mittelbarer Druck zur Umsetzung des *BBBEE*

Daneben betrifft das *BBBEE* auch Unternehmen, die keine direkten Geschäfte mit dem Staat tätigen und keine staatlichen Genehmigungen benötigen. Im Rahmen der „Säule" *Preferential Procurement* spielt der *BBBEE* Status der Lieferanten eines Unternehmens eine entscheidende Rolle. Über dieses Element wird der Druck zur Erfüllung der Anforderungen des *BBBEE* vom belieferten Unternehmen an seine Lieferanten weitergege-

---

585  Vgl. s 10 BBBEE Act.

586  *Osode*, S. 115 f.

587  *DTI*, BBBEE Strategy, par. 3.5.3.3.

588  Umfassend *Balshaw/Goldberg*, S. 83.

589  *The Sunday Independent*, BEE codes' stark choice: comply or go bust, vom 24. Dezember 2006.

590  *Nobin*, S. 13.

591  *Iheduru*, S. 10.

592  *FW de Klerk Foundation*, 2006, S. 23; *Namibia Law Society*, S. 22.

593  *PPPs* betreffen einige der größten Projekte des Landes; so wurde 2005 beispielsweise das von französischen Unternehmen dominierte Bombela-Konsortium mit dem Bau des *Gautrains* (Zugverbindung zwischen Johannesburg und Pretoria) in Höhe von etwa 20 Mrd. ZAR beauftragt. Dies ist das größte *PPP*-Projekt, das es auf dem afrikanischen Kontinent je gegeben hat. Dazu *Bfai*, Investitionsklima, S. 7.

ben.[594] In Industriebereichen mit großem staatlichem Einfluss ist dieser erwünschte „Kaskadeneffekt"[595] durchaus zu erwarten.[596]

Das folgende fiktive Beispiel erläutert, wie sich durch das Element *Preferential Procurement* die Wirkung des *BBBEE* ausbreiten kann. Ein staatliches Ministerium schreibt einen Großauftrag über die Lieferung und Installation von Computern aus. Maßgebliches Kriterium bei der Entscheidung, welcher Bewerber den Zuschlag erhält, wird in Zukunft auch der *BBBEE* Status der Bewerber sein. Unter anderem gibt auch das Unternehmen X ein Angebot ab. Um seine Chancen zu erhöhen, wird das Unternehmen X versuchen, einen möglichst hohen *BBBEE* Status zu erreichen. Es wird daher eine möglichst gute Bewertung für die verschiedenen Elemente auf der *Generic Scorecard* anstreben – unter anderem auch für das Element *Preferential Procurement*. Weiter unten in der Zulieferkette befindet sich eine Unternehmensberatung, die dem Unternehmen X ihre Beratungsdienstleistungen anbietet. Um auf der *Generic Scorecard* möglichst viele Punkte für das Element *Preferential Procurement* zu erzielen, wird das Unternehmen X von der Unternehmensberatung verlangen, dass sie einen möglichst hohen *BBBEE* Status nachweist. Diese Unternehmensberatung wird daher ebenfalls einen Blick auf ihren Bezug von Waren und Dienstleistungen werfen. Da die Reisekosten der Mitarbeiter einen großer Posten ihrer Ausgaben darstellen, wird die Unternehmensberatung Druck auf ihr Reisebüro ausüben.[597] Eine einzige staatliche Entscheidung kann also durch die „Säule" *Preferential Procurement* eine große Veränderung bewirken. Dieser Ansatz des *BBBEE* zur Durchsetzung der Regelungen ist daher grundsätzlich Erfolg versprechend.

c)     Schwachpunkte des Konzepts

Es gibt aber auch ganze Wirtschaftsbranchen, in denen dieses Modell zur Umsetzung des *BBBEE* nicht funktionieren wird. Ein Beispiel ist die Weinindustrie. Unternehmensinhaber und Manager sind in diesem Bereich fast ausschließlich Weiße. Der produzierte Wein ist größtenteils für den Export bestimmt oder wird von weißen Südafrikanern konsumiert. Der Staat hat kaum Möglichkeiten, auf die Weinindustrie mit den Durchsetzungsmechanismen des *BBBEE* Einfluss zu nehmen. Er spielt als Abnehmer des Produkts keine Rolle, so dass der „Kaskadeneffekt" des Elements *Preferential Procurement* nicht einsetzen wird. *PPPs* werden in der Weinindustrie nicht eingegangen und die Branche ist kaum staatlich reglementiert.

Zwar ist die Bedeutung der Weinindustrie – gemessen an der Zahl der in dieser Branche Beschäftigten und ihrem Beitrag zum Bruttoinlandsprodukt (BIP) – nicht groß. Eine faktische Ausklammerung dieses Wirtschaftsbereichs vom *BBBEE* scheint daher auf

---

594   Einzelheiten bei *Balshaw/Goldberg*, S. 25; *Business Day*, Companies engaging in BEE do not have to give away anything, vom 22. November 2006; *Nobin*, S. 13; *Woolley*, S. 71.

595   *Ponte/Roberts/van Sittert*, S. 42.

596   *Economist*, The way to BEE, vom 23. Dezember 2006.

597   Ein ähnliches Beispiel findet sich bei *Balshaw/Goldberg*, S. 25 f.

den ersten Blick nicht besonders alarmierend. Die Weinindustrie war jedoch immer ein Paradebeispiel für die Macht der Weißen und die Ausbeutung der schwarzen Bevölkerung. Sie war international berüchtigt für ihre harten Arbeitsbedingungen, niedrigen Löhne und rassistischen weißen Winzer. Es wäre daher für das Selbstwertgefühl der Schwarzen – und für das Image des „Neuen Südafrikas" im Ausland – wichtig, den Schwarzen auch den Zugang zu diesem Wirtschaftsbereich zu ermöglichen.[598]

Daneben existieren branchenübergreifend bestimmte Arten von Unternehmen, die sich wegen ihrer Käuferzielgruppe nicht dem Druck zur Umsetzung des *BBBEE* ausgesetzt sehen werden. Beispiele hierfür sind Einzelhändler, die ihre Waren ausschließlich an Privatleute verkaufen,[599] und Unternehmen, die nur für den Exportmarkt produzieren.[600] Diese Unternehmen machen zusammen 20 bis 30% der Unternehmen in Südafrika aus.[601] Die faktische Ausklammerung dieser Unternehmen vom Anwendungsbereich des *BBBEE* würde daher die bezweckte Umgestaltung der südafrikanischen Wirtschaft bedrohen.

Die südafrikanische Regierung hofft auf die Unterstützung aus der Bevölkerung, um das *BBBEE* auch in diesen faktisch ausgeklammerten Bereichen durchzusetzen. Die Öffentlichkeit soll die Privatwirtschaft anhalten, die Anforderungen des *BBBEE* freiwillig zu erfüllen.[602] Dahinter steckt die Idee, dass Verbraucher – insbesondere die wachsende schwarze Mittelklasse [603] – in Zukunft in ihre Kaufentscheidungen den *BBBEE* Status eines Unternehmens mit einbeziehen werden.[604] Das *BBBEE* soll zu einem Marketingthema werden. Dieser Ansatz zeigt bereits erste Wirkungen, denn viele Unternehmen werben schon damit, *black empowered* zu sein.[605] Sie wollen sich dadurch in der Öffentlichkeit von ihren Wettbewerbern abheben und damit letztlich ihren Absatz steigern.

## 2.   Bewertung der Unternehmen

Wie kann ein Unternehmen seinen *BBBEE* Status gegenüber seinen Kunden und staatlichen Stellen verlässlich nachweisen? Wesentlich für die effektive Durchsetzung des *BBBEE* ist ein einheitliches und nachvollziehbares System für die Beurteilung von Un-

---

598  *Ponte/Roberts/van Sittert*, S. 44 f.

599  *Business Day*, Companies engaging in BEE do not have to give away anything, vom 22. November 2006.

600  *Cliffe Dekker*, S. 6.

601  *Business Day*, Interview with DTI Deputy Director General Lionel October, vom 1. Februar 2007.

602  *Adam*, Politics of Redress, S. 236.

603  *African Business*, Black Consumer Power, vom Juni 2006; *Bfai*, Schwarze Mittelschicht, S. 1; *Business Report*, Government grappling with the success of empowerment, vom 2. November 2006.

604  So *Balshaw/Goldberg*, S. 19; kritisch *Tinarelli*, S. 8.

605  Vgl. statt vieler die Website von DaimlerChrysler (http://www.daimlerchrysler. com/dccom) [zuletzt abgerufen am 20. August 2007].

ternehmen.[606] Die *Codes of Good Practice* sehen daher vor, dass unabhängige Prüfstellen durch das *South African National Accreditation System (SANAS)*[607] zugelassen werden.[608] Diese Prüfstellen sollen den *BBBEE* Status eines Unternehmens bewerten und ein entsprechendes Zertifikat als Nachweis ausstellen.[609]

Der Wirtschaftsminister kündigte im Dezember 2006 zwar an, dass die *Codes of Good Practice* auch Raum für eine von den Unternehmen selbst durchgeführte Bewertung lassen würden. Die im Februar 2007 veröffentlichte endgültige Fassung der *Codes* schweigt jedoch zu diesem Punkt. Dies lässt darauf schließen, dass der Vorschlag des Wirtschaftsministers nicht umgesetzt wurde und die Bewertung durch externe Prüfstellen der einzig zulässige Weg ist.[610]

Die externe Überprüfung aller vom *BBBEE* betroffenen Unternehmen bedeutet einen immensen zeitlichen und finanziellen Aufwand. In Südafrika müssen schätzungsweise 1,2 Mio. Unternehmen in nächster Zeit bewertet werden. Da bisher noch nicht einmal Prüfstellen zugelassen wurden, wird es zu großen Verzögerungen im Bewertungsprozess kommen. Die gesamte Umsetzung des *BBBEE* wird dadurch verlangsamt. Zudem müssen die Kosten für die Bewertung durch die Prüfstellen von den Unternehmen selbst getragen werden. Insbesondere für kleine Unternehmen bedeutet dies eine erhebliche finanzielle Belastung.[611]

### III.    Sonderregelungen und Ausnahmen vom Anwendungsbereich

Ein Grundprinzip des *BBBEE* ist es, dass alle in Südafrika tätigen Unternehmen am Prozess des *BBBEE* teilnehmen sollen.[612] Dennoch sind in den *Codes of Good Practice* einige Sonderregelungen und eine Ausnahme vom Anwendungsbereich des *BBBEE* vorgesehen.

### 1.    *Exempted Micro Enterprises* und *Qualifying Small Enterprises*

Die Regierung hat die Förderung von Kleinst- und Kleinunternehmen als wesentlich für die Bekämpfung der Arbeitslosigkeit und die Dezentralisierung der Wirtschaft identifi-

---

606  *Business Report*, Black executives score most points, vom 2. November 2005.

607  Schedule 1 Part 2 Codes of Good Practice; bei der *SANAS* handelt es sich um eine Gesellschaft nach s 21 Companies Act, die an das *DTI* angegliedert ist.

608  C 000 S 000 (10.3) Codes of Good Practice.

609  *Balshaw/Goldberg*, S. 92 ff.

610  *Cliffe Dekker*, S. 65.

611  *Janisch*, S. 59 f.

612  *DTI*, BBBEE Strategy, par. 3.4.2.

ziert.[613] Viele dieser kleinen Unternehmen kämpfen mit Finanzierungs- und Kapazitätsproblemen; sie haben schon jetzt Schwierigkeiten, mit großen Unternehmen zu konkurrieren.[614] Um Kleinstunternehmen (*Exempted Micro Enterprises, EMEs*) nicht mit weiteren gesetzlichen Anforderungen zu belasten und damit ihre Wettbewerbsfähigkeit zu beeinträchtigen, sind sie vollständig vom Anwendungsbereich des *BBBEE* ausgenommen.[615] Den privilegierten Status von *EMEs* genießen Unternehmen, deren jährlicher Umsatz maximal 5 Mio. ZAR beträgt.[616] Dieser Schwellenwert wurde gegenüber dem Entwurf der *Codes of Good Practice* auf Drängen der Wirtschaft deutlich angehoben, damit noch mehr Unternehmen von der Ausnahmeregelung profitieren.[617] Neu gegründete Unternehmen werden im ersten Jahr nach ihrer Gründung unabhängig von ihrem erwirtschafteten Gewinn als *EMEs* behandelt.[618] Diese Regelung soll die Gründung neuer Unternehmen erleichtern und dadurch mittelbar die Schaffung von Arbeitsplätzen fördern.[619]

Auch wenn *EMEs* damit vom direkten Anwendungsbereich des *BBBEE* ausgenommen sind, könnten sie doch indirekt durch die „Säule" *Preferential Procurement* vom *BBBEE* betroffen sein. Beliefert ein *EME* ein größeres Unternehmen mit Waren oder Dienstleistungen, so spielt der *BBBEE* Status des *EME* für die Bewertung des belieferten Unternehmens im Rahmen des Elements *Preferential Procurement* eine Rolle. Das *EME* sähe sich daher dem Druck seiner Vertragspartner ausgesetzt, die Anforderungen des *BBBEE* zu erfüllen. Um diese unerwünschte Situation zu vermeiden, sehen die *Codes of Good Practice* eine Sonderbehandlung von *EMEs* im Rahmen der Zulieferkette vor: *EMEs* werden insoweit behandelt, als ob sie die Anforderungen des *BBBEE* zu 100% erfüllten.[620]

Kleinunternehmen, deren jährlicher Umsatz zwischen 5 und 35 Mio. ZAR beträgt, werden als *Qualifying Small Enterprises (QSE)* bezeichnet.[621] Auf *QSEs* ist das *BBBEE* zwar anwendbar – jedoch mit einigen Modifikationen.[622] *QSEs* müssen nicht alle sieben

---

613 In Südafrika sind die meisten Großunternehmen in wenigen Industrieregionen angesiedelt: 25% des südafrikanischen BIP entfallen allein auf die Region Gauteng (Großraum Johannesburg und Pretoria); dazu *Bfai*, Investitionsklima, S. 4; *Ponte/Roberts/van Sittert*, S. 20 m.w.N.

614 Einzelheiten bei *van der Nest*, S. 43 f.

615 *DTI*, Presseveröffentlichung vom 14. Dezember 2006.

616 C 000 S 000 (4.1) Codes of Good Practice.

617 *Business Report*, Diluted BEE codes start next year, vom 15. Dezember 2006.

618 C 000 S 000 (6.1) Codes of Good Practice.

619 *Cliffe Dekker*, S. 7.

620 Dies entspricht einem *BBBEE* Status der Stufe 4: C 000 S 000 (4.2) Codes of Good Practice. Will das *EME* einen noch höheren *BBBEE* Status erzielen, so muss es die Anforderungen des *BBBEE* wie jedes andere Unternehmen erfüllen. Dazu *Business Report*, BEE stays a pipe dream unless SA blacks out fronts, vom 28. Januar 2007.

621 C 000 S 000 (5.1), C 800 S 800 (1.2) und Schedule 1 Part 2 Codes of Good Practice.

622 *DTI*, Interpretive Guide, S. 93 ff.

„Säulen" des *BBBEE* erfüllen; sie können vier der sieben Elemente auswählen, nach denen sie bewertet werden möchten.[623] Dies stellt jedoch nur auf den ersten Blick eine wesentliche Erleichterung dar. Viele *QSEs* sind Einmann- oder Familienunternehmen. Sie können die Elemente *Employment Equity* und *Skills Development* nicht umsetzen, da sie keine Angestellten beschäftigen. Ist der Unternehmensinhaber bzw. die Inhaberfamilie nicht schwarz, so steht auch die „Säule" *Ownership* nicht zur Wahl. Das *QSE* muss dann notwendigerweise nach den verbleibenden vier Elementen beurteilt werden.[624]

Durch diese Regelungen für *EMEs* und *QSEs* wird die Umgestaltung der Wirtschaft durch das *BBBEE* nicht wesentlich gefährdet. Zwar wird eine beträchtliche Anzahl von Unternehmen vom Anwendungsbereich des *BBBEE* ganz oder teilweise ausgenommen; 88% der Unternehmen in Südafrika fallen unter die Definition der *EMEs* und 10% sind *QSEs*.[625] Diese Unternehmen liefern jedoch nur einen kleinen Beitrag zum Bruttoinlandsprodukt.[626] *EMEs* sind nur für 10% des BIP verantwortlich, *QSEs* tragen lediglich 20% zum BIP Südafrikas bei.[627] Die mittelständischen Unternehmen und die Großunternehmen, auf die das *BBBEE* vollumfänglich anwendbar ist, machen zwar nur 2% aller wirtschaftlich tätigen Unternehmen aus; sie liefern jedoch den weitaus größten Beitrag zum BIP Südafrikas.[628]

## 2. Internationale Unternehmen

Die Behandlung von internationalen Unternehmen[629] im Rahmen des *BBBEE* wurde in Politik und Wirtschaft vor der Veröffentlichung der endgültigen Fassung der *Codes of Good Practice* kontrovers diskutiert. Viele Stimmen plädierten für eine Ausnahme von manchen Elementen des *BBBEE* für internationale Unternehmen.[630] Hintergrund war die Befürchtung, dass diese Unternehmen sich ansonsten aus Südafrika zurückziehen könnten und dem Land damit wichtige ausländische Investitionen verloren gingen.[631]

---

623 C 000 S 000 (5.2) und C 800 S 800 (1.3.2) Codes of Good Practice; *Business Report*, Diluted BEE codes start next year, vom 15. Dezember 2006.

624 Umfassend *Cliffe Dekker*, S. 11.

625 *Business Report*, BEE stays a pipe dream unless SA blacks out fronts, vom 28. Januar 2007.

626 *DTI*, Presseveröffentlichung vom 14. Dezember 2006.

627 *Business Report*, BEE stays a pipe dream unless SA blacks out fronts, vom 28. Januar 2007.

628 *DTI*, Presseveröffentlichung vom 14. Dezember 2006.

629 Unter internationalen Unternehmen *(multinationals)* versteht man Unternehmen mit Firmensitz im Ausland, die sowohl in Südafrika wie auch in anderen Ländern Betriebsstätten unterhalten: Schedule 1 Part 2 Codes of Good Practice.

630 Ausführlich *du Plessis/Mapongwana*, S. 24.

631 *Africa Monitor: Southern Africa*, BEE Takes Centre Stage, vom März 2004; *Bfai*, Auslandsinvestoren, S. 2; *Janisch*, S. 30.

Mit nur 1,5% ausländischen Direktinvestitionen (ADI) gemessen am BIP bleibt Südafrika schon jetzt hinter dem Niveau vergleichbarer Schwellenländer zurück.[632]

Ausländischen Unternehmen fällt es insbesondere schwer, die „Säule" *Ownership* umzusetzen.[633] Die Anteile der Tochtergesellschaften müssen oft aufgrund einer welt-
weiten Konzernstrategie zu 100% in den Händen der ausländischen Muttergesellschaft
verbleiben.[634] Die südafrikanischen Tochtergesellschaften können daher keine Anteile
an Schwarze veräußern. Zur Lösung dieses Konflikts sehen die *Codes of Good Practice*
eine Sonderregelung für internationale Unternehmen vor, die einer solchen Konzernstrategie unterliegen:[635] sie können unter gewissen Bedingungen auch ohne die Übertragung von Anteilen an Schwarze Punkte für das Element *Ownership* erzielen.[636]

Eine Möglichkeit ist die Leistung von *Equity Equivalents*. Dabei handelt es sich um Er-
satzleistungen, die in bestimmte öffentliche Programme zur Förderung von Schwarzen
fließen.[637] Der Zielwert für *Equity Equivalents* beträgt 25% der jährlichen Geschäftstätigkeit des internationalen Unternehmens in Südafrika.[638] Alternativ kann ein Unternehmen auch 4% der jährlichen Gesamteinkünfte aus seinen Geschäften in Südafrika
zahlen.[639] Der Betrag kann entweder als Einmalzahlung im Voraus oder jährlich über
einen Zeitraum von zehn Jahren investiert werden.[640] Der Zielwert für diese *Equity
Equivalents* ist sehr hoch angesetzt und bedeutet eine große finanzielle Belastung für
die Unternehmen.[641] Es bleibt daher abzuwarten, wie viele internationale Unternehmen
von dieser Sonderregelung tatsächlich Gebrauch machen werden.

Anstatt der Leistung von *Equity Equivalents* können internationale Unternehmen auch
Anteile an der ausländischen Muttergesellschaft an schwarze Südafrikaner veräußern.[642]
Diese Sonderregelung wird als *Offshore Equity* bezeichnet. Die Beteiligung von
Schwarzen an der Muttergesellschaft wird für das Element *Ownership* als Beteiligung

---

632  *Bfai*, Investitionsklima, S. 4.

633  *Barclay*, S. 34; *Business Report*, Few European firms in SA see benefits in BEE, vom 30. November
     2006; *ders.*, Empowerment laws worry German SMEs, vom 16. November 2006; *ders.*, BMW SA
     puts pressure on government for incentives, vom 30. Juni 2005.

634  *Bfai*, Investitionsklima, S. 4; *du Plessis/Mapongwana*, S. 24; *Janisch*, S. 2.

635  C 100 S 103 (3.6) Codes of Good Practice.

636  *Business Report*, Diluted BEE codes start next year, vom 15. Dezember 2006; *Webb/Lalu*, S. 1 f.

637  Die Programme müssen vom Wirtschaftsministerium anerkannt worden sein; Beispiele hierfür sind
     die *AsgiSA* oder die *Joint Initiative for Priority Skills (JIPSA)*: C 100 S 103 (3) Codes of Good Practi-
     ce; *DTI*, Interpretive Guide, S. 50; *Legal week*, A clearer Future, vom 26. Oktober 2006.

638  C 100 S 103 (4.2.1) Codes of Good Practice.

639  C 100 S 103 (4.2.2) Codes of Good Practice.

640  *Cliffe Dekker*, S. 20.

641  Dies deutet an *Webb/Lalu*, S. 1 f.

642  C 100 S 103 (6.3) Codes of Good Practice.

von Schwarzen am südafrikanischen Tochterunternehmen gewertet.[643] Internationale Konzerne können so ohne Verstoß gegen die verbindliche Konzernstrategie Punkte für das Element *Ownership* erhalten. 100% der Anteile an der Tochtergesellschaft werden auch weiterhin von der ausländischen Muttergesellschaft gehalten. Die Übertragung von Anteilen an Schwarze findet auf der Ebene der Muttergesellschaft statt. Es ist zweifelhaft, ob ausländische Konzerne von dieser Sonderregelung Gebrauch machen werden. Das Management der ausländischen Muttergesellschaft hat häufig kein Verständnis für die Belange des *Black Economic Empowerment* in Südafrika. *BBBEE* wird als rein südafrikanisches Thema angesehen mit dem sich die Tochtergesellschaft eigenständig auseinandersetzen muss.[644]

## 3.  Keine Ausnahmeregelung für Einzelfälle

Neben den soeben geschilderten Ausnahmen und Sonderregelungen sehen die *Codes of Good Practice* keine Möglichkeit vor, einzelne Unternehmen oder ganze Wirtschaftsbereiche von dem Anwendungsbereich des *BBBEE* ganz oder teilweise auszuklammern. Auch *Sector Codes* eröffnen Industriebranchen keine Möglichkeit, von einzelnen Elementen der *Generic Scorecard* ausgenommen zu werden. Voraussetzung für die Anerkennung einer *Transformation Charter* als *Sector Codes* ist, dass sie alle Elemente der *Generic Scorecard* enthält.[645] *Sector Codes* können daher nur weitere Elemente in die *Generic Scorecard* aufnehmen,[646] nicht aber einzelne Elemente streichen oder ersetzen.[647]

Eine unterschiedslose Anwendung der Vorschriften des *BBBEE* auf alle Industriebereiche und Unternehmenstypen würde aber den unterschiedlichen Gegebenheiten nicht gerecht. Um diesem Vorwurf zu entgehen, enthalten die *Codes of Good Practice* eine Vielzahl von komplizierten Sondervorschriften. Die Regierung möchte damit in den *Codes of Good Practice* alle denkbaren Sonderkonstellationen regeln und dadurch die Zulassung von Ausnahmen in Einzelfällen entbehrlich machen. Es ist jedoch unmög-

---

643  *Cliffe Dekker*, S. 20.

644  Einzelheiten bei *Business Report*, T-Systems ups empowerment stake to 30%, vom 31. Mai 2007.

645  C 000 S 003 (3.1.2) Codes of Good Practice.

646  C 000 S 003 (3.1.6) Codes of Good Practice.

647  Diese Regelung schränkt die Vorteile, die *Sector Codes* für Wirtschaftsbranchen bieten, deutlich ein. Am Beispiel der Automobilbranche lässt sich dies illustrieren: die meisten der in Südafrika tätigen Automobilhersteller sind internationale Unternehmen. Aufgrund verbindlicher Konzernvorgaben ist es ihnen oft nicht möglich, Anteile am Unternehmen an Schwarze zu veräußern; viele Unternehmen wären aber bereit, Schwarze stattdessen verstärkt im Rahmen der Händlerorganisation einzubinden. Für die Automobilindustrie wäre daher eine Ersetzung des Elements *Ownership* durch ein Element *Dealerships* im Rahmen von *Sector Codes* eine attraktive Alternative zur *Generic Scorecard*. Ein solcher Austausch eines Elements in *Sector Codes* ist jedoch unzulässig. Das Element *Dealerships* könnte nur als zusätzliches Element – neben den anderen sieben Elementen – in die *Generic Scorecard* aufgenommen werden.

lich, alle denkbaren Fallkonstellationen zu antizipieren. Zudem werden die *Codes* durch die vielen Sonderregelungen unnötig kompliziert.[648]

Sinnvoller wäre es, wenn die *Codes of Good Practice* das Wirtschaftsministerium oder eine andere geeignete staatliche Stelle ermächtigen würden, in begründeten Einzelfällen Ausnahmen vom *BBBEE* zuzulassen.[649] Eine solche Regelung würde eine inhaltlich bedeutsame Umsetzung des *BBBEE* nicht gefährden – im Gegenteil: die starre Anwendung der Vorschriften des *BBBEE* auf alle Unternehmen in allen Wirtschaftsbereichen leistet Umgehungspraktiken Vorschub und schadet damit dem Grundgedanken des *BBBEE*.

## IV. Umgehungsmechanismen *(Fronting)*

*Fronting* – umgangssprachlich auch als *rent-a-black* bezeichnet – beschreibt Vorgehensweisen, bei denen Schwarze ihre Gesichter an weiße Unternehmen „verleihen".[650] Sie sollen dem Unternehmen eine künstliche schwarze „Fassade" geben. So erfüllt das Unternehmen formal die Anforderungen des *BBBEE* und kann von den damit zusammenhängenden Vorteilen profitieren. Ein wesentliches Prinzip des *BBBEE* ist jedoch der Grundsatz *substance over form*;[651] dieses Prinzip wird durch *Fronting* unterlaufen, denn Umgehungsmechanismen verhindern, dass die Ziele des *BBBEE* tatsächlich erreicht werden. Es findet kein Wissenstransfer statt, Schwarze erlangen keine praktische Erfahrung in der Wirtschaft und das Wirtschaftswachstum wird nicht gefördert.[652] Die Regierung versucht daher, dem *Fronting* entgegen zu wirken.[653]

Wie schwierig es ist, das Thema *Fronting* rechtlich in den Griff zu bekommen, zeigt sich schon daran, dass die endgültige Fassung der *Codes of Good Practice* vom Februar 2007 noch keine Aussagen zur Behandlung dieses Aspekts enthält.[654] Der Entwurf der *Codes of Good Practice* wies zwar detaillierte Regelungen zum *Fronting* auf; dieser

---

648 *Barclay*, S. 34.

649 Eine solche Regelung wäre auch rechtlich zulässig. Zwar sieht der *BBBEE Act* den Erlass von Ausnahmeregelungen für Einzelfälle nicht ausdrücklich vor; der Wirtschaftsminister wird jedoch in s 14 BBBEE Act ermächtigt, Vorschriften „hinsichtlich aller Umstände zu erlassen, deren Regelung notwendig ist [...], um die tatsächliche Umsetzung des Act zu gewährleisten." Diese Ermächtigung würde auch eine Regelung in den *Codes of Good Practice* umfassen, nach der in begründeten Einzelfällen eine Ausnahmeregelung für bestimmte Unternehmen oder Industriebereiche durch das Wirtschaftsministerium getroffen werden darf. Dazu *Barclay*, S. 34.

650 *Finweek*, Issues facing BEE partners, vom 24. August 2006.

651 C 000 S 000 (2.1) Codes of Good Practice; *Finweek*, Issues facing BEE partners, vom 24. August 2006; *Leon/Williams*, S. 4.

652 *Finweek*, The implications of Broad-based BEE, vom 24. August 2006; *van der Nest*, S. 73.

653 "Meaningful participation of black people in the economy" ist nach s 2 (a) BBBEE Act ein wesentliches Ziel des *BBBEE*. Dazu *Janisch*, S. 29.

654 *Business Report*, BEE stays a pipe dream unless SA blacks out fronts, vom 28. Januar 2007.

Teil der vom Wirtschaftsministerium entworfenen *Codes* wurde vom Kabinett im Dezember 2006 jedoch nicht verabschiedet, sondern an das Ministerium zur Überarbeitung zurückverwiesen.[655] Im Juli 2007 veröffentlichte das Wirtschaftsministerium schließlich überarbeitete Richtlinien zur Behandlung von *Fronting*.

## 1. Definition

Die *Guidelines on Complex Structures & Transactions, and Fronting* definieren *Fronting* als „willentliche – vollendete oder versuchte – Umgehung des *BBBEE Act* oder der *Codes of Good Practice*". Zur genaueren Definition enthalten die Richtlinien eine abschließende Aufzählung der umfassten Umgehungsmechanismen: *Fronting* erfolgt demnach durch *Window-dressing*, durch Gewinnumlenkung und durch die Einschaltung von opportunistischen Mittelsmännern.[656]

Unter *Window-dressing* fallen Vorgehensweisen, bei denen Schwarze im Zuge einer „Alibipolitik" zwar in ein Unternehmen integriert werden; gleichzeitig werden sie aber entmutigt oder sogar davon abgehalten, ihren formellen Aufgabenbereich tatsächlich wahrzunehmen oder bei den Kernaktivitäten des Unternehmens mitzuwirken. Zur Gewinnumlenkung zählen Praktiken, bei denen die wirtschaftlichen Vorteile aus dem *BBBEE* Status eines Unternehmens nicht in dem Maße an Schwarze weitergegeben werden, wie es in den rechtlich relevanten Berichten dokumentiert ist. Bei der Einschaltung von opportunistischen Mittelsmännern wird schließlich der vorteilhafte *BBBEE* Status des Mittelsmannes unzulässigerweise zum Vorteil für das eigene Unternehmen ausgenutzt.[657]

## 2. Gründe

Die Gründe für *Fronting* sind vielfältig. Manche Unternehmen wenden Umgehungsmechanismen an, weil sie *Black Economic Empowerment* als reinen Kostenfaktor ansehen und die dahinter stehenden Ideale nicht unterstützen.[658] *Fronting* stellt für diese Unternehmen eine schnelle und kostengünstige Möglichkeit dar, formal die rechtlichen Anforderungen zu erfüllen. Andere Unternehmen wiederum führen den Zeitdruck als Grund für *Fronting* an; innerhalb der kurzen Zeit, die zur Umsetzung der vielfältigen neuen rechtlichen Anforderungen angesetzt sei, wäre es ihnen nicht möglich, substantielles *Black Economic Empowerment* durchzuführen.

---

655  *DTI*, Presseveröffentlichung 14. Dezember 2006.

656  *DTI*, Guidelines on Complex Structures & Transactions, and Fronting, Section B, S. 6.

657  *DTI*, Guidelines on Complex Structures & Transactions, and Fronting, Section B, S. 6.

658  Siehe im Einzelnen *Business Report*, Ladies and gentlemen, the ingenious fronting awards for 2004, vom 30. Januar 2005.

Viele Unternehmen beklagen auch, dass nicht genügend gut ausgebildete und beruflich erfahrene Schwarze zur Verfügung stünden.[659] Dies erschwere eine Umsetzung der „Säulen" *Employment Equity* und *Management Control*.[660] Den Unternehmen bliebe keine andere Wahl, als *Fronting* zu praktizieren.[661] Von dem Mangel an qualifizierten schwarzen Bewerbern sind die Industriebereiche unterschiedlich stark betroffen. Eine stetig wachsende Anzahl von Schwarzen kann ein abgeschlossenes Studium in den Bereichen Sozial- und Geisteswissenschaften vorweisen.[662] Dagegen besteht ein akuter Mangel an schwarzen Ingenieuren und Technikern;[663] jährlich schließen in Südafrika insgesamt nur ca. 1.200 Studenten erfolgreich ein Ingenieurstudium ab [664] – nur 36% davon sind Schwarze.[665] Dies lässt sich unter anderem darauf zurückführen, dass das Bildungssystem für Schwarze zu Zeiten der *Apartheid* kaum naturwissenschaftliche Kenntnisse vermittelte.[666] Schwarze schrecken daher noch heute vor den Ansprüchen eines naturwissenschaftlichen Studiums zurück. Zudem haben Ingenieure auch auf den Arbeitsmärkten anderer Länder gute Chancen und wandern deshalb verstärkt aus.[667] Unternehmen mit einem hohen Bedarf an qualifizierten technischen Fachkräften werben verzweifelt um die wenigen schwarzen Absolventen von Ingenieursstudiengängen. Anwaltskanzleien fällt es dagegen leichter, die Zielwerte des *BBBEE* zu erreichen.[668]

Das größte Hindernis für die inhaltlich bedeutungsvolle Umsetzung des Elements *Ownership* ist der Mangel an „schwarzem" Kapital. Schwarze verfügen nicht über das notwendige Vermögen, um Anteile an Unternehmen zu erwerben. Sie können auch nicht die notwendigen Sicherheiten stellen, um Kredite für die Finanzierung des Anteilserwerbs zu erhalten. Auf diese Problematik und mögliche Auswege wird im nächsten Kapitel ausführlich eingegangen.[669]

Auch die Schwarzen tragen ihren Teil zum *Fronting* bei. Wären nicht einige Schwarze bereit, sich für Umgehungsmechanismen zur Verfügung zu stellen, so könnten weiße Unternehmen diesen Ausweg aus dem *BBBEE* nicht wählen. Schwarze willigen aus verschiedenen Gründen in diese Umgehungspraktiken ein. Ein wesentliches Motiv ist das dem Menschen innewohnende Streben nach schnellem und einfachem Reichtum. Viele der früher Benachteiligten sind der Meinung, dass sie einen Anspruch auf soforti-

---

659  Ausführlich *Alexander, N.*, S. 5; *Fobanjong*, S. 166 f.; *Iheduru*, S. 20.

660  *Bfai*, Investitionsklima, S. 4.

661  Kritisch *Dupper*, Affirmative Action, S. 156.

662  *IEASA*, S. 16.

663  *FW de Klerk Foundation*, 2006, S. 24.

664  *Dataweek*, Siemens tackles South Africa's skills shortage, vom 04. April 2007.

665  *FW de Klerk Foundation*, S. 27. Andere Quellen nennen sogar noch niedrigere Prozentsätze.

666  *Spierenburg/Wels*, S. 9; *van Rooyen*, S. 25.

667  *Adam*, Colour of Business, S. 1.

668  In diese Richtung *Millard*, BEE, S. 37 f. Es herrscht lediglich ein Mangel an schwarzen Anwälten, die Wirtschaftsrecht praktizieren: *Millard*, Managing BEE, S. 4 f.

669  Siehe 4. Kapitel A II (Spannungsverhältnis zwischen dem *BBBEE* und s 38 Companies Act a.F.).

ge Teilhabe am Wohlstand haben. Hierbei denken sie nur an sich selbst und an ihre Familie, ohne das Wohl der gesamten schwarzen Bevölkerung im Auge zu behalten.[670]

Schließlich wird auch der Regierung Mitschuld am praktizierten *Fronting* vorgeworfen. Das Fehlen einer klaren und richtungweisenden *BEE* Politik sowie einer strukturierten Koordinierung der verschiedenen Anstrengungen hätte dazu geführt, dass die Privatwirtschaft keine nachhaltige und inhaltlich bedeutungsvolle Eingliederung von Schwarzen in die Wirtschaft vornehmen konnte.[671] Seit Initiierung des *BBBEE* kann der Regierung dieser Vorwurf jedoch nicht mehr gemacht werden.

## 3.    Rechtliche Behandlung

Die vom Wirtschaftsministerium veröffentlichten Richtlinien identifizieren elf verschiedene Indikatoren für *Fronting*.[672] Unter anderem deutet es auf *Fronting* hin, wenn schwarze Anteilsinhaber, Vorstandsmitglieder oder Manager keine Kenntnis von ihrer Rolle innerhalb des Unternehmens haben.[673] Die Prüfstellen, die zuständigen Mitarbeiter für die Vergabe von öffentlichen Aufträgen sowie alle weiteren staatlichen Entscheidungsträger sollen einen Verdacht von *Fronting* sofort dem Wirtschaftsministerium melden. Zuvor ist dem verdächtigten Unternehmen jedoch eine Gelegenheit zur Stellungnahme einzuräumen.

Kann das Unternehmen keine zufrieden stellende Erklärung für die besorgniserregenden Umstände liefern, so führt das Wirtschaftsministerium eine umfassende Untersuchung durch. Bestätigt sich der Verdacht, so kann das Wirtschaftsministerium die gesamte *Scorecard* des Unternehmens vorübergehend außer Kraft setzen bis das Unternehmen die Umgehungsmechanismen abgestellt hat. Das Unternehmen wird damit hinsichtlich des *BBBEE* Status als *Non-compliant Contributor* eingestuft. Zudem führt das Wirtschaftsministerium eine Datenbank mit allen Unternehmen, die *Fronting* praktizieren oder praktiziert haben.[674] Auf die Rechtsfolgen eines Eintrags in diese Datenbank wird in den Richtlinien des Wirtschaftsministeriums zum *Fronting* jedoch nicht näher eingegangen.

---

670  Kritisch *van der Nest*, S. 74.

671  *BEE Commission*, S. 35.

672  Damit wurde die Regelung gegenüber dem Entwurf der *Codes of Good Practice* deutlich vereinfacht. Dort wurde noch zwischen Indikatoren für ein hohes Risiko und Indikatoren für ein gemäßigtes Risiko von *Fronting* unterschieden. Für jeden Indikator erhielt ein Unternehmen eine bestimmte Anzahl von Strafpunkten; abhängig von der Gesamtsumme dieser Strafpunkte drohten dem Unternehmen bestimmte Sanktionen (C 000 S 001 des Entwurfs der Codes of Good Practice).

673  *DTI*, Guidelines on Complex Structures & Transactions, and Fronting, Section B, S. 7.

674  *DTI*, Guidelines on Complex Structures & Transactions, and Fronting, Section B, S. 9; *DTI*, Interpretive Guide, S. 23.

## 4. Kapitel    Verhältnis des *BBBEE* zu anderen Regelungen

Das *BBBEE* ist ein vielschichtiges Programm, das verschiedenste Rechtsgebiete berührt; diese Rechtsgebiete werden teilweise auch durch andere rechtliche Vorschriften geregelt. Der *BBBEE Act* und die *Codes of Good Practice* könnten daher mit anderen nationalen Rechtsvorschriften und internationalen Übereinkommen kollidieren.[675] Es wird zunächst ein Widerspruch des *BBBEE* zu anderen nationalen Gesetzen geprüft. Anschließend wird auf das Verhältnis des *BBBEE* zu internationalen Übereinkommen eingegangen.

## A    Spannungsverhältnis zwischen dem *BBBEE* und anderen nationalen Gesetzen

An Beispielen soll gezeigt werden, dass das *BBBEE* nicht im „luftleeren Raum" erschaffen wurde, sondern sich in das System des nationalen Rechts einfügen muss. Berührungspunkte mit anderen nationalen Gesetzen lassen sich nicht vermeiden. Die Überschneidungen bedrohen die wirksame Umsetzung des *BBBEE* nicht – solange sie erkannt und bestehende Widersprüche zwischen den Gesetzen gelöst werden.

## I.    *Affirmative Action* Gesetze

Nahe liegend ist ein Konflikt des *BBBEE* mit anderen *Affirmative Action* Gesetzen wie dem *Skills Development Act* und dem *Preferential Procurement Policy Framework Act*. Sowohl das Element *Skills Development* des *BBBEE*[676] als auch der *Skills Development Act* regeln die Vermittlung von beruflichen Fähigkeiten. Der Entwurf der *Codes of Good Practice* erwähnte noch mit keinem Wort, in welchem Verhältnis die *Codes of Good Practice* und der *Skills Development Act* zueinander stehen. Die Unternehmen wussten daher nicht, ob sie die Regelungen kumulativ oder nur alternativ erfüllen müssten. Diese Unklarheit wurde durch die Veröffentlichung der endgültigen Fassung der *Codes of Good Practice* behoben. C 300 S 300 (3.1.1) sieht nun vor, dass ein Unternehmen nur dann Punkte für das Element *Skills Development* erhalten kann, wenn es auch die Voraussetzungen des *Skills Development Act* und des *Skills Development Levies Act* erfüllt. Das Verhältnis zwischen diesen Gesetzen und dem *BBBEE* ist damit geklärt.

Dagegen besteht weiterhin ein Widerspruch zwischen dem *BBBEE* und dem *Preferential Procurement Policy Framework Act*.[677] Der *PPPFA* und das *BBBEE*[678] bezwecken beide eine Bevorzugung bestimmter Bevölkerungsgruppen bei der Vergabe von öffent-

---

675 *Business Report*, State's BEE policy contradictory, vom 06. Juni 2007; *van der Merwe/Meister*, S. 2.

676 C 300 S 300 Codes of Good Practice.

677 *Marais/Coetzee*, S. 120.

678 S 10 (b) BBBEE Act.

lichen Aufträgen. Während das *BBBEE* jedoch mit der *Generic Scorecard* den *BBBEE* Status eines Unternehmens nach sieben verschiedenen Elementen beurteilt, wird im Rahmen des *PPPFA* nur auf das Kriterium *Ownership* abgestellt.[679] Zudem unterscheiden sich die beiden Regelwerke hinsichtlich des Begünstigtenbegriffs: nach dem *PPPFA* zählen alle früher benachteiligten Bevölkerungsgruppen zu den Begünstigten unabhängig von ihrer „Rasse" – also beispielsweise auch weiße Frauen oder weiße Behinderte.[680] Das *BBBEE* beschränkt den Begünstigtenstatus dagegen auf Afrikaner, *Coloureds* und Inder.[681] Dieser Konflikt zwischen dem *BBBEE* und dem *PPPFA* stellt die für die Vergabe von öffentlichen Aufträgen zuständigen Stellen derzeit vor große Schwierigkeiten. Sollen sie ihren Entscheidungen den *PPPFA* oder das *BBBEE* zugrunde legen? Nach einer Bekanntmachung der Pressestelle des Finanzministeriums arbeiten das Wirtschaftsministerium und das Finanzministerium bereits daran, die beiden Regelwerke aufeinander abzustimmen.[682]

Der Widerspruch des *BBBEE* zu anderen *Affirmative Action* Gesetzen ist leicht erkennbar. Dagegen ist das Spannungsverhältnis zwischen dem *BBBEE* und der gesellschaftsrechtlichen Regelung der s 38 Companies Act alte Fassung (a.f.)[683] weniger offensichtlich.

## II. S 38 Companies Act a.f.

Zur Umsetzung des Elements *Ownership* müssen Schwarze Anteile an Unternehmen erwerben.[684] Hierbei treten Konflikte mit s 38 Companies Act a.f. auf. Diese Vorschrift erschwert derzeit noch die Finanzierung eines Anteilserwerbs durch Schwarze,[685] was den *Black Economic Empowerment* Prozess allgemein erheblich behindert.[686]

### 1. Grundproblematik der Finanzierung von *BEE* Transaktionen

Die für den Anteilserwerb durch Schwarze erforderlichen Rechtsgeschäfte bezeichnet man allgemein als *BEE* Transaktionen.[687] An einer *BEE* Transaktion sind grundsätzlich

---

679 *Business Report*, State's BEE policy contradictory, vom 6. Juni 2007.

680 S 2 (1) (d) (i) PPPFA; *Marais/Coetzee*, S. 121.

681 S 1 BBBEE Act.

682 *Business Report*, State's BEE policy contradictory, vom 6. Juni 2007.

683 *Companies Act 61 of 1973.*

684 Im Einzelnen *Finance Week*, The killer BEE, vom 04. Mai 2005; *Gad*, Tax breaks, S. 19; *Leon/Williams*, S. 5.

685 *Business Report*, Obstacles to success of charter will require legislative attention, vom 27. Oktober 2003.

686 *Davids/Hale*, BEE Phenomenon, S. 1.

687 *Business Report*, Obstacles to success of charter will require legislative attention, vom 27. Oktober 2003.

drei Personen beteiligt: der *BEE* Partner, die Zielgesellschaft und die Finanzierungs-gesellschaft. Als Zielgesellschaft bezeichnet man das Unternehmen, das durch die Ver-äußerung von Anteilen an Schwarze seinen *BBBEE* Status verbessern will. Der *BEE* Partner ist die schwarze Person oder Personengruppe, die Anteile an der Zielgesell-schaft erwerben will. Bei der Finanzierungsgesellschaft handelt es sich schließlich um ein außen stehendes Kreditunternehmen, das an der Finanzierung der *BEE* Transaktion beteiligt ist.

Das Grundproblem von *BEE* Transaktionen liegt in ihrer Finanzierung.[688] Grundsätzlich können Schwarze im „Neuen Südafrika" genau wie Weiße Inhaber eines Unternehmens werden. Sie können beispielsweise Aktien an einer Aktiengesellschaft erwerben und er-langen damit die Stellung eines Aktionärs. Es fehlt den Schwarzen jedoch zumeist das Kapital zur Finanzierung eines solchen Anteilserwerbs.[689] Auch können sie keinen Kre-dit über den Kaufpreis aufnehmen, da sie wegen fehlender Sicherheiten zumeist nicht kreditwürdig sind.[690] Unternehmen sind jedoch auf schwarze Anteilsinhaber angewie-sen, um Punkte für das Element *Ownership* auf der *Generic Scorecard* zu erhalten. Es liegt im ureigenen Interesse eines „weißen" Unternehmens, dass Schwarze Anteile an diesem Unternehmen erwerben.[691] Die Zielgesellschaft ist daher aus eigennützigen Mo-tiven bereit, Schwarze auf die eine oder andere Weise bei der Finanzierung des Anteils-erwerbs zu unterstützen.[692]

## 2.  Verbot der Finanzierung des Anteilserwerbs durch die Zielgesellschaft

S 38 (1) Companies Act verbietet es Gesellschaften, den Erwerb oder die Zeichnung von Anteilen an der Gesellschaft in irgendeiner Weise finanziell zu unterstützen.[693] Un-tersagt sind nicht nur direkte Finanzierungshilfen, wie beispielsweise die Ausgabe eines Darlehens; auch indirekte Finanzierungshilfen wie die Stellung eines Sicherungsmittels fallen unter dieses Verbot.[694] S 38 (2) Companies Act a.F. zählt eng begrenzte Ausnah-men auf, wann eine finanzielle Unterstützung durch die Gesellschaft keinen Verstoß gegen s 38 (1) Companies Act darstellt;[695] die Unterstützung von *BEE* Transaktionen

---

688  Statt vieler *Biermann*, S. 15 und 40; *Davids/Hale*, BEE Financing, S. 1; *Pinnock/Butler*, S. 53.

689  *DTI*, Business Guidebook, S. 141; *Leon/Williams*, S. 5.

690  *Finweek*, Issues facing BEE partners, vom 24. August 2006; *Holwill*, S. 8; *Miller/Mgudlwa*, S. 1; *Whiteford*, S. 111.

691  *Sunday Times*, BEE's abysmal returns do our futures little good, vom 1. Mai 2005.

692  Ausführlich *van der Merwe/Meister*, S. 2.

693  *Business Day Surveys*, Move to company-facilitated transactions is paying off, vom 02. Februar 2006; *Finweek*, Issues facing BEE partners, vom 24. August 2006; *Kingdon/Steinberg*, S. 1.

694  *Beuthin/Luiz*, S. 125; *Business Report*, Obstacles to success of charter will require legislative atten-tion, vom 27. Oktober 2003; *Davids/Hale*, BEE Phenomenon, S. 1; *Holwill*, S. 8.

695  *Cassim*, Section 38 (2) (d) Companies Act, S. 494; *Cilliers/Benade*, S. 330; *Meskin/Kunst/Schmidt*, S. 74.

gehört jedoch nicht dazu. S 38 Companies Act findet nur auf *Private Companies* und *Public Companies* Anwendung, nicht jedoch auf *Close Corporations*.[696]

S 38 (1) Companies Act ist Teil des Kapitalerhaltungsgrundsatzes. Die Vorschrift dient damit letztlich dem Schutz der Gläubiger und der Anteilsinhaber der Gesellschaft.[697] Vergleichbare Regelungen existieren auch in vielen anderen Ländern.[698] Könnte eine Gesellschaft den Erwerb von Anteilen an ihr durch die Ausreichung eines Darlehens oder die Stellung einer Sicherheit unbeschränkt unterstützen, so bestünde die Gefahr einer Verschlechterung der Vermögenslage der Gesellschaft. Je nach finanzieller Situation der neuen Anteilserwerber könnte die Gesellschaft mit ihrem Darlehen ausfallen oder aus der Sicherheit in Anspruch genommen werden. Dies könnte letztlich zur Auflösung und Liquidation der Gesellschaft führen, was negative Folgen für die Gläubiger der Gesellschaft und die anderen Anteilsinhaber hätte.[699]

Ein Verstoß gegen s 38 (1) Companies Act hat schwer wiegende zivilrechtliche und strafrechtliche Folgen:[700] er führt zunächst zur Nichtigkeit des Rechtsgeschäfts.[701] Zudem macht sich die Zielgesellschaft sowie jeder ihrer Geschäftsführer und leitenden Angestellten strafbar;[702] das Strafmaß reicht von einer hohen Geldstrafe bis zu einer einjährigen Freiheitsstrafe.[703] Des Weiteren verletzt die Geschäftsführung ihre treuhänderischen Pflichten gegenüber der Zielgesellschaft und haftet ihr damit für den entstandenen Schaden. Schließlich kann die Zielgesellschaft auch gegenüber demjenigen, dem die finanzielle Unterstützung für den Anteilserwerb gewährt wurde, Ansprüche geltend machen.[704]

## 2. Lösungsansätze

Es sind grundsätzlich zwei verschiedene Lösungsansätze für den Konflikt zwischen dem *BBBEE* und s 38 Companies Act a.F. denkbar: entweder man wählt andere Finanzierungsmodelle als eine Finanzierung durch die Zielgesellschaft oder man ändert s 38 Companies Act a.F.

---

696  Die Gesellschaftsformen der *Private Company* und der *Public Company* entsprechen der deutschen Aktiengesellschaft, während man die *Close Corporation* mit der deutschen Gesellschaft mit beschränkter Haftung (GmbH) vergleichen kann: *Mongalo*, S. 135.

697  Lipschitz NO v UDC Bank Ltd, 1979 (1) SA 789 (AD) par. 797 ff.; Gradwell (Pty) Ltd v Rostra Printers Ltd and Another, 1959 (4) SA 419 (A) par. 421 ff.; *Sher*, S. 88; *Williams*, S. 1.

698  Siehe dazu *Cassim*, Section 38 (2) (d) Companies Act, S. 495.

699  *Holwill*, S. 8; *Mongalo*, S. 146.

700  *Cilliers/Benade*, S. 335.

701  Evrard v Ross, 1977 (2) SA 311 (D) par. 315; Bay Loan Investment (Pty) Ltd v Bay View (Pty) Ltd, 1972 (2) SA 313 (C) par. 302 ff.; *Beuthin/Luiz*, S. 127; *Meskin/Kunst/Schmidt*, S. 76.

702  S 38 (3) (a) Companies Act; *Sher*, S. 88.

703  S 441 (1) (e) Companies Act.

704  Zu den Ansprüchen im Einzelnen *Beuthin/Luiz*, S. 127.

a)     Andere Finanzierungsmodelle

Neben einer finanziellen Unterstützung durch die Zielgesellschaft kommt eine Finanzierung der *BEE* Transaktion durch eine unabhängige Finanzierungsgesellschaft, durch die
anderen Anteilsinhaber der Zielgesellschaft, durch den Staat oder durch die Muttergesellschaft der Zielgesellschaft in Betracht.

(1)     Finanzierung durch eine Finanzierungsgesellschaft

Eine Finanzierung der *BEE* Transaktion durch eine unabhängige Finanzierungsgesellschaft wurde als erstes in Betracht gezogen. Auf diese Weise werden auch die meisten
„normalen" Anteilserwerbe ohne *BEE* Charakter finanziert. Es existiert eine Vielzahl
unterschiedlicher Gestaltungsmöglichkeiten für eine solche Finanzierung.[705] Dargestellt
wird nur das Grundmodell. An ihm lässt sich bereits erläutern, warum die Finanzierung
einer *BEE* Transaktion durch eine unabhängige Finanzierungsgesellschaft große
Schwierigkeiten mit sich bringt.

Zu Beginn der Welle von *BEE* Transaktionen in den neunziger Jahren war ein Finanzierungsmodell weit verbreitet, das die Gründung einer Zweckgesellschaft *(Special Purpose Vehicle)* beinhaltete.[706] 100% der Stammaktien an dieser Zweckgesellschaft wurden zum Nominalwert an den *BEE* Partner ausgegeben. Die Zweckgesellschaft wurde
sodann durch die Ausgabe von zurückkaufbaren Vorzugsaktien an die Finanzierungsgesellschaft mit Kapital ausgestattet; teilweise wurde zwischen der Finanzierungsgesellschaft und der Zweckgesellschaft auch ein Darlehensvertrag geschlossen. Mit diesem
Kapital erwarb die Zweckgesellschaft Anteile an der Zielgesellschaft.[707] Die Dividen-
denzahlungen aus dieser Beteiligung an der Zielgesellschaft verwendete die Zweckgesellschaft wiederum dazu, die Dividenden für die Vorzugsaktien zu zahlen sowie die
Vorzugsaktien am Ende der Laufzeit zurückzukaufen bzw. das Darlehen zu tilgen.[708]

Viele der auf diesem Modell beruhenden *BEE* Transaktionen scheiterten jedoch.[709] Eine
Ursache hierfür war, dass sich der *BEE* Partner persönlich keinem finanziellen Risiko
ausgesetzt sah;[710] bei einer erfolgreichen *BEE* Transaktion konnte er in kürzester Zeit
und ohne großen eigenen Beitrag reich werden. Bei einem Scheitern der *BEE* Transaktion hatte der *BEE* Partner dagegen nichts zu verlieren. Daher war er in der Erfüllung

---

705  Siehe zu den unterschiedlichen Gestaltungsmöglichkeiten *Davids/Hale*, BEE Phenomenon, S. 1;
     *Williams*, S. 1.

706  *Van der Merwe/Meister*, S. 3.

707  *Business Day Surveys*, Move to company-facilitated transactions is paying off, vom 02. Februar 2006.

708  *Business Report*, Options can be deadly in hands of BEE opponents, vom 27. Mai 2007; *Davids/Hale*,
     BEE Financing, S. 1; *Finweek*, Issues facing BEE partners, vom 24. August 2006; *Leon/Williams*,
     S. 5.

709  Ausführlich *Gad*, Black empowerment deals, S. 18.

710  *Van der Nest*, S. 49.

seiner aus der Beteiligung an der Zielgesellschaft resultierenden Verpflichtungen oft sehr nachlässig.[711] Auch die Zielgesellschaften tragen einen Teil der Schuld am Scheitern der *BEE* Transaktionen: sie wählten den *BEE* Partner nicht nach allgemeinen Kriterien – wie seiner strategischen Ausrichtung und seiner wirtschaftlichen Kompetenz – sorgfältig genug aus. Es genügte ihnen, wenn der *BEE* Partner „schwarz" war.[712]

In der Folgezeit wurden daher einige Modifikationen an dem Grundmodell vorgenommen. Durch eine Erhöhung des finanziellen Risikos des *BEE* Partners versuchte man, sein wirtschaftliches Interesse an den Belangen der Zielgesellschaft stärken.[713] Man verlangte vom *BEE* Partner, dass er den Anteilserwerb zum Teil mit eigenem, hart erarbeitetem Kapital finanzierte. Verfügte der *BEE* Partner über überhaupt kein eigenes Vermögen, so band man ihn durch die Stellung einer Bürgschaft wirtschaftlich in die *BEE* Transaktion mit ein.[714] Auch die Zielgesellschaften sollten sich an der Finanzierung der *BEE* Transaktionen beteiligen; so wollte man sie zu mehr Sorgfalt bei der Auswahl des *BEE* Partners bewegen. Dieses Vorhaben erwies sich jedoch wegen s 38 Companies Act a.f. als rechtlich schwierig.[715]

Letztlich scheiterte das Finanzierungsmodell aber an einem Umstand, den die Beteiligten nicht beeinflussen konnten: die allgemeine wirtschaftliche Lage war zu positiv eingeschätzt worden.[716] Das Finanzierungsmodell basierte auf der Annahme, dass die Zielgesellschaft bestimmte Gewinne erwirtschaftet.[717] Diese Gewinne blieben jedoch wegen der schwierigen Wirtschaftslage seit dem Ende der neunziger Jahre – und insbesondere nach den Kurseinbrüchen an den Aktienmärkten infolge der Asienkrise im Jahr 1998[718] – weit hinter den Erwartungen zurück.[719] Die Zielgesellschaft zahlte daher keine Dividenden in der kalkulierten Höhe an die Zweckgesellschaft. Somit fielen auch die Dividendenausschüttungen für die Vorzugsaktien der Finanzierungsgesellschaft geringer als erwartet aus. Der geschuldete Betrag wurde auf den Kreditbetrag aufgeschlagen. Wenn die Vorzugsaktien nicht in dem vereinbarten Zeitraum zurückgekauft werden konnten, musste der *BEE* Partner einen Teil seiner Anteile an der Zweckgesellschaft der Finanzierungsgesellschaft überlassen, um seine Schulden zu begleichen. Damit verlor der

---

711  *Gqubule*, S. 33; *Real Business*, Nuts and bolts of empowerment deals, vom 18. Juli 2006.

712  *Finweek*, Requirements for a successful BEE deal, vom 24. August 2006.

713  *Whiteford*, S. 110.

714  *Biermann*, S. 28.

715  *Van der Nest*, S. 22 f. Siehe auch 4. Kapitel A II 2 (Verbot der Finanzierung des Anteilserwerbs durch die Zielgesellschaft).

716  *Business Day Surveys*, Move to company-facilitated transactions is paying off, vom 02. Februar 2006; *Whiteford*, S. 110.

717  *Biermann*, S. 37; *Finweek*, Requirements for a successful BEE deal, vom 24. August 2006.

718  *Legal week*, A Clearer Future, vom 26. Oktober 2006.

719  *Davids/Hale*, BEE Financing, S. 1; *Southall*, S. 14.

*BEE* Partner die erst kürzlich erworbenen Vermögensgegenstände wieder. Gleichzeitig erlitten die Finanzierungsgesellschaften hohe Verluste.[720]

(2)    Finanzierung durch die anderen Anteilsinhaber

Eine andere Möglichkeit der Finanzierung einer *BEE* Transaktion ist die Ausgabe oder Veräußerung von Anteilen „unter Wert".[721] Es handelt sich bei diesen Modellen um eine indirekte Finanzierungshilfe durch die anderen Anteilsinhaber der Zielgesellschaft und nicht um eine Finanzierungshilfe durch die Zielgesellschaft selbst.[722] Werden neue Anteile zu einem Preis unterhalb des tatsächlichen Wertes der Anteile ausgegeben, so werden die Anteile der alten Anteilsinhaber „verwässert". Der Zielgesellschaft wird kein neues Kapital in Höhe des Wertes der Anteile zugeführt;[723] daher verlieren die Anteile der alten Anteilsinhaber an Wert.

Veräußern Anteilsinhaber ihrer Anteile an der Zielgesellschaft an den *BEE* Partner zu einem ermäßigten Preis, so handelt es sich ebenfalls nicht um eine Finanzierungshilfe durch die Zielgesellschaft. An dem Veräußerungsgeschäft sind lediglich die alten Anteilsinhaber und der *BEE* Partner beteiligt. Liegt der Kaufpreis für die Anteile unterhalb ihres tatsächlichen Wertes, so geht dies zu Lasten der Verkäufer, also der alten Anteilsinhaber.[724]

S 38 (1) Companies Act ist auf die Ausgabe oder Veräußerung von Anteilen „unter Wert" nicht direkt anwendbar; nicht die Zielgesellschaft selbst, sondern die alten Anteilsinhaber sind dem *BEE* Partner bei der Finanzierung des Anteilserwerbs behilflich. Manche Stimmen in der Literatur beurteilen dieses Finanzierungsmodell jedoch als unzulässige Umgehung von s 38 Companies Act a.F.[725] Eine gerichtliche Entscheidung zu dieser Frage gibt es nicht.[726] Die Wahl dieses Finanzierungsmodells birgt daher ein erhebliches rechtliches Risiko für die Zielgesellschaft und die Anteilsinhaber.

(3)    Finanzierung durch den Staat

Der südafrikanische Staat stellt diverse Mittel zur Finanzierung von *BEE* Transaktionen zur Verfügung.[727] Die drei wichtigsten staatlichen Finanzierungseinrichtungen sind die

---

720  Umfassend *van der Nest*, S. 19.

721  *Biermann*, S. 17; *Business Day Surveys*, Move to company-facilitated transactions is paying off, vom 02. Februar 2006; *Finweek*, Requirements for a successful BEE deal, vom 24. August 2006.

722  *Cassim*, Ex Parte Standard Bank Group Ltd, S. 600.

723  Vgl. *Davids/Hale*, BEE Phenomenon, S. 1; *Woolley*, S. 63.

724  Überzeugend *Woolley*, S. 63.

725  Statt vieler *Cassim*, Ex Parte Standard Bank Group Ltd, S. 600.

726  *Davids/Hale*, BEE Phenomenon, S. 1.

727  Siehe im Einzelnen *Iheduru*, S. 13.

*Industrial Development Corporation of South Africa (IDC)*, der *National Empowerment Fund (NEF)* und *Khula Financial Services*.[728] Allerdings sind die staatlichen Mittel begrenzt und ihre Bewilligung ist an strenge Voraussetzungen geknüpft. Verlangt wird zumeist ein Eigenkapitalbeitrag des *BEE* Partners von mindestens 2,5%. Viele dieser staatlichen Finanzierungseinrichtungen vergeben ihre Fördermittel nur unter der Bedingung, dass die Veräußerung der Anteile an eine größere Gruppe von Schwarzen und nicht nur an einzelne Individuen erfolgt.[729] Staatliche Finanzierungshilfen kommen daher nur für einen kleinen Teil der *BEE* Transaktionen in Betracht.

(4)     Finanzierung durch die Muttergesellschaft

Eine Möglichkeit für Konzerne ist eine Finanzierungshilfe durch die Muttergesellschaft, wenn eine Beteiligung des *BEE* Partners an der Tochtergesellschaft angestrebt wird.[730] S 38 (1) Companies Act steht dem nicht entgegen, da die Vorschrift eine Finanzierungshilfe durch die Muttergesellschaft nicht untersagt.[731] Nur der umgekehrte Fall – wenn die Muttergesellschaft ihre Tochtergesellschaft finanziell unterstützt, damit diese Anteile an der Muttergesellschaft erwerben kann – ist nach s 38 (1) Companies Act ausdrücklich verboten.[732] Das Modell steht aber nur Unternehmen offen, die über eine Konzernstruktur verfügen. Zudem wird die Muttergesellschaft meist nicht gewillt sein, das finanzielle Risiko einer *BEE* Transaktion ihrer Tochtergesellschaft zu schultern.

b)     Änderung von s 38 (2) Companies Act a.F.

Letztlich ist eine Änderung von s 38 (2) Companies Act a.F. der einzig sinnvolle Ausweg aus dem Konflikt zwischen s 38 Companies Act a.F. und dem *BBBEE*. Alle alternativen Finanzierungsmodelle haben sich als zu kompliziert und unhandlich in ihrer Anwendung erwiesen.[733] S 38 Companies Act a.F. führt dazu, dass derzeit nur einige wenige schwarze Personen mit dem notwendigen finanziellen Hintergrund von den *BEE* Transaktionen profitieren. Dies widerspricht den Zielen des *„Broad-based" Black Economic Empowerment*.[734]

Im Rahmen der Reform des südafrikanischen Gesellschaftsrechts wurde auch s. 38 (2) Companies Act a.F. geändert. Am 11. April 2007 unterzeichnete der Präsident der Re-

---

728  *Legal week*, A Clearer Future, vom 26. Oktober 2006; *Pinnock/Butler*, S. 53.

729  *Biermann*, S. 16 ff.

730  *Hollwill*, S. 8.

731  *Business Report*, Obstacles to success of charter will require legislative attention, vom 27. Oktober 2003.

732  *Cassim*, Section 38 (2) (d) Companies Act, S. 493; *Kingdon/Steinberg*, S. 1.

733  *Business Day Surveys*, Move to company-facilitated transactions is paying off, vom 02. Februar 2006; *van der Merwe/Meister*, S. 3.

734  *Hollwill*, S. 8; *Kingdon/Steinberg*, S. 1.

publik Südafrika die *Corporate Laws Amendment Bill*.[735] Wann das neue Gesetz in Kraft treten wird, wurde jedoch noch nicht bekannt gegeben. Eine finanzielle Unterstützung des *BEE* Partners durch die Zielgesellschaft ist in Zukunft – als Ausnahme zum in s 38 (1) Companies Act festgeschriebenen allgemeinen Verbot – unter bestimmten Voraussetzungen zulässig. Nach s 38 (2A) (a) Companies Act n.f. (neue Fassung) muss das Aktivvermögen der Zielgesellschaft ihre Verbindlichkeiten überwiegen – einschließlich der Verbindlichkeiten, die durch die Gewährung der Unterstützungsleistung an den *BEE* Partner entstehen.[736] Die Zielgesellschaft muss zudem weiterhin in der Lage sein, ihren Verbindlichkeiten nachzukommen, die während der Laufzeit der finanziellen Unterstützung im Rahmen ihrer normalen Geschäftstätigkeit fällig werden.[737] Ob diese Voraussetzungen erfüllt sind, hat der Vorstand der Zielgesellschaft zu entscheiden. Zudem ist eine Genehmigung der Unterstützungsleistung durch einen Aktionärsbeschluss erforderlich.[738]

Durch diese Einschränkungen werden die Interessen der anderen Anteilsinhaber und der Gläubiger der Gesellschaft ausreichend geschützt.[739] Eine ähnliche Regelung existiert bereits für die *Close Corporation* mit s 40 Close Corporations Act.[740] Der Kapitalerhaltungsgrundsatz wurde auch schon an anderen Stellen des *Companies Act* gelockert und damit eine bedingte Gefährdung der Interessen der Gläubiger und Anteilsinhaber in Kauf genommen.[741]

S 38 Companies Act n.f. ähnelt vergleichbaren Vorschriften in anderen Ländern. Im amerikanischen und britischen Gesellschaftsrecht ist die Unterstützungsleistung durch eine Gesellschaft für den Erwerb von Anteilen an ihr selbst in begrenzten Ausnahmefällen ebenfalls zulässig. Voraussetzung ist in beiden Rechtsordnungen ein Solvenz- und Liquiditätstest zum Schutz der Gläubiger und Anteilsinhaber, wie er auch in s 38 (2A) (a) Companies Act n.f. vorgesehen ist.[742]

**B    Verstoß des *BBBEE* gegen internationale Übereinkommen**

Wir befinden uns im Zeitalter der Globalisierung: die Märkte für Waren, Dienstleistungen und Kapital wachsen weltweit zusammen. Handelsströme lassen sich nicht mehr an nationalen Grenzen aufhalten, sondern bewegen sich zunehmend in regionalen und globalen Märkten. Angesichts dieses Geflechts weltwirtschaftlicher Beziehungen stehen

---

735  *Corporate Laws Amendment Bill, Government Gazette* Nr. 28765 vom 21. April 2006.

736  S 38 (2B) Companies Act n.F.

737  Ausführlich *Holwill*, S. 8; *Kingdon/Steinberg*, S. 1; *Sher*, S. 88.

738  S 38 (2A) (b) Companies Act n.F.

739  Überzeugend *Miller/Mgudlwa*, S. 2.

740  *Close Corporations Act 69 of 1984*; dazu *Mongalo*, S. 136.

741  S 85-90 Companies Act; *Mongalo*, S. 146.

742  Ausführlich *Holwill*, S. 8; *Sher*, S. 88.

die Staaten vor neuen Herausforderungen; sie müssen miteinander kooperieren, um Barrieren zu beseitigen, die den grenzüberschreitenden Handel gefährden.

Vor diesem Hintergrund sind verschiedene multilaterale und bilaterale Handelsübereinkommen entstanden. Hierzu zählen unter anderem die Übereinkommen der Welthandelsorganisation (*World Trade Organisation, WTO*) und die bilateralen Investitionsschutzabkommen (*Bilateral Investment Treaties, BITs*).[743] Diese internationalen Übereinkommen schränken den Handlungsspielraum ihrer Mitgliedsstaaten hinsichtlich der nationalen Wirtschaftspolitik ein. Das *BBBEE* könnte daher gegen diese Übereinkommen verstoßen.

## I.   Die Übereinkommen der Welthandelsorganisation *(WTO)*

Ziel des Übereinkommens zur Errichtung der Welthandelsorganisation ist der Abbau von Handelshemmnissen, die den grenzüberschreitenden Handel behindern. Sollte das *BBBEE* solche Handelshemmnisse errichten, würde es gegen die Regelungen der *WTO* verstoßen. Eine Verletzung dieser Verpflichtungen kann schwer wiegende Folgen für die Republik Südafrika nach sich ziehen.[744]

### 1.   Die *WTO*

Im Jahr 1994 wurden die Verhandlungen der Uruguay-Runde nach acht Jahren schwieriger und oft zäher Diskussionen beendet. Die Uruguay-Runde stellt einen Meilenstein in der Entwicklung des internationalen Handels dar.[745] Eines ihrer wesentlichen Ergebnisse war die Gründung der Welthandelsorganisation im Jahr 1995.[746] Die *WTO* bildet nach Art. II des Übereinkommens zur Errichtung der Welthandelsorganisation den gemeinsamen institutionellen Rahmen für die Wahrnehmung der Handelsbeziehungen zwischen ihren Mitgliedern nach Maßgabe der multilateralen Handelsübereinkommen.[747] Zu diesen Übereinkommen gehören vor allem das *General Agreement on Tariffs and Trade (GATT)*, das *General Agreement on Trade in Services (GATS)* und die *Trade-Related Aspects of Intellectual Property (TRIPS)*. Der *WTO* sind mittlerweile 150 Staaten beigetreten;[748] zu den Mitgliedsstaaten zählen auch die Republik Südafrika und die Bundesrepublik Deutschland.[749]

---

743   *Weusmann*, S. 23.

744   *Mortensen*, S. 1.

745   *Engelberger*, S. 43.

746   *Hoekman/Mattoo/English*, S. 39.

747   *Nowak/Cremer*, S. 201.

748   Stand 1. Januar 2007; vgl. die offizielle Homepage der *WTO* (verfügbar unter http://www.wto.org) [zuletzt abgerufen am 25. August 2007].

749   *Hoekman/Mattoo/English*, S. 41.

Bei der *WTO* handelt es sich erstmals um ein ganzheitliches Konzept zur Regelung des internationalen Handels: alle Übereinkommen finden grundsätzlich auf alle Mitgliedsstaaten Anwendung. Frühere Handelssysteme stellten es den Mitgliedsstaaten frei, durch die Nichtunterzeichnung bestimmter Übereinkommen Teilbereiche von der Vereinbarung auszuklammern. Der *WTO* kann dagegen grundsätzlich nur als Ganzes mit allen ihren Übereinkommen beigetreten werden.[750] Zwei Übereinkommen der *WTO* sind jedoch nicht Teil dieses „Gesamtpakets"; die Mitgliedsstaaten können vielmehr gesondert entscheiden, ob sie diese Vereinbarungen unterzeichnen wollen. Eines dieser Übereinkommen betrifft den Handel mit Flugzeugen für die zivile Luftfahrt, das andere regelt den Bezug von Waren und Dienstleistungen durch den Staat. Die Republik Südafrika hat das letztere Übereinkommen nicht unterzeichnet; daher finden die Regelungen der *WTO* keine Anwendung auf Waren und Dienstleistungen, die vom südafrikanischen Staat oder von staatlichen Einrichtungen bezogen werden.[751]

Ein wichtiges Ziel der *WTO* ist es, die nationale und internationale Handelspolitik in Einklang zu bringen. Daher betreffen viele Regelungen der *WTO* nicht die Handelshemmnisse, die an der Grenze – beispielsweise in Form von Zöllen oder Einfuhrbeschränkungen – errichtet werden. Gegenstand der Vorschriften sind vielmehr nationale Maßnahmen und Normen hinter der Grenze, denen man früher keine Bedeutung für den internationalen Handel beimaß. Der Spielraum der Mitgliedsstaaten zur Regelung von wirtschaftlichen Themen auf ihrem Hoheitsgebiet wird dadurch deutlich eingeschränkt.[752]

a)   Wesentliche Grundsätze der *WTO*

Die *WTO* und ihre einzelnen Übereinkommen werden von einer Reihe von Grundprinzipien beherrscht, von denen zweien im Zusammenhang mit dem *BBBEE* besondere Bedeutung zukommt. Es handelt sich um den Grundsatz der Nichtdiskriminierung und den Grundsatz der Begründung von verbindlichen und durchsetzbaren Verpflichtungen.[753] Der Grundsatz der Nichtdiskriminierung setzt sich aus zwei wesentlichen Bestandteilen zusammen: dem Meistbegünstigungsprinzip *(Most-favoured Nation Principle)* und dem Grundsatz der Inländergleichbehandlung *(National Treatment Rule)*.[754]

Das Meistbegünstigungsprinzip besagt, dass eine in einem Mitgliedsstaat hergestellte Ware nicht schlechter behandelt werden darf als vergleichbare Waren aus anderen Mitgliedsstaaten.[755] Muss also ein Handelspartner beispielsweise für ein bestimmtes Gut

---

750  *Kreutzfeld*, S. 93.

751  *Mortensen*, S. 3.

752  Ausführlich *Kareseit*, S. 48 ff.

753  *Hoekman/Mattoo/English*, S. 42.

754  *Memmen*, S. 117.

755  *Engelberger*, S. 54; *Kareseit*, S. 40; *Practical Action*, S. 1 ff.

nur 5% Zoll zahlen, so muss dieser niedrige Zollsatz auch auf alle Importe vergleichbarer Waren aus anderen Mitgliedsstaaten der *WTO* angewendet werden.[756] Das Meistbegünstigungsprinzip soll sicherstellen, dass Verbraucher die Waren des kostengünstigsten Importeurs erwerben. Der Wettbewerb soll nicht durch ungleiche Ausgangsvoraussetzungen verzerrt werden.[757] Zudem verhindert das Meistbegünstigungsprinzip, dass größere Länder gegenüber kleineren Ländern ihre politische und wirtschaftliche Machtposition ausnutzen. Will ein Land in wirtschaftlich schweren Zeiten nationale Unternehmen vor ausländischem Wettbewerb durch die Anhebung der Zölle schützen, so muss es diese höheren Zölle auf Importe aus allen Mitgliedsstaaten der *WTO* anwenden. Eine so weit reichende Maßnahme ist innen- wie außenpolitisch schwerer durchsetzbar als eine Anhebung der Zölle nur gegenüber einem einzelnen Land.[758]

Der Grundsatz der Inländergleichbehandlung schreibt dagegen eine gleiche Behandlung von Ausländern und Einheimischen durch die Mitgliedsstaaten vor.[759] Waren, Dienstleistungen, Lieferanten und Dienstleistungserbringer aus anderen Mitgliedsstaaten der *WTO* dürfen nicht schlechter als einheimische behandelt werden. Dies soll sicherstellen, dass die Ziele eines freien Handels nicht durch die Auferlegung von Steuern und ähnlichen Maßnahmen gefährdet werden.[760]

Vereinbarungen zur Liberalisierung des internationalen Handels haben wenig Wert, wenn ein Verstoß gegen sie nicht geahndet werden kann. Durch den Beitritt zur *WTO* werden deshalb verbindliche und durchsetzbare Verpflichtungen geschaffen. In länderspezifischen Listen sind die Zugeständnisse aufgeführt, die ein Land beim Beitritt oder in nachfolgenden Verhandlungen zur Handelsliberalisierung gemacht hat. Die *WTO* sieht ein unparteiisches und verbindliches System zur Durchsetzung dieser Verpflichtungen vor:[761] verstößt ein Mitgliedsstaat gegen Regelungen der *WTO*, so kann jeder andere Mitgliedsstaat den Streit dem *Dispute Settlement Body (DSB)* vorlegen.[762] Beim *DSB* handelt es sich um das Streitschlichtungsorgan der *WTO*. Der *DSB* entscheidet verbindlich darüber, ob eine Maßnahme die Vorschriften der *WTO* verletzt. Nur Regierungen der Mitgliedsstaaten können dem *DSB* Angelegenheiten vorlegen – natürliche und juristische Personen sind dagegen nicht antragsberechtigt. Ein Unternehmen, das sich durch eine Maßnahme eines Mitgliedsstaates benachteiligt fühlt, muss daher seine Regierung davon überzeugen, den Streitgegenstand dem *DSB* vorzulegen.[763]

---

756  *Blume*, S. 27.

757  Statt vieler *Zahrnt*, S. 5.

758  Umfassend *Hoekman/Mattoo/English*, S. 42.

759  *Mortensen*, S. 2.

760  *Geldenhuys*, WTO, S. 1.

761  *Lorenz*, S. 47 f; *Stricker*, S. 22 f.

762  *Hoekman/Mattoo/English*, S. 43.

763  *Engelberger*, S. 48.

## b) Verpflichtungen der Republik Südafrika

Zwei Übereinkommen der *WTO* kommt im Zusammenhang mit dem *BBBEE* besondere Bedeutung zu; es handelt sich um das *General Agreement on Tariffs and Trade (GATT)* und das *General Agreement on Trade in Services (GATS)*.

Das *GATT* von 1994 baut auf einem mehrstaatlichen Handelssystem vor Gründung der *WTO* auf, das ebenfalls den Namen *GATT* trug; dieses „alte" *GATT* aus dem Jahr 1947 wurde in überarbeiteter Form in das System der *WTO* integriert.[764] Es regelt den Handel mit Waren. Vorrangiges Ziel des *GATT* ist es, Handelshemmnisse nur an den Landesgrenzen in Form von Zöllen zuzulassen und diese Zölle mit der Zeit zu reduzieren.[765] Innerhalb des *GATT* kommt dem Grundsatz der Inländergleichbehandlung eine Schlüsselrolle zu:[766] ausländische Waren, die die Grenze passiert haben, müssen wie vergleichbare einheimische Waren behandelt werden. Jede diskriminierende Maßnahme ist nach dem *GATT* untersagt. Unerheblich ist dabei, ob eine Maßnahme auch tatsächlich einen ausländischen Importeur betrifft.[767] Da die Republik Südafrika das *GATT* unterzeichnet hat, findet dieser Grundsatz auf alle importierten Waren Anwendung.

Vor der Gründung der *WTO* beschränkten sich internationale Handelsübereinkommen vorrangig auf den Warenverkehr; damit waren wesentliche Bereiche des internationalen Handels ausgeklammert.[768] Die *WTO* thematisiert dagegen mit dem *GATS* auch die Liberalisierung des Dienstleistungsverkehrs.[769] Handelshemmnisse an den Landesgrenzen, wie sie bei Waren an der Tagesordnung sind, können wegen der Beschaffenheit von Dienstleistungen auf diese nicht angewendet werden.[770] Der freie Verkehr von Dienstleistungen wird daher zumeist durch nationale Gesetze und Maßnahmen hinter der Landesgrenze beschränkt. Auch diese nationalen Maßnahmen zur Regulierung des Dienstleistungsverkehrs unterliegen dem *GATS*. Der Anwendungsbereich des *GATS* ist sehr weit formuliert: er umfasst jede staatliche Maßnahme gleich welcher Form, also unter anderem Gesetze, Richtlinien, Verfahren und Entscheidungen.[771]

Die beiden bedeutendsten Verpflichtungen unter dem *GATS* sind der Marktzugangsgrundsatz *(Market Access Rule)*[772] und der Grundsatz der Inländergleichbehandlung[773].

---

764  *Zahrnt*, S. 1.
765  Ausführlich *Blume*, S. 26; *Kareseit*, S. 53.
766  Vgl. Art. III GATT.
767  *Mortensen*, S. 3.
768  *Lorenz*, S. 40.
769  Art. I Abs. 1 GATS; *Zahrnt*, S. 1.
770  *Linnemann*, S. 31; *Lorenz*, S. 41.
771  *Mortensen*, S. 5 f.
772  Art. XVI GATS.
773  Art. XVII GATS.

Im Zusammenhang mit dem Marktzugang definiert das *GATS* verschiedene Arten von Beschränkungen, die ein Mitgliedsstaat einem Dienstleister aus einem anderen Mitgliedsstaat nicht auferlegen darf. Dazu zählen unter anderem Beschränkungen hinsichtlich der Anzahl von natürlichen Personen, die in einem bestimmten Wirtschaftssektor oder von einem bestimmten Arbeitgeber beschäftigt werden dürfen.[774] Ein Beispiel für einen Verstoß gegen diese Vorschrift wäre eine Regelung, nach der nur ein bestimmter Prozentsatz der Belegschaft eines Unternehmens ausländische Arbeitnehmer sein dürfen. Verboten sind auch prozentuale Beschränkungen hinsichtlich der Beteiligung von ausländischem Kapital, wie beispielsweise die Festsetzung eines maximalen Prozentsatzes für Anteile an einer Gesellschaft, die sich in den Händen von Ausländern befinden dürfen.[775] Unbeachtlich ist, ob diese Beschränkungen des Marktzugangs von diskriminierender Natur sind; auch wenn sie unterschiedslos auf Einheimische wie auf Ausländer Anwendung finden, verstoßen sie gegen das *GATS*.

Der Grundsatz der Inländergleichbehandlung verpflichtet einen Mitgliedsstaat dazu, ausländische und einheimische Dienstleistungserbringer und Dienstleistungen gleich zu behandeln. Eine Maßnahme muss nicht ausdrücklich an das Merkmal ausländisch anknüpfen, um gegen den Grundsatz der Inländergleichbehandlung zu verstoßen. Auch auf Einheimische wie auf Ausländer unterschiedslos anwendbare Maßnahmen sind unzulässig, wenn Ausländer faktisch benachteiligt werden. Maßgeblich ist, ob ausländischen und inländischen Dienstleistungserbringern und Dienstleistungen tatsächlich gleiche Chancen eingeräumt werden.[776]

Die Republik Südafrika hat das *GATS* zwar unterzeichnet; dennoch finden der Marktzugangsgrundsatz und der Grundsatz der Inländergleichbehandlung nicht uneingeschränkt auf alle Wirtschaftsbereiche in Südafrika Anwendung. Das *GATS* sieht eine Einteilung für Dienstleistungen in verschiedene Sektoren vor, die auf der *United Nations Central Product Classification (CPC)* aufbaut. Es werden 12 Kerndienstleistungssektoren identifiziert, die sich in ca. 160 Untersektoren unterteilen. Jeder Mitgliedsstaat kann frei entscheiden, welche dieser Dienstleistungssektoren er den Regelungen des *GATS* unterwerfen will. Zusätzlich kann ein Mitgliedsstaat bestimmte Ausnahmen für die Anwendung des *GATS* auf einen grundsätzlich den Regelungen des *GATS* unterworfenen Dienstleistungssektor spezifizieren.[777]

Die Verpflichtungen eines Mitgliedsstaates nach dem *GATS* ergeben sich aus den Länderlisten, die mit Unterzeichnung des *GATS* bei der *WTO* eingereicht werden. Ist ein Dienstleistungssektor in dieser Länderliste nicht aufgezählt, so gelten der Marktzugangsgrundsatz und der Grundsatz der Inländergleichbehandlung für diesen Sektor nicht. Befindet sich ein Dienstleistungssektor dagegen in dieser Aufzählung, so finden

---

774   Art. XVI Abs. 2 lit. d GATS.

775   Art. XVI Abs. 2 lit. f GATS.

776   *Linnemann*, S. 91.

777   *Cho/Dubash*, S. 8.

die beiden Prinzipien auf diesen Dienstleistungssektor vollumfänglich Anwendung – es sei denn der Mitgliedsstaat hat ausdrücklich eine Ausnahmeregelung in die Länderliste mit aufgenommen.[778] Die Republik Südafrika hat 91 Dienstleistungssektoren den Regelungen des *GATS* unterworfen.[779] Für keinen dieser Sektoren wurde eine Ausnahme für das *BBBEE* in der Länderliste formuliert. Dies ist nicht verwunderlich, wenn man einen Blick auf die zeitliche Abfolge wirft: die Republik Südafrika hat das *GATS* im Jahr 1994 unterzeichnet. Zu diesem Zeitpunkt existierte das *BBBEE* noch nicht. Somit bestand kein Anlass, eine Ausnahme für dieses Programm in die Länderliste aufzunehmen.[780]

Das *GATS* definiert demnach nicht das Ausmaß der Handelsliberalisierung im Dienstleistungsbereich; es schreibt lediglich die Vorgehensweise zur Vereinbarung des freien Dienstleistungsverkehrs vor. Jeder Mitgliedsstaat kann mit der Länderliste selbst über den Umfang seiner Verpflichtungen entscheiden.[781] Diese Freiheit erfährt aber wichtige Einschränkungen: ein Mitgliedsstaat kann seine eingegangenen Verpflichtungen frühestens drei Jahre nach ihrer Eingehung widerrufen oder ändern. Ist ein anderer Mitgliedsstaat durch eine solche Änderung negativ betroffen, so kann er Ausgleichszahlungen fordern. Ausnahmen können nur zum Zeitpunkt der Unterzeichnung des *GATS* „kostenlos" in die Länderlisten aufgenommen werden. Unterlässt es ein Mitgliedsstaat, eine bestimmte Ausnahme zu diesem Zeitpunkt anzugeben, so kann er dieses Versäumnis später nicht einseitig nachholen.[782]

## 2.    Verstoß des *BBBEE* gegen die Übereinkommen der *WTO*

Der Anwendungsbereich des *BBBEE* ist nicht auf südafrikanische Staatsbürger beschränkt; betroffen sind auch Unternehmen, natürliche Personen, Waren und Dienstleistungen aus dem Ausland. Damit finden die Regelungen der *WTO* auf das *BBBEE* grundsätzlich Anwendung.

Um gegen die Übereinkommen der *WTO* zu verstoßen, müssten zunächst die Mechanismen zur Durchsetzung des *BBBEE* den von der Republik Südafrika unterzeichneten Übereinkommen unterliegen. Zur Durchsetzung des *BBBEE* soll der Staat bei seinen Entscheidungen den *BBBEE* Status eines Unternehmens berücksichtigen. Solche Entscheidungen sind insbesondere die Erteilung von Genehmigungen und die Vergabe von

---

778  *Mortensen*, S. 7.

779  Die Länderliste für Südafrika zählt unter anderem die Dienstleistungssektoren Tourismus, Transportwesen, Bauwesen, Kommunikation und Finanzwesen auf; vgl. GATS Schedule South Africa; (verfügbar unter http://www.wto.org/english/thewto_e/countries_e/south_africa_e.htm) [zuletzt abgerufen am 25. August 2007].

780  *Cho/Dubash*, S. 6; *Mortensen*, S. 10.

781  Im Einzelnen *Heuser/Klein*, S. 160 f.

782  *Linnemann*, S. 92 f.

öffentlichen Aufträgen.[783] Die Erteilung von Genehmigungen fällt in den Anwendungsbereich des *GATS*.[784] Auf die Vergabe von öffentlichen Aufträgen finden die Regelungen der *WTO* dagegen grundsätzlich keine Anwendung, da die Republik Südafrika das gesonderte Übereinkommen für den Bezug von Waren und Dienstleistungen durch den Staat nicht unterzeichnet hat.[785]

Das Element *Preferential Procurement* will jedoch einen „Kaskadeneffekt" auslösen. Das *BBBEE* soll sich dadurch auch auf Unternehmen weiter unten in der Zulieferkette auswirken. Bei Lieferungen an den Staat fällt das oberste Glied in dieser Kette zwar unter die Definition des Bezugs von Waren und Dienstleistungen durch den Staat. Dies kann jedoch nicht für die weiteren Kettenglieder gelten. Es handelt sich nicht nur um Lieferanten von Warenkomponenten und Erbringer von Teilleistungen, die sich so in dem später an den Staat gelieferten Produkt wieder finden und damit noch im weitesten Sinne vom Staat „bezogen werden". Das Element *Preferential Procurement* bezieht vielmehr den gesamten Waren- und Dienstleistungseinkauf eines Unternehmens in die Bewertung mit ein. Dieser Mechanismus zur Durchsetzung des *BBBEE* kann sowohl die Vorschriften des *GATS* als auch die Regelungen des *GATT* verletzen.[786]

Verstößt das *BBBEE* nun auch seinem Inhalt nach gegen das *GATT* oder das *GATS*? Bei einer Durchsicht der umfangreichen Vorschriften des *BBBEE Act* und der *Codes of Good Practice* springen einige problematische Aspekte sofort ins Auge – allen voran der umstrittene Begünstigtenbegriff des *BBBEE*. Begünstigte können nur schwarze südafrikanische Staatsbürger sein [787] – Bürger anderer Mitgliedsstaaten der *WTO* sind vom Begünstigtenkreis damit von vornherein ausgeschlossen. Sie können unabhängig von ihrer „Rasse" schon wegen ihrer Staatsangehörigkeit niemals zum Begünstigtenkreis zählen. Die Anknüpfung an das Kriterium der Staatsbürgerschaft stellt einen Verstoß gegen den Grundsatz der Inländergleichbehandlung dar, der sowohl im *GATS* als auch im *GATT* festgeschrieben ist.[788]

Verschiedene Elemente der *Generic Scorecard* verletzen zudem den Marktzugangsgrundsatz des *GATS*. Die Elemente *Management Control* und *Employment Equity* knüpfen an die Anzahl der beschäftigten schwarzen südafrikanischen Staatsbürger in einem Unternehmen an; im Umkehrschluss wird die Beschäftigung von Ausländern in diesem Unternehmen begrenzt. Regelungen, die die Beschäftigung von ausländischen Arbeitnehmern beschränken, sind jedoch unzulässig. Im Rahmen des Elements *Ownership* spielt dagegen die wirtschaftliche Beteiligung von schwarzen südafrikanischen Staats-

783  S 10 BBBEE Act.

784  Einzelheiten bei *Mortensen*, S. 13.

785  *Geldenhuys*, WTO, S. 2.

786  Überzeugend *Geldenhuys*, WTO, S. 2; *Mortensen*, S. 13 f.

787  Schedule 1 Part 2 Codes of Good Practice; *Business Report*, Definition of beneficiaries draws a line, vom 2. November 2005.

788  *Cho/Dubash*, S. 7; *Geldenhuys*, WTO, S. 1.

bürgern an einem Unternehmen eine bedeutende Rolle. Diese Regelung stellt ebenfalls einen Verstoß gegen den Marktzugangsgrundsatz dar, denn sie begrenzt die Beteiligung von ausländischem Kapital an Unternehmen.[789] Das *BBBEE* verstößt damit in seiner jetzigen Form gegen verschiedene Regelungen der *WTO*.

### 3. Folgen eines Verstoßes

Die *WTO* als Organisation überwacht nicht von sich aus die Einhaltung ihrer Überein-kommen. Es obliegt den Mitgliedsstaaten, ihre Rechte zu wahren. Jeder Mitgliedsstaat, der sich durch das *BBBEE* in seinen Rechten verletzt fühlt, kann die Angelegenheit dem *DSB* vorlegen.[790] Der *DSB* entscheidet dann verbindlich über die Vereinbarkeit des *BBBEE* mit den Vorschriften der *WTO*. Privatpersonen sind nicht antragsberechtigt; be-nachteiligte Unternehmen können sich jedoch an ihre Regierungen wenden, damit diese den *DSB* anrufen.[791]

Die Gefahr eines Verfahrens vor dem *DSB* hängt wie ein „Damoklesschwert" über der Republik Südafrika. Welche Möglichkeiten bestehen, um die Gefahr zu bannen? In Be-tracht käme zunächst eine Überarbeitung der Vorschriften des *BBBEE*, die die Durch-setzung des *BBBEE* betreffen.[792] Es müsste auf die oben geschilderten kritischen Me-chanismen zur Durchsetzung des *BBBEE* verzichtet werden, um den Widerspruch zu den Übereinkommen der *WTO* zu entschärfen. Gerade die Berücksichtigung des *BBBEE* Status eines Unternehmens bei der Erteilung von Genehmigungen im Dienstleistungsbe-reich sowie der durch die „Säule" *Preferential Procurement* hervorgerufene „Kaska-deneffekt" spielen aber bei der Umsetzung des *BBBEE* eine herausragende Rolle. Streicht man diese Mechanismen, so beraubt man den südafrikanischen Staat seiner wirkungsvollsten Waffen zur Durchsetzung des *BBBEE*. Dies könnte letztendlich das Scheitern des *BBBEE* bedeuten.[793]

Alternativ könnte man die Definition des Begriffs Schwarze [794] abändern. Würde man das Kriterium der südafrikanischen Staatsbürgerschaft streichen, so verstieße das *BBBEE* vom Wortlaut her nicht mehr gegen den Grundsatz der Inländergleichbehand-lung. Südafrikanische Staatsbürger und Ausländer würden dann – zumindest auf dem Papier – gleichermaßen vom *BBBEE* profitieren. Allerdings würde das *BBBEE* faktisch auch weiterhin viele Mitgliedsstaaten der *WTO* benachteiligen.[795] In der Bundesrepublik Deutschland leben beispielsweise nur wenige Inder, Afrikaner und *Coloureds*. Deut-

---

789 Dies deutet an *Mortensen*, S. 14 ff.

790 Art. 1 Anhang 2 des Marrakesh-Übereinkommens zur Gründung der *WTO*.

791 *Nowak/Cremer*, S. 203 f; *Zahrnt*, S. 72.

792 Gemeint sind damit die Vorschriften s 10 BBBEE Act und C 500 S 500 Codes of Good Practice.

793 *Mortensen*, S. 17.

794 Schedule 1 Part 2 Codes of Good Practice.

795 Überzeugend *Mortensen*, S. 17.

schen Unternehmen fiele es daher auch nach einer Überarbeitung des Begünstigten-begriffs weitaus schwerer, die Anforderungen des *BBBEE* zu erfüllen, als südafrikani-schen Unternehmen. Eine solche faktische Benachteiligung genügt aber bereits für ei-nen Verstoß gegen den Grundsatz der Inländergleichbehandlung.[796]

Noch aus einem anderen Grund ist eine Änderung des Begünstigtenbegriffs bedenklich. Durch eine Streichung des Kriteriums der Staatsbürgerschaft würde das *BBBEE* einen wesentlichen Aspekt für seine Rechtfertigung verlieren. Das *BBBEE* will „Rassen" för-dern, die zu Zeiten der *Apartheid* benachteiligt wurden. Die Diskriminierung der *Apart-heid* betraf aber nur in Südafrika lebende Inder und Afrikaner. Inder, die in Indien leb-ten, oder Afroamerikaner aus den Vereinigten Staaten von Amerika hatten nicht unter der Politik der *Apartheid* zu leiden. Sie sollten daher jetzt auch nicht durch das *BBBEE* gefördert werden.

Die Republik Südafrika könnte schließlich noch mit den anderen Mitgliedsstaaten der *WTO* über eine nachträgliche Aufnahme einer Ausnahme für das *BBBEE* in die Länder-liste verhandeln. Das *BBBEE* würde dann zumindest nicht mehr gegen das *GATS* ver-stoßen. Bei der Änderung und dem Widerruf von Verpflichtungen nach dem *GATS* han-delt es sich jedoch um größtenteils unbekanntes Terrain und einen kostspieligen und zeitaufwändigen Prozess. Eine Rücknahme einer bereits eingegangenen Verpflichtung ist nach Eintritt der Bindungswirkung frühestens nach Ablauf von drei Jahren mög-lich.[797] Eine solche Rücknahme steht zudem unter dem Vorbehalt der Einigung über Ausgleichsmaßnahmen mit den durch die Rücknahme benachteiligten Mitglieds-staaten.[798] Diese Ausgleichsmaßnahmen unterliegen wiederum dem Prinzip der Meist-begünstigung.[799]

Droht ein Mitgliedsstaat damit, das *BBBEE* dem *DSB* vorzulegen, so kann man ihn auch nicht damit besänftigen, dass man das *BBBEE* auf Waren und Dienstleistungen aus die-sem einen Mitgliedsstaat nicht anwendet. Ein solches Vorgehen würde gegen das Meistbegünstigungsprinzip verstoßen. Nimmt man einzelne Mitgliedsstaaten vom An-wendungsbereich des *BBBEE* aus, so werden sie besser als andere Mitgliedsstaaten be-handelt. Alle anderen Mitgliedsstaaten könnten sodann verlangen, dass auch ihnen diese Ausnahme vom Anwendungsbereich des *BBBEE* eingeräumt wird.

Eine einfache Lösung für den Konflikt zwischen den Verpflichtungen der Republik Südafrika nach den Regelungen der *WTO* und dem *BBBEE* existiert also nicht. Die süd-afrikanische Regierung wartet ab und vertraut darauf, dass kein Mitgliedsstaat die An-gelegenheit dem *DSB* vorlegen wird. Ziel des *BBBEE* ist die Förderung einer benachtei-

---

796 *Mortensen*, S. 9.
797 Art. XXI Abs. 1 lit. a GATS.
798 Art. XXI Abs. 2 lit. a GATS.
799 Art. XXI Abs. 2 lit. b GATS.

ligten Bevölkerungsgruppe. Die Aufarbeitung von vergangener und noch andauernder Diskriminierung ist derzeit weltweit ein sensibles Thema. Staaten, die das *BBBEE* in Frage stellten, würden wahrscheinlich im In- und Ausland scharf kritisiert. Man würde ihnen vorwerfen, das lobenswerte Ziel, das die südafrikanische Regierung mit dem *BBBEE* verfolgt, zu torpedieren.[800] Dies könnte die Regierungen anderer Mitgliedsstaaten davon abhalten, das *BBBEE* in Frage zu stellen.

Indizien sprechen jedoch dafür, dass verschiedene Mitgliedsstaaten der *WTO* trotz dieser politischen Brisanz zu einem Vorgehen gegen die Republik Südafrika bereit wären. Mehrere Mitgliedsstaaten haben bereits öffentlich Bedenken hinsichtlich des *BBBEE* geäußert. Zudem steigt die Zahl der beim *DSB* anhängigen Verfahren von Jahr zu Jahr. Entwickelte Länder schrecken nicht mehr davor zurück, auch gegen Entwicklungsländer vorzugehen, wenn ihre Handelsinteressen beeinträchtigt werden.[801] Internationale Unternehmen nehmen eine Benachteiligung gegenüber konkurrierenden nationalen Unternehmen nicht weiter hin; sie üben Druck auf ihre Regierungen aus, um sie zu einem Einschreiten zu bewegen.[802]

## II.  Bilaterale Investitionsschutzabkommen *(BITs)*

Ausländische Unternehmen, die in Südafrika wirtschaftlich tätig sind, werden nicht nur durch die Übereinkommen der *WTO* geschützt; viele Staaten haben mit der Republik Südafrika zweiseitige Abkommen zum Schutz von ausländischen Investitionen unterzeichnet. Ausländische Investoren können sich möglicherweise auch auf die Schutzvorschriften dieser bilateralen Investitionsschutzabkommen *(Bilateral Investment Treaties, BITs)* berufen, um sich gegen eine Benachteiligung durch das *BBBEE* zu wehren.

Die *BITs* sind für die südafrikanische Regierung ein „zweischneidiges Schwert": auf der einen Seite bieten sie Sicherheit für südafrikanische Investoren im Ausland und ausländische Investoren in Südafrika. Letzteres fördert die Investitionstätigkeit in Südafrika, was wiederum zu mehr Wirtschaftswachstum führt. Eine positive wirtschaftliche Entwicklung ist Voraussetzung für einen Erfolg des *BBBEE*. Andererseits schränken die *BITs* aber auch den Spielraum der südafrikanischen Regierung zum Erlass von Maßnahmen zur Förderung früher benachteiligter Bevölkerungsgruppen ein.[803]

## 1.  Überblick über südafrikanische *BITs*

Bilaterale Investitionsschutzabkommen werden zwischen zwei Staaten abgeschlossen. Sie schützen Investitionen ausländischer natürlicher oder juristischer Personen im Gast-

---

800  *Geldenhuys* (Rechtsanwalt bei Floor Inc Attorneys), Email vom 05. März 2007.

801  Umfassend *Practical Action*, S. 1 ff.

802  *Mortensen*, S. 18 f.

803  *Peterson*, South Africa's BITs, S. 8.

staat.[804] Vorläufer der *BITs* waren verschiedene Freundschafts-, Handels- und Schifffahrtsverträge, die neben anderen Regelungen auch investitionsschützende Vorschriften enthielten.[805]

Die ersten *BITs* in der heute üblichen Form wurden in den fünfziger Jahren unter anderem von der Bundesrepublik Deutschland entwickelt.[806] Sie wurden zumeist zwischen einem Industrieland und einem Entwicklungs- oder Schwellenland abgeschlossen. In den folgenden Jahrzehnten – und insbesondere seit den achtziger Jahren – nahm die Zahl der *BITs* stetig zu; derzeit existieren weltweit über 2.400 *BITs*.[807] Allein die Bundesrepublik Deutschland unterhält bilaterale Investitionsschutzabkommen mit mehr als 140 Staaten.[808] Zu Zeiten der *Apartheid* schloss Südafrika keine *BITs* ab. Seit dem Ende der *Apartheid* hat die Republik Südafrika jedoch mit mehr als 40 Staaten über den Abschluss eines *BIT* verhandelt – ca. 20 davon sind bereits in Kraft getreten.[809] Der „Vertrag zwischen der Bundesrepublik Deutschland und der Republik Südafrika über die gegenseitige Förderung und den Schutz von Kapitalanlagen" (deutsch-südafrikanisches *BIT*) wurde am 11. September 1995 unterzeichnet und trat am 10. April 1998 in Kraft.[810]

Der Inhalt der *BITs* ist von Abkommen zu Abkommen unterschiedlich, denn es existiert keine allgemeingültige Vorlage für solche Verträge; *BITs* werden grundsätzlich von Fall zu Fall von den Parteien ausgehandelt. Ältere *BITs* beschränken sich weitgehend auf den Schutz bereits getätigter Investitionen. Sie schützen die Investoren vor eigentumsbeeinträchtigenden Maßnahmen. Neuere Abkommen beziehen zunehmend auch die vorgeschaltete Frage des Marktzugangs in ihren Anwendungsbereich mit ein. Sie gewährleisten, dass ausländische Investoren gewisse Investitionen im Gastland überhaupt vornehmen dürfen.[811]

Südafrikanische *BITs* bieten ausländischen Investoren umfangreichen Schutz. Die unterschiedlichen *BITs* weisen zwar geringfügige Unterschiede auf; ihre grundlegenden Regelungen – auf die es im Zusammenhang mit dem *BBBEE* ankommt – sind ihrem Inhalt nach jedoch vergleichbar. Diese Regelungen lassen sich in absolute und relative Schutzvorschriften einteilen. Relative Schutzvorschriften garantieren ausländischen Investoren eine Gleichbehandlung mit anderen Investoren. Absolute Schutzvorschriften gewährleisten dagegen einen gewissen Schutz unabhängig von der Behandlung anderer

---

804  *UNCTAD*, BITs, S. 13.

805  *Bartkowski*, S. 26; *Madl*, S. 98.

806  *Polter*, S. 35.

807  *ICSID*, S. 1; *UNCTAD*, Investor-State Disputes, S. 3.

808  *Bartkowski*, S. 27.

809  *Investment Treaty News*, Analysis: South African arbitration may raise delicate human rights issues, vom 14. Februar 2007.

810  *Kreutzfeld*, S. 119.

811  *ICSID*, S. 1.

Investoren.[812] Zu den absoluten Schutzvorschriften gehören unter anderem die Garantie einer „gerechten und billigen Behandlung", die Gewährleistung von „vollem Schutz und voller Sicherheit" sowie die Regelungen bezüglich Enteignungen und Verstaatlichungen. Relative Schutzvorschriften garantieren eine Gleichbehandlung mit nationalen Investoren – Grundsatz der Inländergleichbehandlung – und im Rahmen des Meistbegünstigungsprinzips eine Gleichstellung mit Investoren aus dritten Staaten.[813]

Neuere südafrikanische *BITs* weisen gegenüber älteren *BITs* eine Besonderheit auf, der im Zusammenhang mit dem *BBBEE* Bedeutung zukommt. Sie schreiben das Recht des Gaststaates fest, die Gleichheit in seinem Staatsgebiet zu fördern und Maßnahmen durchzuführen, die früher benachteiligte Personengruppen bevorzugen.[814] Die meisten der von der Republik Südafrika in den neunziger Jahren abgeschlossenen *BITs* stellen dagegen die Interessen der ausländischen Investoren in den Vordergrund und enthalten keinen solchen Hinweis auf legitime staatliche Interessen.[815]

Ein Beispiel hierfür ist das deutsch-südafrikanische *BIT*. Die Verhandlungen zu diesem Abkommen zwischen der Republik Südafrika und der Bundesrepublik Deutschland endeten Mitte der neunziger Jahre. In diesem Zeitraum fanden tief greifende politische Veränderungen in Südafrika statt; das Land stand vor der Herausforderung, die Vergangenheit aufzuarbeiten und Demokratie, Gleichheit und soziale Gerechtigkeit zu etablieren. Während auf diese Aufgaben in der Präambel der endgültigen Verfassung der Republik Südafrika ausführlich Bezug genommen wird,[816] findet sich in der Präambel des deutsch-südafrikanischen *BIT* keinerlei Hinweis darauf.[817] Stattdessen werden dort Belange wie die Intensivierung der wirtschaftlichen Beziehungen und die Förderung des Wohlstandes beider Völker hervorgehoben.[818]

Das Schweigen dieser älteren südafrikanischen *BITs* zu den wesentlichen politischen Zielen der unterzeichnenden Regierungen kann schwer wiegende Auswirkungen haben. Bei Auslegung der in den *BITs* enthaltenen Schutzvorschriften beziehen Schiedsgerichte den gesamten Wortlaut des jeweiligen *BIT* in ihre Überlegungen mit ein.[819] Kommt ein Schiedsgericht zu dem Schluss, dass alleiniges Ziel eines *BIT* die Schaffung günstiger Investitionsvoraussetzungen ist, so wird es auch bei der Interpretation der Schutz-

---

812 Einzelheiten bei *Peterson*, South Africa's BITs, S. 9.

813 *UNCTAD*, BITs, S. 28 und 33.

814 Vgl. beispielsweise Art. 3 Abs. 3 lit. c des südafrikanisch-tschechischen BIT.

815 *Investment Treaty News*, Analysis: South African arbitration may raise delicate human rights issues, vom 14. Februar 2007.

816 Vgl. die Präambel der endgültigen Verfassung der Republik Südafrika: „...Heal the divisions of the past and establish a society based on democratic values, social justice and fundamental human rights...".

817 *Kreutzfeld*, S. 120; *Peterson*, South Africa's BITs, S. 10.

818 Vgl. die Präambel des deutsch-südafrikanischen BIT.

819 *UNCTAD*, BITs, S. 3.

vorschriften der für die ausländischen Investoren günstigen Auslegungsvariante den Vorzug geben.[820] Lässt ein *BIT* dagegen erkennen, dass auch die politischen Ziele der beiden Staaten eine Rolle spielen sollen, so wird bei der Auslegung einer Schutzvorschrift den Interessen des Gaststaates größere Bedeutung beigemessen.

## 2. Verstoß des *BBBEE* gegen Schutzvorschriften der *BITs*

Das *BBBEE* ist im Hinblick auf verschiedene Regelungen der *BITs* kritisch zu bewerten. Es könnte sowohl gegen absolute wie auch gegen relative Schutzvorschriften verstoßen.

a) Absolute Schutzvorschriften

Hinsichtlich der absoluten Schutzvorschriften ist insbesondere die Regelung bezüglich Enteignungen zu beachten. Alle von Südafrika unterzeichneten *BITs* knüpfen die Zulässigkeit von Enteignungen an die Zahlung einer Entschädigung. Handelt es sich beim *BBBEE* um eine Enteignung, so würde es gegen die entsprechenden Regelungen der *BITs* verstoßen, denn das *BBBEE* sieht keine Entschädigung für ausländische Investoren vor. Die *BITs* enthalten jedoch keine Definition, was unter einer Enteignung zu verstehen ist.[821] Sie unterscheiden insbesondere nicht zwischen zu entschädigenden Enteignungen und nicht zu entschädigenden Eigentumsbeeinträchtigungen.[822]

Dies ist umso verwunderlicher, als die südafrikanische Verfassung diesbezüglich eine klare Abgrenzung trifft. Im Rahmen der Einigung über eine neue Verfassung für Südafrika wurde lange darüber diskutiert, ob überhaupt eine Regelung zum Schutz des Eigentums aufgenommen werden sollte. Manche hielten eine solche Regelung vor dem Hintergrund der südafrikanischen Vergangenheit für verfehlt. Wohlstand und Eigentum sind in Südafrika noch immer ungerecht zwischen Weißen und Schwarzen verteilt. Ein verfassungsrechtlicher Schutz des Eigentums birgt die Gefahr, den Handlungsspielraum der südafrikanischen Regierung hinsichtlich einer notwendigen Umverteilung der Ressourcen einzuschränken.

Letztlich einigte man sich auf einen zweigleisigen Schutz des Eigentums: Enteignungen sind nach s 25 endgV nur gegen Zahlung einer Entschädigung zulässig; bloße Beeinträchtigungen des Eigentums erfordern dagegen keine Entschädigungszahlung. Die Abgrenzung erfolgt nach der Wirkung der staatlichen Maßnahme. Eine Enteignung erfordert einen Übergang des Eigentums auf den Staat bzw. auf eine andere Person. Eine Eigentumsbeeinträchtigung beschränkt dagegen lediglich die Nutzung oder den Genuss des Eigentums, ohne dass der Eigentümer sein Eigentum verliert.[823] Die Abgrenzung

---

820 *Peterson*, BITs, S. 23 f.

821 *Fortier*, S. 1.

822 *UNCTAD*, BITs, S. 44.

823 Ausführlich *Eliakim*, S. 1.

der Enteignung von der Eigentumsbeeinträchtigung im südafrikanischen Recht lässt sich mit der Unterscheidung zwischen Enteignung und Inhalts- und Schrankenbestimmung im deutschen Verfassungsrecht vergleichen.[824]

Das Fehlen einer solchen Differenzierung zwischen Enteignungen und Eigentumsbeeinträchtigungen in den *BITs* führt dazu, dass Schiedsgerichte den Begriff Enteignung sehr weit auslegen. Es wird zwischen direkten und indirekten Enteignungen unterschieden.[825] Eine direkte Enteignung erfordert den tatsächlichen Entzug der geschützten Kapitalanlage durch einen direkten Zugriff; dies geschieht entweder durch Überführung aller vermögensrechtlichen Gegenstände eines Industriebereichs in staatliche Hände – Verstaatlichung – oder durch den Entzug einzelner Vermögensgegenstände, der eine Enteignung im engeren Sinne darstellt.[826] Der direkte Enteignungsbegriff lässt sich mit dem Verständnis von Enteignungen nach südafrikanischem und deutschem Verfassungsrecht vergleichen.

Eine indirekte Enteignung erfordert dagegen keinen Entzug der geschützten Kapitalanlage; es genügt, wenn die Maßnahme ohne formellen Zugriff auf das Eigentum in ihren Auswirkungen auf die Nutzung oder Verfügungsbefugnis über das Eigentum einer Enteignung gleichkommt.[827] Eine indirekte Enteignung kann zwei verschiedene Formen annehmen: es gibt schleichende Enteignungen und regelnde Enteignungen. Unter einer schleichenden Enteignung versteht man eine Serie von Maßnahmen, die auf den Entzug des Eigentums abzielen. Jeder einzelnen dieser Maßnahmen kommt nicht die Qualität einer direkten Enteignung zu; erst zusammen genommen haben sie die Wirkung einer indirekten Enteignung. Eine regelnde Enteignung zielt dagegen nicht auf die Beeinträchtigung des Eigentums ab, sondern verfolgt andere politische Ziele. Ihre schwer wiegenden Auswirkungen auf den wirtschaftlichen Wert eines Vermögensgegenstandes rechtfertigen jedoch die Annahme einer indirekten Enteignung.[828]

Das *BBBEE* könnte eine solche regelnde Enteignung darstellen. Im Rahmen des Elements *Ownership* müssen ausländische Investoren in den nächsten Jahren Anteile an ihrem Unternehmen an Schwarze veräußern. Investitionen rechnen sich oft erst nach längerer Zeit und werden von Investoren mit Blick auf diese langfristigen Gewinnchancen getätigt. Durch die Veräußerung der Anteile entgeht den ausländischen Investoren die auf diese Anteile entfallende zukünftige Rendite.

---

824 Vgl. Art. 14 GG.

825 *Notter*, S. 127.

826 *UNCTAD*, Investor-State Disputes, S. 41.

827 Metalclad Corporation v United Mexican States, ICSID Case no. ARB(AF)/97/1, Entscheidung des Schiedsgerichts vom 30. August 2000 par. 103; *Bartkowski*, S. 32.

828 *UNCTAD*, Investor-State Disputes, S. 42.

## b) Relative Schutzvorschriften

Das *BBBEE* könnte zudem gegen den Grundsatz der Inländergleichbehandlung verstoßen. Wie auch die Übereinkommen der *WTO* gewährleisten die von Südafrika unterzeichneten *BITs* mit dem Grundsatz der Inländergleichbehandlung ausländischen Investoren eine Gleichbehandlung mit südafrikanischen Investoren.[829] Voraussetzung ist jedoch, dass sich ausländische und inländische Investoren in einer vergleichbaren Situation befinden.[830]

Im Zusammenhang mit dem Grundsatz der Inländergleichbehandlung im Rahmen der *BITs* gelten grundsätzlich die gleichen Erwägungen wie im Rahmen des gleich lautenden Prinzips des Rechts der *WTO*; diesbezüglich kann auf die obigen Ausführungen verwiesen werden.[831] Soweit die Argumentation aber auf einen Vergleich der ausländischen Investoren mit südafrikanischen schwarzen Investoren hinausläuft, könnte die südafrikanische Regierung einwenden, dass die Situation von ausländischen und inländischen schwarzen Investoren nicht vergleichbar wäre. Nur inländische schwarze Investoren hätten unter der *Apartheid* gelitten, ausländische Investoren befänden sich daher in einer besseren Ausgangsposition. Inwieweit ein Schiedsgericht dieser Argumentation folgen würde, ist ungewiss. Die Anforderungen an den Grundsatz der Inländergleichbehandlung wurden von den Schiedsgerichten bisher noch nicht im Detail herausgearbeitet.[832]

Ein Verstoß gegen den Grundsatz der Inländergleichbehandlung lässt sich jedoch auch durch einen Vergleich von ausländischen Investoren mit südafrikanischen weißen Investoren begründen; insoweit greift der Einwand der mangelnden Vergleichbarkeit nicht. Durch das *BBBEE* werden nur südafrikanische Staatsangehörige begünstigt. Ausländische Investoren werden daher schlechter als südafrikanische Investoren – gleich welcher Rasse – behandelt, denn ausländischen Investoren fällt es schwerer, die Anforderungen des *BBBEE* zu erfüllen.

Die Anteilsinhaber und Manager von ausländischen Investoren sind zumeist keine südafrikanischen Staatsangehörigen. Bei südafrikanischen Investoren sind die Anteilsinhaber dagegen größtenteils Südafrikaner und auch ihre Führungskräfte sind zumeist im Besitz der südafrikanischen Staatsangehörigkeit. Damit erfüllen südafrikanische Investoren bereits eine wesentliche Voraussetzung des Begünstigtenbegriffs des *BBBEE*. Ungefähr 90% der südafrikanischen Bevölkerung sind Schwarze.[833] Nachdem Schwarze nun zunehmend in die Wirtschaft integriert werden, werden südafrikanische Investoren nach und nach immer mehr schwarze Anteilsinhaber und Manager aufweisen können.

---

829  *Notter*, S. 124; *Banz*, S. 66 f.

830  *UNCTAD*, BITs, S. 33.

831  Siehe 4. Kapitel B I 2 (Verstoß des *BBBEE* gegen die Übereinkommen der *WTO*).

832  *UNCTAD*, Investor-State Disputes, S. 34.

833  *Holz-Kemmler*, S. 11.

Damit erfüllen sie ohne größere Anstrengungen mit der Zeit – zumindest teilweise – die Zielwerte für die Elemente *Management Control* und *Ownership*. Dieser automatische Umwandlungseffekt wird bei ausländischen Investoren weitgehend ausbleiben. Sie müssen aktiv Veränderungen an der Zusammensetzung ihrer Anteilsinhaber und ihres Managements vornehmen und sind dadurch gegenüber südafrikanischen Investoren benachteiligt. Der Grundsatz der Inländergleichbehandlung will Investoren aber gerade vor einer Benachteiligung aufgrund ihrer Staatsangehörigkeit schützen.[834]

In manchen südafrikanischen *BITs* finden sich Klauseln, die den Anwendungsbereich des Grundsatzes der Inländergleichbehandlung einschränken; sie gestatten den unterzeichnenden Parteien, einheimische Investoren unter bestimmten Voraussetzungen bevorzugt zu behandeln.[835] Soweit diese Regelungen *Affirmative Action* Maßnahmen umfassen, ist das *BBBEE* grundsätzlich zulässig. Diskutiert werden könnte lediglich, ob dem Ermessen der südafrikanischen Regierung hinsichtlich des notwendigen Ausmaßes solcher *Affirmative Action* Maßnahmen Grenzen zu setzen sind.[836]

Viele südafrikanische *BITs* enthalten jedoch keinerlei Beschränkungen hinsichtlich des Anwendungsbereichs des Grundsatzes der Inländergleichbehandlung.[837] Im Rahmen solcher *BITs* verletzt das *BBBEE* diese relative Schutzvorschrift. Das Fehlen einer Klausel, die den Anwendungsbereich des Grundsatzes der Inländergleichbehandlung einschränkt, kann als Indiz dafür gewertet werden, dass *Affirmative Action* Maßnahmen nicht zulässig sein sollen.

Generell handelt es sich bei der Überprüfung der Vereinbarkeit von *Affirmative Action* Maßnahmen mit den Verpflichtungen eines Gaststaates nach den von ihm unterzeichneten *BITs* um rechtliches Neuland. Nach dem Kenntnisstand der Autorin liegt noch keine schiedsgerichtliche Entscheidung zu diesem Thema vor.[838] Es lässt sich nicht vorhersagen, anhand welcher konkreten Kriterien ein Schiedsgericht die Vereinbarkeit einer *Affirmative Action* Maßnahme mit den Schutzvorschriften der *BITs* überprüfen wird.

## 3. Folgen eines Verstoßes

Verletzungen der in den *BITs* enthaltenen Investitionsschutzpflichten können eingeklagt werden. Zuständig ist ein internationales Schiedsgericht – beispielsweise das *Interna-*

---

834 Überzeugend *Kreutzfeld*, S. 135f; *Peterson*, South Africa's BITs, S. 28.

835 Vgl. beispielsweise Art. 3 Abs. 3 des südafrikanisch-israelischen und Art. 3 Abs. 4 des südafrikanisch-tansanischen BIT.

836 *Peterson*, South Africa's BITs, S. 30.

837 Hierzu zählen unter anderem die *BITs* mit einigen westeuropäischen Staaten, wie z.B. Italien, Finnland, Schweiz, Griechenland, Frankreich und Großbritannien.

838 Es besteht keine Pflicht, die Einleitung oder den Ausgang eines Verfahrens vor den internationalen Schiedsgerichten öffentlich bekannt zu machen. Dazu *Investor-State Disputes*, S. 5 f.

*tional Centre for the Settlement of Investment Disputes (ICSID).* Die Zuständigkeit des Schiedsgerichts ist im jeweiligen *BIT* geregelt. Die Rechtsschutzmöglichkeit durch ein internationales Gericht gewährleistet, dass ein Gaststaat einem ausländischen Investor nicht durch einseitige nationale Maßnahmen die Durchsetzung seiner Rechte erschweren kann.[839] Diese Gefahr bestünde, wenn ein ausländischer Investor hinsichtlich seiner Rechtsschutzmöglichkeiten auf den Rechtsweg zu den nationalen Gerichten des Gaststaates beschränkt wäre. Die erwirkten Schiedssprüche sind in der Regel nach dem „New Yorker Übereinkommen über die Anerkennung und Vollstreckung ausländischer Schiedssprüche" international vollstreckbar.

Verschiedene Gründe sprechen dafür, dass ausländische Investoren sich bald auf ihre Rechte aus den *BITs* berufen und das *BBBEE* einem internationalen Schiedsgericht vorlegen könnten. Im Gegensatz zum Recht der *WTO* können auch private Unternehmen einen Verstoß gegen *BITs* geltend machen.[840] Regierungen könnten aus politischen Gründen vor einem Vorgehen gegen die Republik Südafrika zurückschrecken; private Unternehmen unterliegen diesem politischen Druck nicht.[841] Ein laufendes Verfahren vor dem *ICSID* zeigt, dass ausländische Investoren bereit sind, die *Black Economic Empowerment* Politik der südafrikanischen Regierung anzugreifen. Streitgegenstand ist der *Mineral and Petroleum Resources Development Act 28 of 2002 (MPRDA).* Europäische Investoren machen in diesem Verfahren eine Verletzung ihrer durch verschiedene *BITs* geschützten Rechte geltend. Der *MPRDA* verlangt eine Umwandlung bestehender Förderrechte für den Bergbau. Bei dieser Umwandlung hat das Ministerium für Bergbau und Energie zu berücksichtigen, inwieweit ein Unternehmen früher benachteiligte Bevölkerungsgruppen fördert und die Ziele der *Mining Sector BEE Charter* erfüllt.[842] Die Investoren tragen vor, dass dieses Verfahren unter anderem gegen den Grundsatz einer „gerechten und fairen Behandlung" von ausländischen Investitionen und den Grundsatz der Inländergleichbehandlung verstoße.[843]

Verfahren zwischen Investoren und Gaststaaten vor internationalen Schiedsgerichten nehmen stetig zu.[844] Ein Grund hierfür ist sicherlich die wachsende Zahl an bilateralen Investitionsschutzabkommen. Aber auch das gesteigerte öffentliche Interesse an solchen internationalen Schiedssprüchen trägt zu diesem Anstieg an Verfahren bei. In letzter Zeit unterlagen einige Gaststaaten in schiedsgerichtlichen Verfahren und mussten daraufhin hohe Entschädigungen an die klagenden Investoren zahlen. Über die Verfahren wurde in der Fachpresse ausgiebig berichtet. Diese Erfolge ermutigen andere Investoren, ihre Rechte ebenfalls geltend zu machen. Zudem spezialisieren sich immer mehr

---

839 *UNCTAD*, BITs, S. 99 f.

840 In diese Richtung *Notter*, S. 140.

841 *Geldenhuys* (Rechtsanwalt bei Floor Inc Attorneys), Email vom 05. März 2007.

842 *Financial Mail*, Left behind, vom 26. Januar 2007.

843 *Geldenhuys*, BEE policy, S. 1; *Investment Treaty News*, European governments exerted diplomatic pressure on SA, vom 14. Februar 2007.

844 Siehe im Einzelnen *UNCTAD*, Latest Developments, S. 2.

Kanzleien auf die Geltendmachung von solchen Ansprüchen. Sie beraten ihre Mandanten gezielt über ihre Rechte nach den *BITs* und weisen sie auf die Vorteile eines Verfahrens vor internationalen Schiedsgerichten gegenüber einem Verfahren vor nationalen Gerichten des Gaststaates hin.[845]

Schließlich weist ein Vorgehen gegen das *BBBEE* nach den Vorschriften der *BITs* für ausländische Investoren einige Vorteile gegenüber einem Vorgehen nach nationalem Recht auf. Für die Entscheidung über die Vereinbarkeit des *BBBEE* mit den *BITs* sind internationale Schiedsgerichte zuständig. Beruft ein Investor sich dagegen auf nationale Gesetze, so entscheiden südafrikanische Gerichte. Diese stünden unter großem öffentlichen Druck; bei einer Entscheidung zugunsten der Investoren sähen sie sich dem Vorwurf ausgesetzt, dass sie die Förderung der schwarzen Bevölkerung behindern.[846] Internationale Schiedsgerichte sind unparteiischer.[847] Sie unterliegen diesem öffentlichen Druck nicht im gleichen Maße wie nationale Gerichte, da sie größeren Abstand zum aktuellen Geschehen in Südafrika haben.[848] Zudem finden Verfahren vor internationalen Schiedsgerichten zumeist unter Ausschluss der Öffentlichkeit statt.[849]

Ein weiterer Vorteil eines Vorgehens nach den *BITs* ist die Höhe der zu zahlenden Entschädigung. Die südafrikanische Verfassung verpflichtet den Staat bei Enteignungen nur zur Zahlung einer angemessenen Entschädigung.[850] Bei der Entscheidung über die Angemessenheit sind verschiedene Faktoren zu berücksichtigen – unter anderem auch das Ziel der staatlichen Maßnahme.[851] Nach den *BITs* ist das Gastland dagegen im Falle einer Enteignung zumeist verpflichtet, den Investoren eine Entschädigung in Höhe des vollen Marktwerts zu zahlen.[852]

Bei einer schiedsgerichtlichen Entscheidung zugunsten ausländischer Investoren könnte die Republik Südafrika zu Entschädigungszahlungen in Milliardenhöhe verpflichtet werden. In der Vergangenheit hat die südafrikanische Regierung in bilateralen Investitionsschutzabkommen nur ein willkommenes Mittel zur Steigerung der ausländischen Investitionen und damit zur Ankurbelung der Wirtschaft gesehen. Nun wird sie mit der negativen Seite solcher Abkommen konfrontiert.

---

845  *Peterson*, South Africa's BITs, S. 12.

846  *Investment Treaty News*, Analysis: South African arbitration may raise delicate human rights issues, vom 14. Februar 2007.

847  *Bartkowski*, S. 33.

848  *Financial Mail*, Left behind, vom 26. Januar 2007.

849  *UNCTAD*, Investor-State Disputes, S. 56.

850  S 25 endgV.

851  *Investment Treaty News*, Analysis: South African arbitration may raise delicate human rights issues, vom 14. Februar 2007.

852  Vgl. beispielsweise Art. 4 Abs. 2 deutsch-südafrikanisches BIT; *Financial Mail*, Left behind, vom 26. Januar 2007; *Notter*, S. 133; *Banz*, S. 76.

Ein einfacher Ausweg aus dem Konflikt zwischen dem *BBBEE* und den Verpflichtungen der Republik Südafrika nach den verschiedenen *BITs* ist nicht ersichtlich. Bereits abgeschlossene *BITs* kann die südafrikanische Regierung nicht einseitig ändern; sie kann lediglich mit der Regierung des jeweils anderen Staates über eine Änderung des *BIT* verhandeln. Beim Abschluss von neuen *BITs* muss die südafrikanische Regierung darauf achten, dass sie sich das Recht zur Durchführung von *Affirmative Action* Maßnahmen vorbehält. Dies kann entweder durch eine Erwähnung der politischen Ziele in der Präambel der *BITs* oder – besser noch – durch die Aufnahme einer ausdrücklichen Ausnahmeregelung geschehen.[853]

## C    Zusammenfassung

Es besteht ein Spannungsverhältnis zwischen dem *BBBEE* und anderen nationalen Gesetzen sowie internationalen Übereinkommen. Der Konflikt zwischen dem *BBBEE* und anderen *Affirmative Action* Gesetzen wie dem *Skills Development Act* und dem *Preferential Procurement Policy Framework Act* wurde bereits – bzw. wird in nächster Zeit – durch Abstimmung der Gesetze aufeinander gelöst. Der Widerspruch zwischen dem *BBBEE* und s 38 Companies Act a.F. besteht derzeit noch und behindert die Umsetzung des Elements *Ownership*; künftig erlaubt s 38 (2A) Companies Act n.F. jedoch, dass die Zielgesellschaft Schwarze beim Erwerb von Gesellschaftsanteilen finanziell unterstützt.

Das *BBBEE* verstößt in seiner jetzigen Form sowohl gegen die Übereinkommen der *WTO* als auch gegen die meisten der von der Republik Südafrika unterzeichneten *BITs*. Problematisch ist insbesondere der Begünstigtenbegriff des *BBBEE*: die Anknüpfung an das Kriterium der südafrikanischen Staatsbürgerschaft verstößt gegen den Inländergleichbehandlungsgrundsatz, der sowohl in den wichtigsten Übereinkommen der *WTO* – dem *GATT* und dem *GATS* – als auch in den *BITs* verankert ist. Zudem stellt das *BBBEE* eine regelnde Enteignung dar und verletzt damit eine absolute Schutzvorschrift der *BITs*.

Über Verstöße gegen die Übereinkommen der *WTO* entscheidet der *DSB* verbindlich. Antragsberechtigt sind in Verfahren vor dem *DSB* nur die Mitgliedsstaaten der *WTO*. Bisher hat noch kein Mitgliedsstaat den *DSB* im Zusammenhang mit dem *BBBEE* angerufen. Für Verstöße gegen Schutzvorschriften der *BITs* sind internationale Schiedsgerichte zuständig; auch Investoren sind im Rahmen solcher Verfahren antragsberechtigt. Entscheidet der *DSB* oder ein internationales Schiedsgericht, dass das *BBBEE* gegen das Recht der *WTO* oder gegen Schutzvorschriften der *BITs* verstößt, so kann dies für die Republik Südafrika schwer wiegende Folgen haben.

---

853  Siehe dazu *UNCTAD*, BITs, S. 142.

## Abschließende Würdigung

Die südafrikanische Regierung sieht das *BBBEE* als politische Notwendigkeit für den Fortbestand der jungen Demokratie.[854] Jahrzehntelang hat die schwarze Bevölkerung Südafrikas für ihre Gleichheit vor dem Gesetz gekämpft; nun fragt sie sich zu Recht, welchen Wert die durch die Verfassung errungene Gleichheit auf dem Papier hat, wenn sich ihre Lebenssituation auch ein Jahrzehnt nach dem politischen Wandel noch nicht wesentlich gebessert hat. Ein staatliches Einschreiten ist erforderlich, denn eine natürliche Umverteilung der wirtschaftlichen Ressourcen würde noch mehrere Jahrzehnte in Anspruch nehmen. Tritt nicht bald eine Besserung der wirtschaftlichen Situation für die breite Masse der Bevölkerung ein, so droht eine Gefährdung des sozialen Friedens im Land.

Ein „Patentrezept" für den Ausgleich des derzeitigen wirtschaftlichen Ungleichgewichts in Südafrika existiert nicht. Trotz der geschilderten Mängel zeigt das *BBBEE* einen interessanten neuen Weg auf, wie die Ungerechtigkeit bekämpft werden kann. Dies ist insbesondere vor dem Hintergrund des warnenden Beispiels von Zimbabwe[855] ein Hoffnungsschimmer: eine friedliche Aufarbeitung der Folgen vergangenen Unrechts auf dem afrikanischen Kontinent ist vielleicht doch noch möglich.

---

854 *Business Report*, BEE not to be feared, says Mphalwa, vom 10. Juli 2007.

855 Einzelheiten zu der Entwicklung in Zimbabwe in *Business Report*, While other countries rake in revenue, Zimbabwe misses its share of global boom, vom 16. Juli 2007; *Business Report*, Harare moves to strip control from foreign business, vom 27. Juni 2007; *Southall*, S. 23.

# Thesen

## 1. Kapitel    Grundlagen

1.    Der Begriff *Affirmative Action* entstand in den sechziger Jahren in den Vereinigten Staaten von Amerika. Das Konzept findet heute weltweit Anwendung; teilweise werden jedoch andere Bezeichnungen dafür verwendet. Wörtlich übersetzt bedeutet *Affirmative Action* „bejahende, bestärkende Handlung". Im weitesten Sinne verstanden fällt hierunter in Bezug auf Südafrika jede Maßnahme, die gezielt die Interessen der zu Zeiten der *Apartheid* benachteiligten Personen bzw. Personengruppen fördert (C I).

2.    Das Konzept des *Black Economic Empowerment (BEE)* wurde von der südafrikanischen Regierung mit dem politischen Wandel im Jahr 1994 offiziell eingeführt. Man verstand darunter die Umgestaltung der wirtschaftlichen Strukturen zum Vorteil der früher benachteiligten Bevölkerungsgruppen. Die südafrikanische Regierung erläuterte jedoch nicht, welche konkreten Maßnahmen von diesem Konzept umfasst sein sollten. Daher handelt es sich beim *BEE* letztlich nur um ein politisches Schlagwort (C II).

3.    *Broad-based Black Economic Empowerment (BBBEE)* bezeichnet ein konkretes Programm der südafrikanischen Regierung. Das Programm soll die wirtschaftlichen Probleme Südafrikas lösen und bis 2014 einen wesentlichen Fortschritt im Bereich des *Black Economic Empowerment* erzielen. Das *BBBEE* enthält zwar auch wesentliche *Affirmative Action* Gedanken; im Gegensatz zu herkömmlichen *Affirmative Action* Maßnahmen will das *BBBEE* jedoch nicht nur bestehende Ressourcen umverteilen, sondern die gesamte südafrikanische Wirtschaft umgestalten und zu mehr Wirtschaftswachstum führen (C III).

## 2. Kapitel    Hintergründe des *BBBEE*

4.    Dem in s 9 endgV verankerten Gleichheitsrecht kommt ein besonders hoher Stellenwert in der südafrikanischen Verfassung zu. Die Verfassung bekennt sich nicht nur zu formeller, sondern zu substantieller Gleichheit in Form der Chancengleichheit. Ein Verstoß gegen das Gleichheitsrecht wird in vier Stufen geprüft: Voraussetzung ist zunächst, dass überhaupt eine Differenzierung vorliegt. Anschließend wird zwischen einer Differenzierung und einer Diskriminierung unterschieden. Eine Diskriminierung kann „fair" oder „unfair" sein. Eine „unfaire" Diskriminierung verstößt gegen das Gleichheitsrecht – es sei denn sie ist ausnahmsweise nach s 36 endgV gerechtfertigt (A II).

5.    Bei *Affirmative Action* handelt es sich um einen integralen Bestandteil des Gleichheitsrechts. Eine *Affirmative Action* Maßnahme stellt zwar immer eine Diskriminierung dar. Wenn sie die Voraussetzungen von s 9 (2) endgV erfüllt,

ist die Diskriminierung jedoch „fair" und verstößt nicht gegen das Gleichheits-recht. Begünstigte von Maßnahmen nach s 9 (2) endgV können nur Personen oder Kategorien von Personen sein, die durch „unfaire" Diskriminierung be-nachteiligt wurden. Zudem muss die Maßnahme dazu bestimmt sein, solche Per-sonen oder Kategorien von Personen zu beschützen oder zu fördern. Als letzte Voraussetzung verlangt das Verfassungsgericht, dass die Maßnahme auch tat-sächlich die Erzielung von Gleichheit fördert (A III).

6.  Als Vorbild für das *BBBEE* diente die malaysische *New Economic Policy (NEP)*. Nach der Erlangung der Unabhängigkeit von Großbritannien im Jahr 1957 litt Malaysia unter schweren interethnischen Spannungen. Während die Malaien in der Politik die führende Rolle einnahmen, dominierten Chinesen und ausländische Investoren die Wirtschaft. Mit der *NEP* wirkte die malaysische Re-gierung dem wirtschaftlichen Ungleichgewicht zwischen den verschiedenen Be-völkerungsgruppen erfolgreich entgegen. Zwischen der *NEP* und dem *BBBEE* bestehen jedoch wesentliche Unterschiede: nicht nur die Ausgangssituation der beiden Länder ist unterschiedlich, sondern das *BBBEE* verfolgt auch deutlich ambitioniertere Ziele als die *NEP* (B).

7.  Schwarze wurden zu Zeiten der *Apartheid* systematisch von der wirtschaftlichen Macht ausgeschlossen. Noch heute spielen sie in der Wirtschaft Südafrikas nur eine untergeordnete Rolle. Schon vor dem *BBBEE* existierten Maßnahmen zur Förderung der Schwarzen in Südafrika. Neben vereinzelten Initiativen der Pri-vatwirtschaft enthielten auch verschiedene Regierungsprogramme *Black Eco-nomic Empowerment* Gedanken. Zudem verabschiedete das Parlament um die Jahrtausendwende verschiedenste *Affirmative Action* Gesetze. Diese Maßnah-men hatten jedoch nicht den erhofften Erfolg – noch immer ist die Bevölkerung Südafrikas von tief verwurzelter Ungleichheit geprägt. Das Scheitern dieser Maßnahmen sowie der Abschlussbericht der *BEE Commission* bewegten die Regierung schließlich zum Umdenken: seit 2003 verfolgt sie einen breit ange-legten *BEE* Ansatz (C).

## 3. Kapitel    Das Programm des *BBBEE*

8.  Das *BBBEE* setzt sich aus verschiedenen Rechtsquellen zusammen. Der vom Parlament erlassene *BBBEE Act* stellt die gesetzliche Grundlage dar und defi-niert in groben Zügen die Ziele des Programms. In der *BBBEE Strategy* erläutert der Wirtschaftsminister den strategischen Rahmen des *BBBEE*. Mit Hilfe der *Generic Scorecard* wird der Fortschritt der einzelnen Unternehmen hinsichtlich des *BBBEE* bewertet. Die *Codes of Good Practice* stellen schließlich einen Rahmen für die praktische Umsetzung des *BBBEE* auf (A).

9.  Das *BBBEE* wird von vier Grundprinzipien beherrscht: es soll fester Bestandteil einer guten Unternehmensführung sein, einen umfassenden Prozess darstellen

und als Teil der Strategie für mehr Wirtschaftswachstum einen nachhaltigen Umgestaltungsprozess in Gang setzen. Zudem handelt es sich beim *BBBEE* um ein breit angelegtes Förderprogramm. Schwarze sollen auf sieben verschiedenen Gebieten wirtschaftlich gefördert werden. Diese sieben Elemente werden auch als „sieben Säulen" des *BBBEE* bezeichnet. Im Einzelnen handelt es sich um die Elemente *Ownership, Management Control, Employment Equity, Skills Development, Preferential Procurement, Enterprise Development* und *Socioeconomic Development and Sector Specific Contributions* (B).

10. Im Rahmen des Elements *Ownership* wird bewertet, in welchem Umfang Schwarze als Inhaber an einem Unternehmen beteiligt sind. Durch die „Säule" *Management Control* sollen Schwarze zunehmend auch in den Führungsetagen der Unternehmen vertreten sein. Gleichheit am Arbeitsplatz will das Element *Employment Equity* erreichen und gibt dafür Zielwerte für die Beschäftigung von schwarzen Arbeitnehmern vor. Durch die „Säule" *Skills Development* sollen der schwarzen Bevölkerung die notwendigen Fähigkeiten vermittelt werden, die sie für eine Teilnahme an allen Bereichen des Wirtschaftslebens benötigt. Das Element *Preferential Procurement* will Unternehmen dazu anhalten, Waren und Dienstleistungen verstärkt von Unternehmen mit einem guten *BBBEE* Status zu beziehen. Die „Säule" *Enterprise Development* belohnt schließlich Maßnahmen, mit denen ein Unternehmen die nachhaltige Entwicklung bestimmter begünstigter Unternehmen unterstützt. Die Durchführung von Programmen zur sozioökonomischen Entwicklung wird dagegen im Rahmen des Elements *Socioeconomic Development* honoriert (C).

11. Begünstigte des *BBBEE* können nur Afrikaner, *Coloureds* und Inder mit südafrikanischer Staatsangehörigkeit sein. Der Nachweis einer individuellen Benachteiligung ist nicht erforderlich. Es genügt, zu einer dieser Bevölkerungsgruppen zu gehören, um vom *BBBEE* profitieren zu können. Die verschiedenen begünstigten „Rassen" werden im Rahmen des *BBBEE* alle gleich behandelt. Schwarze Frauen werden dagegen besonders gefördert (D I).

12. Bei der Umsetzung der Anforderungen des *BBBEE* durch die Unternehmen handelt es sich grundsätzlich um eine freie unternehmerische Entscheidung. Staatliche Organe und öffentliche Körperschaften sind jedoch verpflichtet, den *BBBEE Act* und die *Codes of Good Practice* im Rahmen ihrer Entscheidungen – etwa bei der Erteilung von Genehmigungen und der Vergabe von öffentlichen Aufträgen – zu berücksichtigen. Durch das Element *Preferential Procurement* soll zudem der Druck zur Umsetzung des *BBBEE* innerhalb der Zulieferkette weitergegeben werden. Unternehmen, die sich dem *BBBEE* verschließen, werden sich wirtschaftlichen Benachteiligungen in verschiedensten Bereichen ausgesetzt sehen (D II).

13. Kleinstunternehmen *(EMEs)* sind vom Anwendungsbereich des *BBBEE* vollständig ausgenommen. Auf Kleinunternehmen *(QSEs)* und internationale Unternehmen ist das *BBBEE* grundsätzlich anwendbar; es gelten jedoch bestimmte Erleichterungen. Darüber hinaus gibt es keine Möglichkeit, Unternehmen in bestimmten Einzelfällen von der Umsetzung der Anforderungen des *BBBEE* ganz oder teilweise zu entbinden (D III).

14. *Fronting* beschreibt Vorgehensweisen, bei denen Schwarze ihre Gesichter an weiße Unternehmen verleihen. Sie sollen den Unternehmen eine künstliche schwarze „Fassade" geben, damit diese formal die Anforderungen des *BBBEE* erfüllen. *Fronting* verstößt gegen den Grundsatz *substance over form* und gefährdet die nachhaltige Umsetzung der Ziele des *BBBEE*. Das Wirtschaftsministerium veröffentlichte Richtlinien zur Eindämmung des *Frontings*. Umgehungsmechanismen werden bestraft – bis hin zum vorübergehenden Außerkraftsetzen der *Scorecard* eines Unternehmens (D IV).

## 4. Kapitel    Verhältnis des *BBBEE* zu anderen Regelungen

15. Der Widerspruch zwischen dem *BBBEE* und anderen *Affirmative Action* Gesetzen wurde bereits – bzw. wird in nächster Zeit – durch Abstimmung der verschiedenen Gesetze aufeinander gelöst. Der Konflikt mit der gesellschaftsrechtlichen Regelung der s 38 Companies Act a.F. besteht derzeit noch. Diese Vorschrift erschwert die Finanzierung des Erwerbs von Gesellschaftsanteilen durch Schwarze. Die Umsetzung des Elements *Ownership* wird dadurch erschwert. Die im Zuge der Gesellschaftsrechtsreform neu eingefügte s 38 (2A) Companies Act n.F. erlaubt es künftig der Zielgesellschaft, Schwarze beim Erwerb von Gesellschaftsanteilen unter gewissen Voraussetzungen finanziell zu unterstützen (A).

16. Das *BBBEE* verstößt in seiner jetzigen Form gegen die Übereinkommen der Welthandelsorganisation. Der Begünstigtenbegriff des *BBBEE* knüpft an das Kriterium der Staatsangehörigkeit an; er widerspricht damit dem im *GATT* und im *GATS* verankerten Grundsatz der Inländergleichbehandlung. Über Verstöße gegen die Übereinkommen der *WTO* entscheidet der *DSB* verbindlich. Antragsberechtigt sind in Verfahren vor dem *DSB* nur die Mitgliedsstaaten der *WTO*. Privatpersonen können lediglich Druck auf ihre Regierung ausüben, damit diese die Angelegenheit dem *DSB* vorlegt (B I).

17. Das *BBBEE* verstößt auch gegen verschiedene von der Republik Südafrika unterzeichnete bilaterale Investitionsschutzabkommen. Der Begünstigtenbegriff des *BBBEE* verletzt die relative Schutzvorschrift der Inländergleichbehandlung. Die *BITs* schützen ausländische Investoren zudem vor Enteignungen. Das *BBBEE* verstößt mit dem Element *Ownership* gegen diese absolute Schutzvorschrift. Verletzungen der in den *BITs* enthaltenen Investitionsschutzpflichten

können eingeklagt werden; zuständig sind internationale Schiedsgerichte. Auch Investoren sind im Rahmen solcher Verfahren antragsberechtigt (B II).

# Literaturverzeichnis

*Abeltshauser, Thomas/Buck, Petra (Hrsg.):* Corporate Governance, Tagungsblatt der 1. Hannoveraner Unternehmensrechtstage (2004)

*Adam, Kanya:* The Colour of Business: Managing Diversity in South Africa, (2000) (zit.: *Adam*, Colour of Business)

*Adam, Kanya:* The Politics of Redress: South African Style Affirmative Action, Journal of African Studies (1997) (zit.: *Adam*, Politics of Redress)

*Adams, Charles (Hrsg.):* Affirmative Action in a Democratic South Africa (1993)

*Agocs, Carol (Hrsg.):* Workplace Equality – International Perspectives on Legislation, Policy and Practice (2002)

*Albertyn, Catherine/Goldblatt, Ben:* Facing the challenge of transformation: Difficulties in the development of an indigenous jurisprudence of equality, SAJHR (1998), S. 249 ff.

*Albertyn, C./Kentridge, J.:* Introducing the Right to Equality in the Interim Constitution, South African Journal on Human Rights (1994), S. 149 ff.

*Alexander, Mary:* Black Economic Empowerment; http://www.southafrica.info/doing_business/trends/empowerment/bee.htm [zuletzt abgerufen am 16. August 2007]

*Alexander, Neville:* Affirmative Action and the Perpetuation of Racial Identities in Post-Apartheid South Africa (Vorlesung auf dem East London Campus der Fort Hare University im März 2006); http://www.hrsc.ac.za/research/programmes/DG/events/20060511 NevilleAlexaner.pdf [zuletzt abgerufen am 18. August 2007]

*Andrews, Penelope/Ellmann, Stehen (Hrsg.):* The Post-Apartheid Constitutions (2001)

*Ansprenger, Franz:* Geschichte Afrikas (2007)

*Appelt, Erna/Jarosch, Monika (Hrsg.):* Combating Racial Discrimination: Affirmative Action as a Model for Europe (2000)

*Balshaw, Tony/Goldberg, Jonathan:* Cracking Broad-based Black Economic Empowerment – Codes and Scorecard Unpacked (2005)

*Banz, Michael:* Völkerrechtlicher Eigentumsschutz durch Investitionsschutzabkommen (1987)

*Barclay, Claire:* Why the BEE Codes should provide for exemptions, Without Prejudice (September 2006), S. 34 f.

*Bartkowski, Mareike:* Investitionsschutz im internationalen Luftverkehr (2001)

*Bassmann, Winfried (Hrsg.):* Südafrika in der Schule (1984)

*Basson, Annali/Christianson, Marylyn/Garbers, Christoph/le Roux, P.A.K./Mischke, Carl/Strydom, E.M.L.:* Essential Labour Law (2000)

*Beckwith, Francis/Jones, Todd (Hrsg.):* Affirmative Action – Social Justice or Reverse Discrimination? (1997)

*BEE Commission:* BEE Commission Report (2001); http://beecom.org.za/documents/ BEE.pdf [zuletzt abgerufen am 30. August 2007]

*Behrens, Michael/von Rimscha, Robert (Hrsg.):* Südafrika nach der Apartheid (1996)

*Benjamin, Paul/Raditapole, Tefo/Taylor, Mandy:* Black Economic Empowerment – Commentary, Legislation and Charters (Loseblattsammlung, Stand: Mai 2006)

*Beuthin, R.C./Luiz, S.M.:* Beuthin's Basic Company Law (2000)

*Biermann, Chris:* Black Economic Empowerment and Cash for Small and Medium Sized Business (2005)

*Blanchard, F.A./Crosby, F.J. (Hrsg.):* Affirmative Action in Perspective (1989)

*Blume, Andreas:* Chinas Beitritt zur Welthandelsorganisation aus Sicht der Neuen Politischen Ökonomie des Protektionismus (2002)

*Botschaft der Republik Südafrika (Hrsg.):* Batho Pele – Die Menschen zuerst, Bulletin der Botschaft der Republik Südafrika (Juni 2003)

*Bundesagentur für Außenwirtschaft, Bfai (Hrsg.):* Südafrika – Wirtschaftstrends (2006)
(zit.: *Bfai*, Wirtschaftstrends)

*Bundesagentur für Außenwirtschaft, Bfai (Hrsg.):* Investitionsklima und -risiken Südafrika (2006) (zit.: *Bfai*, Investitionsklima)

*Bundesagentur für Außenwirtschaft, Bfai (Hrsg.):* Republik Südafrika (1998) (zit.: *Bfai*, Republik Südafrika)

*Bundesagentur für Außenwirtschaft, Bfai (Hrsg.):* Trotz gutlaufender Wirtschaft: Auslandsinvestoren halten weiter Distanz zu Südafrika (2006) (zit.: *Bfai*, Auslandsinvestoren)

*Bundesagentur für Außenwirtschaft, Bfai (Hrsg.):* Länder und Märkte: Schwarze Mittelschicht beschert Südafrika einen Konsumboom (2006) (zit.: *Bfai*, Schwarze Mittelschicht)

*Browning, Paul:* Black Economic Empowerment – Shaping South African Business for the 21st Century (1989)

*Burstein, Paul (Hrsg.):* Equal Employment Opportunity – Labor Market Discrimination and Public Policy (1994)

*Cassim, F.H.I.:* Ex Parte Standard Bank Group Ltd and Liberty Group Ltd – Black Economic Empowerment Schemes and Section 38 (2) (d) of the Companies Act, The South African Law Journal (2006), S. 595 ff. (zit.: *Cassim*, Ex Parte Standard Bank Group Ltd)

*Cassim, F.H.I.:* Unravelling the Obscurities of Section 38 (2) (d) of the Companies Act, The South African Law Journal (2005), S. 493 ff. (zit.: *Cassim*, Section 38 (2) (d) Companies Act)

*Center for Industrial and Organisational Psychology, UNISA (Hrsg.):* Skills Development Facilitation – Facilitator Notes (2006)

*Charlton, Guy D./van Niekerk, Naas:* Affirmative Action – Beyond 1994 (1994)

*Chaskalson, Matthew/Kentridge, Janet/Klaaren, Jonathan/Marcus, Gilbert/Spitz, Derek/Woolman, Stuart:* Constitutional Law of South Africa (1999)

*Cho, Albert/Dubash, Navroz:* Moving forward from Cancún – The Global Governance of Trade, Environment and Sustainable Development (2003); http://www.ecologic-events.de/Cat-E/en/documents/cho.pdf [zuletzt abgerufen am: 21. Juli 2007]

*Cilliers, H.S./Benade, M.L. (Hrsg.):* Corporate Law (2000)

*Clayton, Susan D./Crosby, Faye J.:* Justice, Gender and Affirmative Action (1995)

*Cliffe Dekker (Hrsg.):* The way to BEE 2007 – A Guide to Broad-based Black Economic Empowerment in South Africa (2007); http://www.cliffe dekker.com/literature/bee/index.htm [zuletzt abgerufen am 19. August 2007]

*Cohen, Carl/ Sterba, James P.:* Affirmative Action and Racial Preference (2003)

*Collins, Hugh:* Employment Law (2003)

*Commission for Employment Equity:* Annual Report 2003-2004; http://www.labour.gov.za [zuletzt abgerufen am 11. Juli 2007]

*Cooper, Carol:* The Boundaries of Equality in Labour Law, Industrial Law Journal (2004), S. 813 ff.

*Cotter, Anne-Marie Mooney:* Race Matters (2006)

*Courrie, Iain/de Waal, Johan:* The New Constitutional & Administrative Handbook (2001)

*Davids, Ezra/Hale, Ashleigh:* The Art of BEE Transaction Financing (2004); http://www.bowman.co.za/LawArticles/Law-Article.asp?id=-1554485541 [zuletzt abgerufen am 21. August 2007] (zit.: *Davids/Hale,* BEE Financing)

*Davids, Ezra/Hale, Ashleigh:* The Black Economic Empowerment Phenomenon (2004); http://www.bowman.co.za/LawArticles/Law-Article.asp?id=-1037871731 [zuletzt abgerufen am 21. August 2007] (zit.: *Davids/Hale,* BEE Phenomenon)

*Davies, A.C.L.:* Perspectives on Labour Law (2004)

*Deane, Thameshnie:* Affirmative Action: A Comparative Study, Dissertation an der University of South Africa, Pretoria (2005)

*Deane, Thameshnie/Brijmohanlall, Rashjree:* The Constitutional Court's approach to equality, Codicillus (Oktobr 2003), S. 92 ff.

*Dekker, Adriette/Cronje, Shani:* Can Social Security Play a Role in Black Economic Empowerment?, South African Mercantile Law Journal (2005), S. 19 ff.

*Department of Finance (Hrsg.):* Growth, Employment and Redistribution – A Macro-
economic Strategy (1996)

*Department of Trade and Industry (Hrsg.):* South Africa's Transformation: A Strategy
for Broad-based Black Economic Empowerment (2003)
(zit.: *DTI,* BBBEE Strategy)

*Department of Finance (Hrsg.):* Broad-based Black Economic Empowerment Act,
Codes of Good Practice – Interpretive Guide (2007);
http://www.thedti.gov.za/bee [zuletzt abgerufen am 15. August 2007]
(zit: DTI, Guide to First Phase of the Codes)

*Department of Trade and Industry (Hrsg.):* The Codes of Good Practice on Broad-
based Black Economic Empowerment – Phase One, A Guide to In-
terpreting the First Phase of the Codes (2005); http://www.thedti.
gov.za/bee/Chapterone_1_11.pdf [zuletzt abgerufen am 30. Juli
2007]
(zit.: *DTI,* Interpretive Guide)

*Department of Trade and Industry (Hrsg.):* Codes of Good Practice for Broad-based
Black Economic Empowerment – Slide Show (2006);
http://www.thedti.gov.za/publications/BB-BEE%20Codes%20of%20
Good%20Practice%20Booklet121206.pdf [zuletzt abgerufen am 20
Juli 2007]
(zit.: *DTI,* BBBEE – Slide Show)

*Department of Trade and Industry (Hrsg.):* South Africa – Business Guidebook
2004/2005 (2004)
(zit.: *DTI,* Business Guidebook)

*Devenish, G.E.:* The South African Constitution (2005)

*De Waal, Johan/Currie, Iain/Erasmus, Gerhard:* The Bill of Rights Handbook (1999)

*Dupper, Ockert:* Affirmative Action in South Africa: (M)any Lessons for Europe?,
Recht und Verfassung in Übersee (2006), S. 138 ff.
(zit.: *Dupper,* Affirmative Action)

*Dupper, Ockert:* Remedying the Past or Reshaping the Future? Justifying Race based
Affirmative Action in South Africa and the United States, The International Journal of Comparative Labour Law and Industrial Relations
(2005), S. 89 ff.
(zit.: *Dupper,* Remedying the Past)

*Du Plessis, J.V./Foché, M.A./van Wyk, M.W.:* A Practical Guide to Labour Law (2006)

*Du Plessis, Rudolph/Mapongwana, Belinda:* The ICT sector charter and the challenges posed by foreign-based enterprises, Without Prejudice (April 2005), S. 23 f.

*Du Toit, D./Woolfrey, D./Murphy, J./Godfrey, S./Bosch, D./Christie, S./Rossouw, J.:* Labour Relations Law – A Comprehensive Guide (2000)

*Düweke, Lorrayne D.:* The Role of Employment Equity in Gender Diversity, Masterarbeit an der University of South Africa, Pretoria (2004)

*Economist Intelligence Unit (Hrsg.):* Country Profile 2005 – South Africa (2005); http://www.eiu.com [zuletzt abgerufen am 30. Juli 2007]

*Edigheji, O'mano Emma:* Rethinking Black Economic Empowerment in the Post-Apartheid South Africa (1999); http://www.tips.afrihost.com/ research/papers/pdfs/321.pdf [zuletzt abgerufen am 20. August 2007]

*Eliakim, David:* Constitution – Protection of Property Rights, Werksman Attorneys Publications (1997); http://www.werksmans.co.za/publications/read_ more/126/ [zuletzt abgerufen am 25. August 2007]

*Empowerdex (Hrsg.):* The gender gap in the South African workplace Empowerment-SA, Rundbrief des DTI, September 2004; http://www.empsa.co.za [zuletzt abgerufen am 25. August 2007]

*Engdahl, Cecilia/Hauki, Hannele:* Black Economic Empowerment – An Introduction for Non-South African Businesses, Masterarbeit an der Universität von Göteborg, Schweden (2001)

*Engelberger, Lukas:* Die unmittelbare Anwendbarkeit des WTO-Rechts in der Schweiz (2004)

*Fedtke, Jörg:* Die Rezeption von Verfassungsrecht: Südafrika 1993-1996 (2000)

*Finnemore, M.:* Introduction to Labour Relationsin South Africa (2002)

*Fobanjong, John:* Understanding the Backlash Against Affirmative Action (2001)

*Fortier, Yves:* Caveat Investor: The Meaning of 'Expropriation' and the Protection afforded to Investors under NAFTA, News from ICSID, (Sommer 2003), S. 1 ff.

*Franklin, Anita/Love, Roy:* Transition and Transformation in Africa, 59 Review of African Political Economy (1994), S. 127 ff.

*Fredman, Sandra:* Discrimination Law (2002)

*Friedrich-Ebert-Stiftung (Hrsg.):* Aktivitäten der Friedrich-Ebert-Stiftung in Südafrika: Rahmenbedingungen; http://www.fes.de/in_afrika/pl_sued.htm [zuletzt abgerufen am 20. August 2007]
(zit.: *Friedrich-Ebert-Stiftung*, Rahmenbedingungen)

*Friedrich-Ebert-Stiftung (Hrsg.):* Fokus Südafrika: Mehr Wachstum und Gerechtigkeit?, Ausgabe Nr. 3 (2006)
(zit.: *Friedrich-Ebert-Stiftung*, Fokus Südafrika)

*FW de Klerk Foundation (Hrsg.):* Black Economic Empowerment in South Africa (2005); http://www.fwdklerk.org.za/download [zuletzt abgerufen am 20. August 2007]
(zit.: *FW de Klerk Foundation*, 2005)

*FW de Klerk Foundation (Hrsg.):* Transformation and Black Economic Empowerment in South Africa (2006); http://www.fwdklerk.org.za/download [zuletzt abgerufen am 20. August 2007]
(zit.: *FW de Klerk Foundation*, 2006)

*Gad, Robert:* Black empowerment deals need tax breaks, Without Prejudice (Mai 2005), S. 17 f.
(zit.: *Gad*, Black empowerment deals)

*Gad, Robert:* Tax breaks for BEE?, Without Prejudice (Juni 2004), S. 18 f.
(zit.: *Gad*, Tax breaks)

*Galanter, Marc:* Competing Equalities – Law and the Backward Classes of India (1984)

*Gas, Tonio:* Affirmative Action in der Republik Südafrika (2002)

*Geldenhuys, Rian:* Is BEE against South Africa's commitments at the WTO? (2006); http://www.tradelaw.co.za/news/article.asp?newsID=90 [zuletzt abgerufen am 15. August 2007]
(zit.: *Geldenhuys*, WTO)

*Geldenhuys, Rian:* South Africa's BEE policy in trouble (2007); http://www.tradelaw. co.za/news/article.asp?newsID=133 [zuletzt abgerufen am 15. August 2007]
(zit.: *Geldenhuys*, BEE policy)

*Gergis, Abdalla:* Citizen Economic Empowerment in Botswana: Concept & Principles, Working Paper no. 22 des Botswana Institute for Development and Policy Analysis (1999)

*Gilroy, Bernard Michael/Gries, Thomas/Naudé, Willem A. (Hrsg.):* Multinational Enterprises, Foreign Direct Investment and Growth in Africa (2005)

*Golden, Tanya:* Gender Equality – Moving into a New South African Era, Masterarbeit an der University of South Africa, Pretoria (2002)

*Gqubule, Duma (Hrsg.):* Making Mistakes Righting Wrongs – Insights into Black Economic Empowerment (2006)

*Gray, W. Robert:* The Four Faces of Affirmative Action – Fundamental Answers and Actions (2001)

*Gray, K.R./Karp, R.E.:* An experiment in exporting U.S. values abroad: The Sullivan Principles and South Africa, International Journal of Sociology and Social Policy (1993), S. 1 ff.

*Green, Jeanette Monica:* A Case Study: Pietermaritzburg Post Office Employees' Perceptions of Employment Equity, Masterarbeit an der University of Natal, Pietermaritzburg (1999)

*Greene, Kathanne W.:* Affirmative Action and Principles of Justice (1989)

*Grogan, John:* Workplace Law (2003)

*Grupp, Thomas Michael:* Südafrikas neue Verfassung (1999)

*Guelke, Adrian:* Rethinking the Rise and Fall of Apartheid – South Africa and World Politics (2005)

*Gumede, Sam:* Codes of Good Practice for BBBEE, Without Prejudice (März 2006), S. 11 f.

*Hagemann, Albrecht:* Kleine Geschichte Südafrikas (2001)

*Hahne, Klause:* Affirmative Action im Neuen Südafrika – Ein Diskurs über die Verteilung von Ressourcen (2002)

*Harsch, Ernest:* South Africa marks a decade of freedom, Africa Renewal (Juli 2004), S.4 ff.

*Havenga, Peter/Havenga, Michele/Kelbrick, Roshana/McGregor, Marié/Schulze, WG/van der Linde, Kathleen/van der Merwe, Trix:* General Principles of Commercial Law (2004)

*Heroldt/Marx:* Employment Equity in South Africa – A Guide to Affirmative Action Success (1999)

*Heuser, Robert/Klein, Roland (Hrsg.):* Die WTO und das neue Ausländerinvestitions- und Außenhandelsrecht der VR China – Gesetze und Analysen (2004)

*Heyns, Christof/van der Westhuizen, Johan/Mayimele-hashatse, Tshidi (Hrsg.):* Discrimination and the Law in South Africa – A Multi-disciplinary Inquiry into De Facto Racial Discrimination (1994)

*Hodges-Aeberhard, Jane/Raskin, Carl (Hrsg.):* Affirmative Action in the employment of ethic minorities and persons with disabilities (1997)

*Hoekman, Bernard/Mattoo, Aaditya/English, Philip (Hrsg.):* Development, trade, and the WTO: a handbook (2002)

*Holwill, Robyn:* S 38 – change it or let it bee?, Without Prejudice (Oktober 2004), S. 8

*Holz-Kemmler, Fee:* Der Weg zum Neuen Südafrika (2001)

*Hommelhoff, Peter/Hopt, Klaus/v. Werder, Axel (Hrsg.):* Handbuch Corporate Governance (2003)

*Human, Linda:* Affirmative Action and the Development of People (1993)

*Human, Linda/Bluen, Steve/Davies, Richard:* Baking a New Cake – How to Succeed at Employment Equity (1999)

*ICSID (Hrsg.):* Bilateral Investment Treaties – Introduction; http://www.worldbank.org/icsid/treaties/intro.htm [zuletzt abgerufen am 25. Juni 2007]

*Iheduru, Okechukwu C.:* Black economic power and nation-building in post-apartheid South Africa, Journal of Modern African Studies (2004), S. 1 ff.

*Innes, Duncan/Kentridge, Matthew/Perold, Helene:* Reversing Discrimination – Affirmative Action in the Workplace (1993)

*International Education Association of South Africa, IEASA (Hrsg.):* Study South Africa – The Guide to South African Higher Education (2005)

*Jagwanth, Saras:* Expanding Equality, Acta Juridica (2005), S. 131 ff.

*Jain, Harish C./Sloane, Peter J./Horwitz, Frank M.:* Employment Equity and Affirmative Action – An International Comparison (2003)

*Janisch, Paul:* Keep in Step – Broad-based BEE for small business (2006)

*Junker, Abbo:* Arbeitsrecht zwischen Markt und gesellschaftlichen Herausforderungen – Differenzierung nach der Unternehmensgröße? – Familienrechtliche Strukturen, Gutachten B für den 65. Deutschen Juristentag (2004)

*Kareseit, Jörn Helge:* Welthandelsorganisation (WTO) – Allgemeines Zoll- und Handelsabkommen (GATT) 1994 (1998)

*Katz, M.M.:* Developments in corporate law, Tydskrif vir Regswetenskap/Journal for Judicial Science (1997), S. 28 ff.

*Kekesi, Gomolemo:* Comparing apartheid laws with those introduced to advance BEE, Without Prejudice (Februar 2006), S. 39 ff.

*Kennedy-Dubourdieu, Elaine (Hrsg.):* Race and Inequality – World Perspectives on Affirmative Action (2006)

*Khalfani, Akil Kokayi:* The Hidden Debate – The Truth Revealed about the Battle over Affirmative Action in South Africa and the United States (2006)

*Kimbi Joko, Michael K.:* The Judicial Progress in South Africa, Update Newsletter (Sommer 2004); http://www.ccsu.edu/Afstudz/upd11-3.html [zuletzt abgerufen am 25. August 2007]

*Kingdon, Emma/Steinberg, Natasha:* Financial assistance for the purchaser of own shares to become possible (2006); http://www.cliffedekker.co.za/a_sndmsg/news_view.asp?PG=223&I=79249&M=0&CTRL=S [zuletzt abgerufen am 25. August 2007]

*Klug, Heinz:* Rethinking Affirmative Action in a non-racial democracy, SAJHR (1991), S. 317 ff.

*Konrad-Adenauer-Stiftung (Hrsg.):* Namibian Views – Affirmative Action (1992)

*Kopel, Shawn:* Guide to Business Law (2000)

*Kovach, Kenneth A./Kravitz, David A./Hughes, Allen A.:* Affirmative Action: How Can We Be So Lost When We Don't Even Know Where We Are Going?, Labour Law Journal (2004), S. 53 ff.

*Kramer, Jutta:* Apartheid und Verfassung (2001)

*Kreutzfeld, Jörn:* Investitionsschutz für einen deutschen Investor in der Republik Südafrika (2000)

*Landis, Helga/Grossett, Lesley:* Employment and the Law (2005)

*Lentz, Alexander:* Das kollektive Arbeitsrecht der Republik Südafrika (2000)

*Leon, Peter/Williams, Kevin:* All you need to know about black economic empowerment, Without Prejudice (November 2005), S. 4 f.

*Lester, Kevin:* What a web they wove, Without Prejudice (November 2004), S. 14 f.

*Levy, Andrew:* Implementing Employment Equity – A Practical Guide (1999)

*Linnemann, Carsten:* Liberalisierung des grenzüberschreitenden Straßengüterverkehrs vor dem Hintergrund der Welthandelsordnung WTO/GATS (2007)

*Lipson, Helen (Hrsg.):* Talking Affirmative Action – Race, Opportunity and Everyday Ideology (2006)

*Loenen, Titia/Rodrigues, Peter:* Non-Discrimination Law: Comparative Perspectives (1999)

*Lombard, Dr. B. Urban:* Labour Market Discrimination and Human Resources Management in South Africa (1981)

*Lorenz, Dirk:* Die europäische Gemeinschaft in der Welthandelsorganisation WTO (2000)

*Losskarn, Elke und Dieter:* Südafrika (2006)

*Louw, Andre M.:* Extrapolating 'Equality' from the Letter of the Law: Some Thoughts on the Limits of Affirmative Action under the Employment Equity Act 55 of 1998, South African Mercantile Law Journal (2006), S. 336 ff.

*Luiz, Stephanie:* Mandatory offer, South African Mercantile Law Journal (2000), S. 382 ff.

*Luiz, Stephanie/van der Linde, Kathleen:* Broad-based Black Economic Empowerment: Some Challenges in Measuring Ownership of Companies, South African Mercantile Law Journal (2006), S. 473 ff.

*Lustgarten, Laurence:* Legal Control of Racial Discrimination (1980)

*Macewen, M./Louw, A./Dupper, O.:* Employment Equity in the Higher Education Sector: A Study of Transformation in the Western Cape, African Sun Media (2005), S. 210 ff.

*Madi, Mzwakhe Phinda:* Affirmative Action in Corporate South Africa – Surviving in the Jungle (1993)

*Madl, Marc-Tell:* Investitionsschutz und Transformation in Mittel- und Osteuropa (2001)

*Maelane, Mapule Ellen:* Analysis of the Implementation Process of Employment Equity by University Nursing Departments of South Africa, Masterarbeit an der University of South Africa, Pretoria (2004)

*Makgetla, N.:* BEE and Class Formation, New Agenda (2006), S. 47 ff.

*Malherbe, Rassie:* Advancing social change: Recent human rights developments in South Africa, Tydskrif vir die suid-afrikaanse reg/Journal of South African Law (2003), S. 432 ff.

*Mandela, Nelson:* Der lange Weg zur Freiheit (2006); Titel der englischen Originalausgabe: Long Walk to Freedom (1994)

*Marais, Francois/Coetzee, Lindi:* The Determination of Black Ownership in Companies for the Purpose of Black Economic Empowerment (Part 1), Obiter (2006), S. 111 ff.

*Marx, Mariliz:* Affirmative Action Success as Measured by Job Satisfaction, Masterarbeit an der University of South Africa, Pretoria (1998)

*McColgan, Aileen:* Discrimination Law (2005)

*McCrudden, Christopher/Ford, Robert/Heath, Anthony:* Legal Regulation of Affirmative Action in Northern Ireland: An Empirical Assessment, Oxford Journal of Legal Studies (2004), S. 363 ff.

*McGregor, Marié:* Affirmative action – a defense or a right?, Juta's Business Law: The Quarterly Law Review for People in Business, Part 1 (2003), S. 164 ff.
(zit.: *McGregor,* Affirmative Action)

*McGregor, Marié:* Affirmative action for South African citizens, Juta's Business Law: The Quarterly Law Review for People in Business, Part 3 (2005), S. 99 ff.
(zit.: *McGregor,* South African citizens)

*McGregor, Marié:* Affirmative action for South African citizens: The role of the Department of Labour, Obiter (2005), S. 575 ff.
(zit.: *McGregor,* The role of the DOL)

*McGregor, Marié:* Categorisation to determine beneficiaries of affirmative action: Advantages and deficiencies, Codicillus, No. 2 (2005), S. 1 ff.
(zit.: *McGregor,* Categorisation)

*McGregor, Marié:* Citizenship as requirement to benefit from affirmative action, De Jure (2006), S. 522 ff.
(zit.: *McGregor,* Citizenship)

*McGregor, Marié:* No right to affirmative action, Juta's Business Law: The Quarterly Law Review for People in Business, Part 1 (2006), S. 16 ff.
(zit.: *McGregor,* No right to affirmative action)

*Memmen, Niels:* Implementationsmöglichkeiten von Sozialstandards in die Welthandelsorganisation (2004)

*Meskin, Philip/Kunst, Jennifer/Schmidt, Karl:* Henochsberg on the Companies Act (1994)

*Millard, Robert:* BEE, core strategy and mergers – aligning boiled spaghetti, Without Prejudice (April 2006), S. 37 f.
(zit.: *Millard*, BEE)

*Millard, Robert:* Managing Black Economic Empowerment in law firms, Without Prejudice (March 2005), S. 4 f.
(zit.: *Millard*, Managing BEE)

*Miller, Heidi/Mgudlwa, Mzi:* Financial empowerment – The implications of Section 38 of the Companies Act, Business Map Foundation (Juli 2003); http://www.businessmap.co.za [zuletzt aberufen am 15. August 2007]

*Mongalo, Tshepo:* Corporate Law & Corporate Governance (2003)

*Mortensen, Jon:* WTO v BEE: Why trade liberalisation may block black South Africans' access to wealth, prosperity or just a white-collar Job, Danish Institute for International Studies Working Paper no. 2006/30 (2006)

*Mosley, Albert/Capaldi, Nicholas:* Affirmative Action: Social Justice or Unfair Preference? (1996)

*Namibia Law Society:* Seminar on BEE in South Africa; http://www.uovac.za/ faculties/documents [zuletzt abgerufen am 15. August 2007]

*Ngcobo, V./van Eck, B.P.S.:* Balance between Affirmative Action and Efficiency at the Workplace, Obiter (2003), S. 490 ff.

*Nobin, Noreen:* The Codes of Good Practice on Broad-based Black Economic Empowerment, Clasa (November 2006), S. 13 ff.

*Notter, Markus Peter:* Völkerrechtlicher Investitionsschutz – Unter besonderer Berücksichtigung der bilateralen Investitionsschutzverträge der Schweiz (1989)

*Nowak, Carsten/Cremer, Wolfram (Hrsg.):* Individualrechtsschutz in der EG und der WTO (2002)

*Osode, Patrick:* The new Broad-based Black Economic Empowerment Act: A Critical Evaluation, Speculum Juris (2004), S. 107 ff.

*O'Sullivan, Michelle/Murray, Christina:* Broomsticks sweeping oceans? Women's rights in South Africa's first decade of democracy, Acta Juridica (2005), S. 1 ff.

*Pabst, Martin:* Südafrika (1997)

*Peterson, Luke Eric:* Bilateral Investment Treaties and Development-Policymaking, International Institute for Sustainable Development (2004) (zit.: *Peterson,* BITs)

*Peterson, Luke Eric:* South Africa's Bilateral Investment Treaties – Implications for Development and Human Rights, Occasional Paper No. 26 der Friedrich-Ebert-Stiftung (2006) (zit.: *Peterson,* South Africa's BITs)

*Pinnock, David/Butler, Ryan:* The ins and outs of structuring deals in South Africa, International Financial Law Review (2005), S. 53 ff.

*Polter, Dirk-Meints:* Auslandsenteignungen und Investitionsschutz (1975)

*Ponte, Stefano/Roberts, Simon/van Sittert, Lance:* To BEE or not to BEE? South Africa's Black Economic Empowerment (BEE), Corporate Governance and the State in the South, Danish Institute for International Studies, Working Paper no 2006/27 (2006)

*Practical Action (Hrsg.):* GATS & Reforms (2006); http://www.janathakshan.org/ gats_reforms/a/position.html [zuletzt abgerufen am 15. August 2007]

*Pretorius, J.L./Klinck, M.E./Ngwena, C.G.:* Employment Equity Law (Loseblattsammlung, Stand: Juli 2005)

*Pretorius, J.T. (Hrsg.):* Companies Act 61 of 1973 (2006)

*Qunta, Christine:* Who's afraid of Affirmative Action – A Survival Guide for Black Professionals (1995)

*Ramphele, Mamphela:* A Vision of Equity is what the Doctor prescribes, Democracy in Action (April 1995), S. 22 ff.

*Ramgoolam, Simi:* Experiences of Employment Equity in the Coal Mining Industry, Masterarbeit an der University of South Africa, Pretoria (2005)

*Reddy, K.:* The horizontal application of the equality guarantees and race discrimination by the business sector, Tydskrif vir die suid-afrikaanse reg/Journal of South African Law (2006), S. 783 ff.

*Reeves, Martha E.:* Suppressed, Forced Out and Fired – How Successful Women Lose Their Jobs (2000)

*Ripken, Peter (Hrsg.):* Südliches Afrika – Geschichte, Befreiungskampf und politische Zukunft (1978)

*Rosenfeld, Michel:* Affirmative Action and Justice: A philosophical and constitutional inquiry (1991)

*Ruiter, Dick W.P. (Hrsg.):* Workplace Equality – International Perspectives on Legislation, Policy and Practice (2002)

*Sachs, Albie:* Affirmative Action and the New Constitution, ANC Documents (1993)

*Sargeant, Malcolm:* Discrimination Law (2004)

*Schiek, Dagmar:* Frauengleichstellungsgesetze des Bundes und der Länder (2000)

*Schlemmer, Lawrence:* Employment Opportunity and Race in South Africa (1973)

*Scholtz, Wouter:* BEE Service – Empowermentor (Loseblattsammlung, Stand: Mai 2006)

*Scott, R. Sernau:* South Africa in the global economy (1995)

*Sher, Howard:* The overhaul of South African corporate law, Juta's Business Law: The Quarterly Law Review for People in Business, Part 2 (2006), S. 87 ff.

*Simkins, Charles:* The great South African economic debate – a brief survey of some major themes, South African International (1991), S. 132 ff.

*Simpkins, Peter:* The role of trusts in BEE structures, Without Prejudice (April 2006), S. 31 f.

*Skrentny, John David:* Color Lines – Affirmative Action, Immigration, and Civil Rights Options for America (2001)

*Smith, Nicholas:* Affirmative Action under the new Constitution, SAJHR (1995), S. 84 ff.

*South African Institute of Race Relations (Hrsg.):* South African Survey 1999/2000 (1999)

*Southall, Robert:* The Logic of Black Economic Empowerment, Danish Institute for International Studies, Working Paper no. 2006/27 (2006); http://www.diis.dk [zuletzt abgerufen am 15. August 2007]

*Sowell, Thomas:* Affirmative Action around the world: an empirical study (2004)

*SPA Publications (Hrsg.):* Beyond Legislative Compliance: Implementing Employment Equity Successfully (1998)

*Spierenburg, Marja/Wels, Harry (Hrsg.):* Culture, Organisation and Management in South Africa: In Search of Equity (2004)

*Springman, Chris/Osborne, Michael:* Du Plessis is not dead: South Africa's 1996 Constitution and the Application of the Bill of Rights to Private Disputes, SAJHR (1999), S. 25 ff.

*Ssekasozi, Engelbert:* A Philosophical Defense of Affirmative Action (1999)

*Statistics South Africa (Hrsg.):* Labour Force Survey March 2006 (2006); http://www.statssa.gov.za [zuletzt abgerufen am 10. August 2007]

*Stricker, Tobias:* Die Vereinbarkeit von Regelungen des Internationalen Steuerrechts mit dem Subventionsrecht der Welthandelsorganisation (2007)

*Strydom, Elize (Hrsg.):* Essential Employment Discrimination Law (2004)

*Swart, G.J.:* An outcomes-based approach to the interpretation of the right to equality, Suid-Afrikaanse Publiekreg/South African Public Law (1998), S. 217 ff.

*Taylor, Stephen/Emir, Astra:* Employment Law – An Introduction (2006)

*Thoka, Segokodi Shepstone:* An investigation into the necessity for the implementation of a vigorous affirmative action programme in a democratic South Africa; with special reference to the United States of America, India and Malaysia, LL.M.-Arbeit an der Rand Afrikaans University, Johannesburg (1995)

*Thomas, Adèle/Robertshaw, David:* Achieving Employment Equity – A Guide to Effective Strategies (1999)

*Thompson, Leonard:* The Political Mythology of Apartheid (1985)

*Tinarelli, Simona:* Employer's Guide to the Employment Equity Act (2000)

*Tucker, Claire:* Black Economic Empowerment and Corporate Governance (2004); http://www.bowman.co.za/LawArticles/Law-Article.asp?id=-1554485541 [zuletzt abgerufen am 15. August 2007]

*UNCTAD (Hrsg.):* Bilateral Investment Treaties 1995-2006: Trends in Investment Rulemaking (2007)
(zit.: *UNCTAD,* BITs)

*UNCTAD (Hrsg.):* Investor-State Disputes Arising from Investment Treaties: A Review (2005)
(zit.: *UNCTAD,* Investor-State Disputes)

*UNCTAD (Hrsg.):* Latest Developments in Investor-State Dispute Settlement, IIA Monitor, No. 4 (2005); http://www.unctad.org/en/docs//webiteiit 20052_en.pdf [zuletzt abgerufen am 25. Juni 2007]
(zit.: *UNCTAD,* Latest Developments)

*Van der Merwe, Morné/Meister, Liron:* The new „legal regime" for BEE (2004); http://www.foundation-development-africa.org/africa_black_ business/legl_regime_black _economic_empowerment.htm [zuletzt abgerufen am 15. August 2007]

*Van der Nest, Delrené:* The Impact of Black Economic Empowerment on the Management of Small Companies in South Africa, Dissertation an der Rand Afrikaans University, Johannesburg (2004)

*Van Jaarsfeld, Marlize:* Black Economic Empowerment and Skills Development: A Success in Many Ways?, South African Mercantile Law Journal (2005), S. 261 ff.

*Van Jaarsfeld, SR/van Eck, B.P.S.:* Principles of Labour Law (1998)

*Van Reenen, T.P.:* Equality, Discrimination, and Affirmative Action: An Analysis of Section 9 of the Constitution of the Republic of South Africa, South African Public Law (1997), S. 151 ff.

*Van Rooyen, Marie-Louise:* An Organisation Transformation Model: Integrating Affirmative Action and Managing Diversity as Complementary Strategies, Masterarbeit an der University of South Africa, Pretoria (2000)

*Van Wyk, M./Hofmeyer, K.:* Affirmative Action Target Setting: More than Just a Head Count, South African Journal of Labour Relations (1997), S. 5 ff.

*Van Zyl, Rudd's and Associates (Pty) Ltd (Hrsg.):* Annual Labour Law Review 2006 (2006)

*Webb, Keith/Lalu, Ajay:* Black Economic Empowerment (2006); http://www.bee. sabinet.co.za/bee_article_bravura.html [zuletzt abgerufen am 15. August 2007]

*Weusmann, Johann:* Die Europäische Union und Südafrika – Bilaterale Handelsbeziehungen im Lichte des GATT und der WTO (2005)

*Whiteford, Gary:* BEE – Key Determinants of Success (2005)

*Williams, Brent:* Beware the bogeyman!, Empowerment-SA, Rundbrief des DTI (September 2004); http://www.empsa.co.za [zuletzt abgerufen am 10. August 2007]

*Woolley, Robin:* Everyone's Guide to Black Economic Empowerment – and how to implement it (2005)

*Wright, Sarah-Ann:* Attitudes to Affirmative Action and the Perceived Impact of Affirmative Action Programmes in the South African Business Environment: A Comparative Study based on Race and Gender, Masterarbeit an der Rhodes University, Grahamstown (1994)

*Yeats, J.L.:* The Drafters' Dilemma: Some Comments on the Corporate Laws Amendment Bill 2006, The South African Law Journal (2006), S. 601 ff.

*Zahrnt, Valentin:* Die Zukunft globalen Regierens – Herausforderungen und Reformen am Beispiel der Welthandelsorganisation (2005)

Die vorliegende Arbeit befindet sich auf dem Stand vom 31. August 2007.

# Rechtsquellen

## I. Endgültige Verfassung *(South African Constitution Act 108 of 1996)*

### Section 9 (Equality)

(1) Everyone is equal before the law and has the right to equal protection and benefit of the law.

(2) Equality includes the full and equal enjoyment of all rights and freedoms. To promote the achievement of equality, legislative and other measures designed to protect or advance persons, or categories of persons, disadvantaged by unfair discrimination may be taken.

(3) The state may not unfairly discriminate directly or indirectly against anyone on one or more grounds, including race, gender, sex, pregnancy, marital status, ethnic or social origin, colour, sexual orientation, age, disability, religion, conscience, belief, culture, language and birth.

(4) No person may unfairly discriminate directly or indirectly against anyone on one or more grounds in terms of subsection (3). National legislation must be enacted to prevent or prohibit unfair discrimination.

(5) Discrimination on one or more of the grounds listed in subsection (3) is unfair unless it is established that the discrimination is fair.

## II. *Broad-based Black Economic Empowerment Act 53 of 2003*

### Section 1 (Definitions)

In this Act, unless the context indicates otherwise

"black people" is a generic term which means Africans, Coloureds and Indians;

"broad-based black economic empowerment" means the economic empowerment of all black people including women, workers, youth, people with disabilities and people living in rural areas through diverse but integrated socio-economic strategies that include, but are not limited to–

(a) increasing the number of black people that manage, own and control enterprises and productive assets;

(b) facilitating ownership and management of enterprises and productive assets by communities, workers, cooperatives and other collective enterprises;

(c) human resource and skills development;

(d) achieving equitable representation in all occupational categories and levels in the workforce;

(e) preferential procurement; and

(f) investment in enterprises that are owned or managed by black people;

(…)

## Section 2 (Objectives of the Act)

The objectives of this Act are to facilitate broad-based black economic empowerment by

(a) promoting economic transformation in order to enable meaningful participation of black people in the economy;

(b) achieving a substantive change in the racial composition of ownership and management structures and in the skilled occupations of existing and new enterprises;

(c) increasing the extent to which communities, workers, cooperatives and other collective enterprises own and manage existing and new enterprises and increasing their access to economic activities, infrastructure and skills training;

(d) increasing the extent to which black women own and manage existing and new enterprises, and increasing their access to economic activities, infrastructure and skills training;

(e) promoting investment programmes that lead to broad-based and meaningful participation in the economy by black people in order to achieve sustainable development and general prosperity;

(f) empowering rural and local communities by enabling access to economic activities, land, infrastructure, ownership and skills, and

(g) promoting access to finance for black economic empowerment.

## Section 10 (Status of codes of good practice)

Every organ of state and public entity must take into account and, as far as is reasonably possible, apply any relevant code of good practice issued in terms of this Act in

(a) determining qualification criteria for the issuing of licenses, concessions or other authorisations in terms of any law;

(b) developing and implementing a preferential procurement policy;

(c) determining qualification criteria for the sale of state-owned enterprises; and

(d) developing criteria for the entering into partnerships with the private sector.

## III. Generic Scorecard

### C 000 S 000 (8.1.3) Codes of Good Practice

| Element | Weighting | Code series reference |
|---|---|---|
| Ownership | 20 points | 100 |
| Management Control | 10 points | 200 |
| Employment Equity | 15 points | 300 |
| Skills Development | 15 points | 400 |
| Preferential Procurement | 20 points | 500 |
| Enterprise Development | 15 points | 600 |
| Socio-economic Development Initiatives | 5 points | 700 |

### C 000 S 000 (8.2) Codes of Good Practice

| BBBEE Status | Qualification | BBBEE recognition level |
|---|---|---|
| Level One Contributor | ≥ 100 points on the Generic Scorecard | 135% |
| Level Two Contributor | ≥ 85 but < 100 points on the Generic Scorecard | 125% |
| Level Three Contributor | ≥ 75 but < 85 points on the Generic Scorecard | 110% |
| Level Four Contributor | ≥ 65 but < 75 points on the Generic Scorecard | 100% |
| Level Five Contributor | ≥ 55 but < 65 points on the Generic Scorecard | 80% |
| Level Six Contributor | ≥ 45 but < 55 points on the Generic Scorecard | 60% |
| Level Seven Contributor | ≥ 40 but < 45 points on the Generic Scorecard | 50% |
| Level Eight Contributor | ≥ 30 but < 40 points on the Generic Scorecard | 10% |
| Non-compliant Contributor | < 30 points on the Generic Scorecard | 0% |

**Schriften zum Arbeitsrecht und Wirtschaftsrecht**

Herausgegeben von Abbo Junker

Band 24  Kristin Doerlich: Die Tariffähigkeit der Gewerkschaft. Eine Analyse der Mächtigkeitsrechtsprechung des Bundesarbeitsgerichts im Lichte neuerer Erfahrungen. 2002.

Band 25  Tina Witten: Vertragsgestaltung und Gesetzesbindung im Recht der Zeitarbeit. 2002.

Band 26  Martin Hellfeier: Die Leistungszeit im Arbeitsverhältnis. Eine Untersuchung zum Fixschuldcharakter der Arbeitspflicht und zu den Folgen ihrer Nichterfüllung. 2003.

Band 27  Almut Maulshagen: Betriebliche Arbeitskampfregelungen. 2003.

Band 28  Maren Band: Tarifkonkurrenz, Tarifpluralität und der Grundsatz der Tarifeinheit. 2003.

Band 29  Manuela Schulz: Der Bereitschaftsdienst in öffentlich-rechtlich organisierten Krankenhäusern. Eine rechtliche Bewertung. 2003.

Band 30  Felix Benedikt: Die Kürzung von Tariflöhnen zur Sanierung. Eine verfassungskonforme Auslegung des § 3 III TVG entsprechend § 626 BGB. 2003.

Band 31  Tim Kaden: Individuelle Bündnisse für Arbeit und Günstigkeitsprinzip. 2003.

Band 32  Simone Kreiling: Die Erstreckung betrieblicher und betriebsverfassungsrechtlicher Tarifnormen auf Außenseiter. 2004.

Band 33  Carsten Beck: Betriebliche Mitbestimmung und Kündigungsschutz. Die Funktionen betrieblicher Mitbestimmung im und deren Einfluß auf den Kündigungsschutz nach dem KSchG. 2004.

Band 34  Jost Eder: Die Regelungsabrede als Alternative zur Betriebsvereinbarung bei der Gestaltung materieller Arbeitsbedingungen. 2004.

Band 35  Christian Pfab: Wirkungsweise und Reichweite tarifvertraglicher Öffnungsklauseln. 2004.

Band 36  Julia Amlang: Die unternehmerische Entscheidungsfreiheit bei „betriebsbedingten Kündigungen" im europäischen Rechtsvergleich. Kündigung aus wirtschaftlichen Gründen in Deutschland, Frankreich, Spanien, Großbritannien und Schweden. 2005.

Band 37  Alida Milthaler: Das Fragerecht des Arbeitgebers nach den Vorstrafen des Bewerbers. 2006.

Band 38  Doreen Peter: Nebentätigkeiten von Arbeitnehmern. Interessenkollisionen von Arbeitgebern und Arbeitnehmern. 2006.

Band 39  Julia V. C. Bartlog: Das Verhältnis von Gesetz und Tarifvertrag. 2006.

Band 40  Michael Fuhlrott: Der geschädigte Arbeitnehmer. Zur Verfassungsmäßigkeit des Ausschlusses von Schmerzensgeld in der Unfallversicherung sowie zur Herleitung der Haftung bei Eigenschäden im Hinblick auf das Verschuldensprinzip. 2006.

Band 41  Femke Reinecke: Leistungsbestimmung des Arbeitnehmers. 2006.

Band 42  Maria M. Bausback: Der Bestandsschutz des Arbeitsverhältnisses auf europäischer und internationaler Ebene. Entwicklungen vom Mittelalter bis zur Gegenwart. Teil 1 / Teil 2. 2007.

Band 43  Jens Günther: AGB-Kontrolle von Arbeitsverträgen. Analyse der deutschen Rechtslage nach der Schuldrechtsreform und vergleichende Betrachtung des österreichischen Kontrollsystems. 2007.

Band 44  Claudiana Triskatis: Ethikrichtlinien im Arbeitsrecht. 2008.

Band 45  Annette Bruder: Die Weitergabe von Insiderinformationen durch Arbeitnehmervertreter. 2008.

Band 46  Ute Dietrich: Nichtraucherschutz am Arbeitsplatz. 2008.

Band 47  Markus Ebert: Übertragung und Zuordnung von Versorgungsverpflichtungen gegenüber Arbeitnehmern im Rahmen einer umwandlungsrechtlichen Spaltung. 2008.

Band 48  Susanne Schneider: Broad-based Black Economic Empowerment in der Republik Südafrika. 2008.

www.peterlang.de

Claudiana Triskatis

# Ethikrichtlinien im Arbeitsrecht

Frankfurt am Main, Berlin, Bern, Bruxelles, New York, Oxford, Wien, 2008.
271 S.
Schriften zum Arbeitsrecht und Wirtschaftsrecht.
Herausgegeben von Abbo Junker. Bd. 44
ISBN 978-3-631-57509-3 · br. € 45.50*

Das Arbeitsrecht begrenzt die Möglichkeiten des Arbeitgebers, seine ethischen Verhaltensvorstellungen auch für seine Arbeitnehmer zur Pflicht zu machen: Abhängig von der gewählten Geltungsgrundlage solcher Ethikrichtlinien bestehen unterschiedliche Wirksamkeitsanforderungen. Deutsche Unternehmen, die entweder selbst in den USA gelistet sind oder zu US-amerikanischen gelisteten Unternehmen gehören, werden durch den Sarbanes-Oxley Act zum Erlaß sogenannter „Codes of conduct" verpflichtet. Beispielsweise hat der Gesamtbetriebsrat von Wal-Mart die Frage gerichtlich anhängig gemacht, ob bei der Code-Einführung in Deutschland der Betriebsrat zu beteiligen ist. Neben einer Analyse typischer Ethikrichtlinien werden – anhand zahlreicher Praxisbeispiele – Grundlagen und Wirksamkeitsanforderungen dargestellt.

*Aus dem Inhalt*: Funktionen und Bewertung von Ethikrichtlinien · Verpflichtung zum Erlaß von Ethikrichtlinien · Typische Inhalte einer Ethikrichtlinie · Geltungsgrundlagen der Ethikrichtlinie · Selbstbindung des Arbeitgebers durch Ethikrichtlinie · Wirksamkeitsanforderungen

Frankfurt am Main · Berlin · Bern · Bruxelles · New York · Oxford · Wien
Auslieferung: Verlag Peter Lang AG
Moosstr. 1, CH-2542 Pieterlen
Telefax 00 41 (0) 32 / 376 17 27

*inklusive der in Deutschland gültigen Mehrwertsteuer
Preisänderungen vorbehalten
**Homepage http://www.peterlang.de**